不忍细读的元朝史

谢国计 著

台海出版社

图书在版编目（CIP）数据

不忍细读的元朝史 / 谢国计著 . –– 北京：台海出
版社 , 2022.1
ISBN 978–7–5168–3180–9

Ⅰ . ①不… Ⅱ . ①谢… Ⅲ . ①中国历史—元代—通俗
读物 Ⅳ . ① K247.09

中国版本图书馆 CIP 数据核字（2022）第 005276 号

不忍细读的元朝史

著　　者：谢国计

出 版 人：蔡　旭　　　　　　责任编辑：吕　莺

出版发行：台海出版社
地　　址：北京市东城区景山东街 20 号　　邮政编码：100009
电　　话：010-64041652（发行、邮购）
传　　真：010-84045799（总编室）
网　　址：www.taimeng.org.cn/thcbs/default.htm
E - mail：thcbs@126.com

经　　销：全国各地新华书店
印　　刷：廊坊市海涛印刷有限公司
本书如有破损、缺页、装订错误，请与本社联系调换

开　　本：710 毫米 ×1000 毫米　1/16
字　　数：278 千字　　　　　　印　　张：19.5
版　　次：2022 年 4 月第 1 版　　印　　次：2022 年 4 月第 1 次印刷
书　　号：ISBN 978-7-5168-3180-9

定　　价：49.80 元

前　言

　　元朝，从1271年元世祖忽必烈建立算起，到1368年明太祖朱元璋攻下元大都、元朝末代皇帝元顺帝北逃为止，共计九十七年；若从1206年成吉思汗铁木真建立蒙古帝国开始算起，也不过一百六十二年，相较于之前的唐朝、宋朝和之后的明朝、清朝，毫无疑问，元朝是一个短命的朝代。尽管元朝的统治岁月十分短暂，但是这段历史却是丰富多彩、波澜壮阔的，是漫漫历史长卷中浓墨重彩的一笔。元朝，作为中国历史上一个承上启下的朝代，对中国乃至世界历史都产生过深远的影响。

　　元朝可以称得上是中国历史上最伟大的朝代之一。蒙古崛起漠北，攻灭西夏、金和南宋，结束了多个政权并立局面，实现了大一统。百川归海，天下一统，国家的统一为经济的发展和文化的繁荣提供了契机。

　　元朝幅员辽阔，其版图之广袤超越了我国历史上的任何一个朝代。《元史·地理志》记载"北逾阴山，西极流沙，东尽辽左，南越海表"。随着蒙古人入主中原，包括色目人、契丹人在内的一批少数民族先后进入内地，有些汉人则到了漠北。这种民族迁徙，即使在元朝覆灭之后也未停止。蒙古人与汉人交错杂居，受汉人文化的熏陶，与汉人互通婚姻，元朝的民族融合规模空前绝后。

　　元朝是中国历史上中外文化交流极为繁盛的时代。疆域广袤，交通发达，元朝统治阶层又十分鼓励商业的发展，再加上对宗教、文化兼容并蓄的政策，为中外经济、文化交流构建起了一座坚实稳定的桥梁，因而出现了大批像马可·波罗一样的外国人进入中国。这一时期，我国的印刷术、火药、武器制造等科学技术传入西方，阿拉伯、波斯的天文、医学成就也被介绍到中国。纵观全局，在中国多元化统一的格局之中，元朝的作用可谓是举足轻重。

　　元朝是一个特殊的朝代，它的建立虽然也是历史上王朝的一次更迭，但它所进行的战争却与其他朝代不同：首先，元以前的王朝大多是由汉人建立的，虽然存在少数民族建立的政权，但大都局促一隅，未能统一全国，如北魏、辽、西夏、金等，而元朝是中国历史上第一个由少数民族占国家统治地位的王朝；其次，元朝统一过程时间之长，战争之曲折、激烈、复杂，在历史上也不多见。如果从成吉思汗1206年建立大蒙古国至1279年南宋大臣陆秀夫携末帝赵昺投海自尽为止，统一战争进行了七十余年；其中，仅灭宋战争蒙古人就用了45年，可见统一之艰巨。

　　纵观元朝帝位的更迭，其速度之频繁令人瞠目结舌。自成吉思汗开始到元顺帝，先后历经十五位皇帝，尤其在元朝中后期，历史谜团更是层层缠绕，一场场腥风血雨、骨肉相残的悲剧频繁上演，皆是触目惊心；统治阶层内部矛盾尖锐，纷争不断加速了这个帝国走向衰亡。

　　水可载舟，亦可覆舟。最终致使帝国走向覆灭的还是不得人心。繁重的赋税徭役、严重的民族歧视和政治压迫激起了民众的奋起反抗，各地农民起义不断，兵锋直戳元朝统治者的心脏。本该是骁勇善战的元军，却由于官场腐败和多年未经战事，实力早已大不如前，以致在遇到农民起义军时望风而逃，丢盔弃甲，一溃千里，元朝也随之走向覆灭。

如今我们，只能翻开泛黄的纸张，从密密麻麻的字句中，重温那段隐秘的传奇时光。不忍细读的是它的金戈铁马、征战杀伐；不忍细读的是它的颓然败势、土崩瓦解。让我们共同揭开元朝这段神秘的面纱，在这汹涌翻腾的沙海中寻找真实的元朝历史。

目录

成吉思汗铁木真是闻名古今中外的历史人物，是大蒙古国的缔造者，同时也是蒙古民族的英雄。他统一了蒙古高原诸部，结束了大蒙古国各部纷争战乱的局面，创建了一整套政治、军事和文化制度，为大蒙古国的发展做出了重要贡献。他戎马一生的活动，不仅关系到汉、女真、西域各族乃至蒙古族本身的历史，而且涉及中亚、西亚和欧洲的历史。总体说来，一代天骄成吉思汗创造了巨大的功业，而且对中国历史的发展起了至关重要的作用。

第一章

马背上的天之骄子——成吉思汗

死于世仇的蒙古勇士

铁木真的父亲孛儿只斤·也速该，在大蒙古国的历史上，是一位鲜有的死后还能获得显赫声名的人。也速该一生坎坷，生不逢时。他在世时，正值祖上创立的第一个蒙古王国被塔塔尔部和金国摧毁。他是蒙古乞颜部落的首领，骁勇善战，曾获得"把阿秃儿"（勇士）的称号；育有六个儿子，一个女儿，铁木真是其长子。提到也速该的死因，就不得不说一下其祖辈与塔塔尔之间的仇怨了。

也速该的祖父合不勒曾经统一过蒙古部落。有一年，他的妻弟赛因的斤得了重病，于是，他就请了塔塔尔部的一位有名的巫医前来医治。但是，巫医的符咒失去了灵效，赛因的斤死了。赛因的斤的离世让家人非常愤怒，于是，他们便在巫医回去的路上进行了追杀，使巫医死在了路上。

塔塔尔人得知巫医被杀后，其首领木秃儿便以此为由亲自带兵征伐合不勒。不幸的是，木秃儿在此次征伐的过程中，被合不勒击败并杀死，其带领的兵将也损失严重。自此以后，塔塔尔人便与蒙古部族结下了仇恨，并且时刻都想着要卷土重来，一雪前耻。

合不勒去世以后，他的侄子俺巴孩继位为汗。俺巴孩希望能够平息乞颜与塔塔尔之间的冲突，于是决定与塔塔尔的另外一个分支首领结亲，并答应将亲自把女儿送过去。不料在送亲途中，这支原本能够化解两家之间矛盾的送亲队伍遭到了塔塔尔人的攻击，合不勒的长子斡勤巴儿合黑与俺巴孩一起被塔塔尔人抓住。塔塔尔人把俺巴孩送给了金朝皇帝金熙宗，金人用极具侮辱性且残忍的方法，把他钉死在木驴上。

俺巴孩死后，汗位由忽图剌继承。忽图剌即位以后便开始了对塔塔尔人的复仇战争。忽图剌前后总共对塔塔尔人进行了十三次复仇性的战争，但是成效并不是很大，反倒是其侄子，也就是乞颜部的也速该在这些战争中脱颖而出。同时，也速该因狩猎和打仗等才能，使得孛儿只斤家族得以在泰亦赤兀惕兀氏族（俺巴孩汗的一房本家）的庇护下生存。

泰亦赤兀惕兀族源于俺巴孩可汗的儿子合答安太子。"乞颜"作为族名，源于也速该的胞兄忙格秃‧乞颜（合不勒可汗的子孙，包括铁木真，叫做乞颜）。从合不勒可汗到忽图剌可汗，汗位由大房乞颜族和二房泰亦赤兀惕兀族轮流执掌。忽图剌属于大房，他死后，史料上并未记载二房的合答安太子当了可汗。

后来，合答安太子在忽图剌可汗死后，不曾当选为全蒙古的"可汗"，而只是泰亦赤兀惕兀一族的"汗"。同时，忽图剌可汗的儿子拙赤，做了自己一族（乞颜）的领袖。

也速该与铁木真的母亲诃额仑的相遇充满了戏剧性，诃额仑原本是蔑儿乞惕部人也客赤列都的妻子，按照草原传统，在迎娶妻子回部落之前，需要下聘礼并在妻子家干几年活。当时正是满期之时，年轻貌美的诃额仑坐在黑色的幌车上，而她引以为荣的丈夫也客赤列都则骑着褐色的马，伴随在车旁。然而这一切被外出打猎的也速该目睹，诃额仑的闭月羞花之貌让也速该心生念想，于是他选择了草原上另一种获取新娘的方式——抢婚。

也速该召集他的两个兄弟，如猎豹一般扑向这对新人。诃额仑为了让也客赤列都能活命逃走，决定待在原地并向抢劫者也速该投降。史书上记载，当也客赤列都逃走后，诃额仑仰天嘶吼，以至于"搅动了斡难河水"，而且"震动了林间山谷"，可见诃额仑是位至情至性的女子。这场凶暴的抢亲不仅改变了诃额仑的一生，而且也改变了世界历史的进程。

也速该于 1162 年率领部众击败塔塔尔人，并擒获了塔塔尔部一个叫铁木真兀格的勇士。也速该敬重勇士，在返回营地后，他的妻子诃额仑刚好生下一个男孩，也速该为了纪念这次突袭的战功，把刚出生的儿子取名为铁木真。据记载，铁木真出生时右手握有一团黑色的凝血，这似乎也暗示着铁木真将有一段不同寻常的人生。

铁木真幼年坎坷，曾一度身陷敌囚；他幼时丧父，族人遭到驱赶，生活颠沛流离，不得不在逆境中求生。种种磨难与煎熬，铸就了铁木真超凡脱俗的心智，也为他日后统一大蒙古国，奠定了勇气、意志和信念。

铁木真九岁时，按照蒙古的习俗，也速该带领他到弘吉剌部求亲。在前往诃额仑娘家亲戚的部落途中，也速该遇到了弘吉剌部的特薛禅。特薛禅听闻也速该要为儿子铁木真定亲，就将女儿孛儿帖介绍给他。双方同意后，铁木真就留在特薛禅家履行免费劳力的义务，而也速该踏上了返回部落的行程。

也速该返回途中，走到扎客彻儿山附近的失剌草原上，正口渴难耐的他遇见一伙人正在举行宴会，便下马加入他们。也速该万万想不到，这正是他的敌对部落塔塔尔人举行的宴会。宴会中有几个人认出了也速该，想起以前族人被他俘虏的仇恨，就在他的饭菜中下了毒药。也速该吃过饭后上马再行，结果药性发作，他忍着疼痛，三天以后到家，毒性大发，疼痛难忍，便叫人去特薛禅那里，把铁木真接回来。可惜没等派去的人出发，也速该就已经断气了。

也速该的死无疑是天降之灾，对泰亦赤兀惕兀氏族来说，失去了能帮助他们打仗与狩猎的人，妇女和幼儿对他们来说只能是累赘，于是泰亦赤兀惕兀氏族的人决定抛弃诃额仑母子们。从此，年幼的铁木真便开始了坎坷不平的人生。

命途多舛的草原雏鹰

　　童年时期的际遇往往会对一个人影响颇深，铁木真之所以能成为傲然于世界顶端的一代天骄，与他的童年际遇密不可分。现在大多数人只熟悉他的铁骑铮铮，以及他如雄鹰般展翅翱翔的雄姿，却对他命途多舛，艰苦卓绝的童年知之甚少。

　　失去了也速该的庇护，诃额仑母子们的生活过得十分艰苦，受到很多次打击。首先受到的打击是被俺巴孩汗的一房本家撇弃。有一年春天，俺巴孩汗的两个后妃斡儿伯与莎合台到祭祖的地方（坟墓）举行"烧饭"（焚化食物），故意不等候诃额仑，以致诃额仑"到得晚了"，什么祭品也没分到。

　　诃额仑一怒之下说："也速该是勇士，他死了，我的孩子将来怕是长不大了，眼看着起营走时，也不与我们呼唤了。"虽然诃额仑表达了不满，但是并没有起作用，反而激起了两妃更大的嫌弃，她们对下边的人说："既然说我们不呼唤他们，那我们就把他们母子撇在营盘里。起营走时，不携带他们。"

　　果然第二天，泰亦赤兀惕兀氏族的塔里忽台与脱朵延·忽邻勒就吩咐大家起营，顺着斡难河搬走，把诃额仑母子撇下，并且把若干"收集来的百姓"裹胁了去。有一位好心的老年人，晃豁坛族的察剌合，追上前去劝阻，却被脱朵延刺了一枪，鲜血直流。

　　诃额仑擎起也速该留下的牛尾缨子枪，自己上马去追赶那些跟着泰亦赤兀惕兀族跑走的人，阻止住一部分的百姓，但那些被阻留的人，仍然不能安顿下去，又陆陆续续随着泰亦赤兀惕兀的人迁徙走了。孤儿寡母只得在绝望与无助的环境中挣扎求生。

　　与铁木真一同生活的还有五个弟弟和一个妹妹，其中别克帖儿和别勒古台并不是诃额仑所生，是也速该另一个妻子的儿子。在这种艰苦的环境中，粮食短缺，别克帖儿和别勒古台经常抢夺铁木真兄弟们的食物。铁木真将这些事告诉母亲，母亲不责备别克帖儿和别勒古台，反而把铁木真兄弟训了一顿。铁木真射杀了别克帖儿。别克帖儿在临死之前，求他饶了别勒古台的性命，他便饶了别勒古台。

　　然而，作为领袖部落的泰亦赤兀惕兀族，尤其是该族的族长塔里忽台，却不肯放过这个来找麻烦的机会。他们带了武器并包围了诃额仑母子所住之处，说："只捉铁木真一人，别的人都没有事。"别勒古台折断了木头，扎成篱笆，帮大家赶做寨子，让铁木真逃进森林。铁木真在森林里躲了九天，找不到吃的，没办法只能走出来，束手就缚。

　　泰亦赤兀惕兀人将铁木真带回大本营，想在那里设法摧垮他的意志。塔里忽台用一种像牛套一样的枷将铁木真锁起来，使他只可步行，但双手不能动弹，让他无法靠自己进食甚至喝水。每天都有不同的家庭来承担看护铁木真的职责，身心上的煎熬并没有使铁木真放弃求生的欲望，反而激起了他坚定的斗志。

　　一天夜里，泰亦赤兀惕兀族的人正在饮酒作乐，铁木真歪头，弯腰，用项上的枷，把看守他的人打昏，然后飞奔斡难河边的树丛里躺下，随后跳进斡难河，仰面而泳，借着枷的浮力，顺流而下。很快，塔里忽台下令，点火搜捕铁木真。当时参与搜捕的人中，有一个叫做锁儿罕失剌的人，他本身不是泰亦赤兀惕兀族的人，而是泰亦赤兀惕兀氏脱朵格的仆人。他一向看不惯泰亦赤兀惕兀族欺负诃额仑母子，恰巧这晚找到铁木真的人是他。他向铁木真说："正因为你眼中有火，脸上有光，所以才引起了泰亦赤兀惕兀人的那般嫉妒！你就小心地躺在水里，放心好了，我不向他们说。"

这天夜里，塔里忽台叫大家再找一次。锁儿罕失剌再度来到铁木真躲藏之处，叫他小心。机警的铁木真等到人声静寂以后，偷偷地走到锁儿罕失剌的住处地，"请求庇护"。锁儿罕失剌的两个儿子与一个女儿对他表示欢迎。父子四人，卸开铁木真的枷，把他藏在装羊毛的车子里。三天以后，有人来查，查到了这装羊毛的车子。锁儿罕失剌说："这么热的天，人在羊毛里怎能受得了？"查的人也就跳下车子走了。

锁儿罕失剌是铁木真的救命恩人，这件事情给铁木真的心理冲击特别大。要知道有着血缘关系的泰亦赤兀惕兀氏族驱逐他、囚禁他，任他自生自灭；而没有血缘关系的另一个家族却愿意冒着生命危险，救助他。此事以后，使得铁木真不愿意相信有着血缘关系的亲属，反而更愿意去相信氏族之外的人。

值得一提的是，其后铁木真当了可汗，锁儿罕失剌受封为免税的千户侯，领得色楞格河流域一大片牧地；他的小儿子赤老温，做了"四杰"之一；大儿子沈伯，也立了不少战功；女儿合答安，做了铁木真的妃子。

年幼丧父，受族人背叛抛弃，继而又被泰亦赤兀惕兀部囚禁虐待，还刺杀了同父异母的弟弟，这些阴暗可怖的事情给年幼的铁木真留下了深深的心灵创伤。他的家族所经受的悲惨境况，慢慢地影响到他那意义深远的决定：藐视草原上严格的社会等级结构，向命运发出挑战，并且依赖于值得信赖的伙伴，以这些人作为主要的支持基础，与他们，而不是与自己的家族或部落结成联盟。

不甘心再受命运摆布的铁木真决心重振父亲的势力，壮大自己的力量。第一步便是与孛儿帖成婚，取得了弘吉剌部的支持。

按照草原上的习俗，当新娘要和丈夫一起生活时，需要带一件衣服作为赠送丈夫父母的礼物。对于游牧民族而言，质地优良的衣服是尊贵地位的象征。弘吉剌部的孛儿帖带来的是草原上最为珍贵的毛皮外套——黑貂皮外套。这么珍贵的礼物，势必是要仔细珍藏的。而经历过种种磨难的铁木真也决心要利用这份珍贵的礼物，来换取更多力量的支持。于是，他选择忍痛割爱，将妻子珍贵的嫁妆黑貂裘献给了克烈部的王汗（本名脱斡邻勒，也称脱斡邻勒汗，译为王汗），作为取得他支持的觐见物，并认他为"义父"。

王汗收到如此珍贵的礼物，又得到了义子，自然愿意帮助铁木真重新召集以前离散的亲属和部众。除了结交义父，铁木真还有一位重要的帮手，那就是与他年幼时期便结为"安答"（义兄弟）的札木合。札木合和铁木真交换过礼物，成为"安答"，札木合的年岁略大，是盟兄，干哥哥。论起血统来，他们两人勉强算是远房本家，虽然并无共祖。他们两人的关系，要远溯到孛端察儿。

孛端察儿的第一位太太阿当罕氏，有过一位前夫；她于身怀六甲之时，为孛端察儿所劫。不久生下一个儿子，叫做札只剌歹，其后裔称为札只剌惕族；札只剌惕族的诸部之一，是札答阑部，而札木合便是这札答阑部的部长。阿当罕氏后来替孛端察儿生了一个亲儿子，叫做巴阿里歹，其后裔称为巴阿邻氏，与铁木真并无直接的血统关联。而铁木真的远祖，把林·失亦剌秃·合必赤，是孛端察儿的另一位太太所生，其后裔称为孛儿只斤氏。孛儿只斤氏一分再分，分到了铁木真的时候，他这一房已经是所谓的孛儿只斤·乞颜氏了。

札木合为人很讲义气，作战也极内行，在当时的黑龙江流域上游，可算是铁木真以外的第一人才。他对铁木真很好，对铁木真而言，札木合的帮助与支持，可谓是如虎添翼。与札木合的联盟，不仅是铁木真后来问鼎草原的路途上最主要的财富，也是铁木真发展中最主要的障碍。

不胜而胜的十三翼之战

虽然铁木真与王汗的关系是义父子，但是札木合与王汗的关系却是"安答"。札木合幼年的家境，远比铁木真要好，所以很快便成为石勒喀河一带的"要人"，而且势力跨过了额尔古讷河，到达呼伦泊以南的蒙兀族的合答斤部、撒勒只兀惕部与翁古剌惕族。

铁木真有了王汗这个靠山，同时又有札木合这个"安答"，便迅速摆脱了此前受打压、遭虐待、被追杀的境地。当所有事情似乎正朝着顺利的方向进展时，昔日的旧敌蔑儿乞惕部却在这时偷袭了他们。

早年，铁木真的母亲诃额仑是也速该从蔑儿乞惕部人也客赤列都手中抢夺过来的。为了报复，一洗当年的耻辱，蔑儿乞惕部的首领脱黑脱阿（也客赤列都的哥哥）趁机掳走了铁木真的妻子孛儿帖。为了从敌人手中夺回心爱的妻子，铁木真向蔑儿乞惕部开战，并联合王汗与札木合一起出兵，札木合动员两万多人替铁木真报夺妻之仇；其中，札木合纠集的两万人之中，有一半原是也速该的"旧部"，而迁到北边、散居在札木台的领土之中的人。三个人合作，兵强马壮、人数众多，很快打败了蔑儿乞惕人。

蔑儿乞惕部的首领脱黑脱阿被铁木真的联军打败，逃到了巴尔古津河流域。他的儿子托古思被杀，两子两女被俘虏。而蔑儿乞惕部的命运也如首领脱黑脱阿一样，男子大多数遭到屠杀，而妇女则留下做人家的妻子或奴婢，孩子留下来做奴隶，掠夺来的牲畜都成了铁木真的财产。经过这次胜仗，铁木真实力大涨，与王汗和札木合的关系也更为亲密，许多旧时的属名、奴隶、那可儿（门户奴隶）也重新投靠了他。

在击溃蔑儿乞惕族以后，铁木真和札木合在一起放牧，共有十八个月之久。俗话说，"两雄不并立"，后来，在铁木真和札木合之间真的难以并立了。

某一日黄昏扎营的时候，铁木真不扎营却带着队伍和眷属，连夜向前继续走到"合刺只鲁坚小山，阔阔纳浯刺"（黑色小孤山之旁的蓝色小湖），驻扎下来放牧。铁木真的不辞而别犯了一个大错。札木合曾对铁木真说："依山扎营，我们放马的可以有帐房住；傍水扎营，我们放羊的可以有水吃。"铁木真不明白札木合的话，便问母亲诃额仑是什么意思，诃额仑也答不出来，他的妻子孛儿帖却认为札木合"莫非有图谋咱们的意思"，便怂恿了铁木真带领自己的人马与牛羊，和札木合分道扬镳。

这本来就是一个错误的选择，但奇怪的是，札木合并未骑马追赶，向铁木真问个明白，也没有用刀用枪"图谋"铁木真。两人本来亲密地结合着，却糊里糊涂地分开了，而历史的一大悲剧正在上演。

被札木合代为召集起来的也速该旧部的一万人马，这时候有一大部分归到铁木真的一边，不再"散居"在札木合的领土里去。因此，铁木真骤然地壮大起来，以一个仅有九匹骟马的小户长，变成了"蒙古部族的汗"。（从蔑儿乞惕族那里抢来的人马也不在少数。）同时，铁木真沿途搜罗人才，其中有不少是自动来投效的。这些人才很快替铁木真打开了局面。

当时，铁木真在招得了若干人才与敝失兀惕、巴牙兀惕两个氏族以后，又陆续吸收了忽难、撒察别乞、忽察儿、阿勒坛这四人，和这四个人每人所带来的一个部落。其中，阿勒坛是忽图刺可汗的儿子，他也是一位举足轻重的人；他的大哥"拙赤罕"，虽非可汗，的确是一部之汗。和札木合同属于一个氏族（札答阑氏）的木勒合勒忽，也投奔到了铁木真这一边来。

如果说，铁木真没有真心与札木合决裂，应该劝他回去。但是，铁木真并没有，反而来多少人就接纳多少人。更叫札木合生气的是铁木真不派人向札木合报告或商量，而接受豁儿赤、忽察儿、阿勒坛、撒察别乞等人的拥戴，贸然地在宋孝宗淳熙十六年（1189 年）称起"蒙古汗"来。

事后，铁木真虽然派遣阿儿孩·合撒儿与察兀儿罕两个人，去通知札木合，但是札木合很生气，叫他们回去告诉忽察儿与阿勒坛："当初安答（铁木真）与我在一起的时候，（你们）为什么不立他为汗？"

铁木真做了"蒙古汗"后，为了加强和巩固自己的权力和防止邻部的袭击，他重新整顿了军队，成立了专门警卫他的侍卫队，建立了保护、训练战马、管理战车等专门机构，部族的战斗力大大提升。铁木真称汗的消息如同长了翅膀一样在草原上飞快地传播着，飞过青山，越过草地，传到了草原上每一个部落。

但是，铁木真明白，他现在羽翼尚未丰满，一旦遭到其他部落的进攻，前途难料。因此，当前他首先要做的就是开展"外交"工作，争取克烈部王汗的支持。一旦能得到草原劲旅克烈部的支持，即使与札答阑部札木合发生冲突，也会有一个强大的后援力量。因此，铁木真决心不惜一切代价去争取克烈部的支持，即便称臣，他也在所不惜，而这一谋略无疑是正确的。

初创的蒙古乞颜部，有了克烈部这样坚实的后盾，其他任何一个部落，包括札答阑部的札木合都不敢轻举妄动，因为草原上还没有一支力量可以与这两个部落的联军抗衡，这多少让铁木真吃了一颗定心丸。

乞颜部在铁木真的领导下，如同雨后春笋般茁壮成长，逐渐成为与克烈部、札答阑部三足鼎立的蒙古新势力。三大部族之间表面上看似相安无事，但实际上彼此之间都有所忌惮；铁木真与札木合表面称兄道弟，内心却视对方为眼中钉、肉中刺，恨不能将对方连根拔除。暴风雨前的宁静不过如此，大草原上平静地度过了四年的时间。然而四年的时间不过是蓄积力量，铁木真与札木合暗地里都在吞并周围的各小部落，势力逐渐壮大，血腥之战一触即发。

如铁木真料想的一样，札木合率领大军来了！这便是历史上著名的"十三翼之战"。十三翼之战是铁木真一生征战生涯中唯一一次的败战，在促进蒙古统一的进程中发挥着极其重要的作用。之前碍于"安答"的面子，札木合没有对铁木真发动进攻，如今是什么原因让札木合找到合适的借口，挥兵直下？

原来是札木合的弟弟给察儿劫掠铁木真的马群，被铁木真的部下射杀，这成了札木合发动战争的导火索。札木合趁机派出使者，联合泰亦赤兀惕兀、亦奇烈思等十三个部落，组成联军，率领三万人马向铁木真奔杀而来。铁木真得到线报，刻不容缓，急忙召集部众，把所有的家族成员、随从和奴隶，全部编入军队，也召集了近三万人。同时，铁木真将三万大军分为十三支队伍，号称"十三翼"。

虽然铁木真以十三翼之军对抗十三个部落的人马，表面上看"十三翼"的军队人数并不比十三部联军少，但"十三翼"的军队缺少大战经验，再加上其中的蔑儿乞惕部刚刚并入乞颜部，还存在观望心态，并不可靠。这些不利的因素也预示着这场大战的结果。

札木合的大军如期而至，双方阵势展开，战火绵延。然而"十三翼"的各个分支皆受到了札木合军队不同程度的碾压，尤其是作为先锋的几路人马，更是受到了毁灭性的打击，显现出崩溃的势头。

铁木真从攻守形势上判断出状况对自己不利，而且他有着更为宏大的抱负，没有必要为了一场战争拼得鱼死网破，白白便宜身旁的小部落。如果今天用尽最后一口气才能战胜札木合，那也是一场惨胜。未来的路还很长，想要统一蒙古，需放长线；以后还有众多的敌人要面对，铁木真不能去计较得失，硬碰硬。于是，在敌军的穷追不舍之下，他下令以防御为首，边战边退，向哲裂谷撤去。

战事的发展全在铁木真的掌控之中，沼泽地形限制了札木合军队的追击速度，并留给了铁木真做好布防的时间。当札木合追到哲裂谷口时，受到了强力阻击；即便是札木合的中军大队到达后，也没有多大的成效。就是在这样的强攻和防御的拉锯战中，双方僵持不下，死伤无数。

慢慢地，札木合开始变得急躁起来，为了恐吓十三翼的守军，他下令在谷口前的空地上摆开七十口大锅，将前几天战斗中捉到的俘虏悉数丢在里面，用沸水烹煮，然后公开摆宴食用；又将不幸在阵前被俘的捏兀歹部首领察合安兀阿绑到阵前斩首，然后将其人头绑在自己的马尾上来回奔驰拖带，直到变得稀烂，看不出原来的模样才罢休。札木合的这一残暴举动，不仅使剩余的俘虏们痛恨不已，就连他的那些部下也为之侧目，认为札木合是没有人性的豺狼。

而铁木真这边，大家同仇敌忾，抵挡得更加卖力了。这个时候，在札木合军队的内部也出现了不同的声音，因为军士们对札木合的行为感到非常不满；并随着这种不满情绪日益暴涨，最终表现在了军事进攻上面，从而导致很多时候大家只是出工不出力，进攻也只是做做样子罢了。也正是在这种情况下，札木合想一举灭掉铁木真的计划失败了，最后不得不下令退兵。

"水能载舟，亦能覆舟"，札木合凶残可怖的行为使得联军顷刻间瓦解，其中有四部乘夜投奔了铁木真。而铁木真的做法却与札木合相反，他深知民心的重要性，极力采取笼络人心的做法，来者都真诚相待，许多弱小的部落民众纷纷投靠了铁木真。表面上，铁木真于十三翼之战中败给了札木合，但在道义上、政治上却收获颇丰，札木合又一次成就了铁木真。这一战之后，铁木真的力量不但没有被削弱，反而进一步壮大了。

铁骑铮铮，统一蒙古部落

在 12 世纪末期，蒙古高原上存有大大小小百余个部落，他们的军队实力、文化宗教、语言文字也大不相同。但是，这时已经形成了几个相对有规模的部落集团，并且全在金朝的统治管辖之中，例如蒙古部、塔塔尔部、蔑儿乞惕部、克烈部等。草原上时局动荡未曾统一，各部落之间互相争抢掠夺，战争无休无止。对于底层百姓来说是莫大的灾难，广大的蒙古牧民处于水深火热之中。

金朝的统治者为了防止蒙古地区发展壮大，一方面不断挑拨蒙古各部之间的关系，加深他们彼此的嫌隙，另一方面直接派遣军队镇压。金世宗完颜雍（乌禄）统治时期，甚至派兵大肆掳掠蒙古地区的普通百姓，将年幼的孩童卖给鲁冀地区的富商、官僚充当奴婢。在商贸交易上，金朝的统治者设置很多关卡限制发展。当时蒙古地区的人民无不怨声载道，对金朝统治者也是恨之入骨。因此，结束这场无休止的战争，实现蒙古各部的统一，早日让民众休养生息是蒙古各部人民共同的愿望。铁木真便是在这样的背景之下，顺应民意，统一蒙古各部，成为"众汗之汗"的。

十三翼之战结束后不久，附属于金王朝的塔塔尔部首领蔑古真·薛兀勒图公然叛变，金章宗完颜璟（麻达葛）派兵开始征讨塔塔尔部，并发布诏令要求各属国随军征讨塔塔尔部。塔塔尔部在克鲁伦河地区被金兵击败，只有少部分逃到了斡里札河附近。铁木真截获消息后，当即下令与王汗的兵合集一处，协助金兵夹击塔塔尔部的残余兵力，大获全胜，斩杀了塔塔尔部首领蔑古真，缴获了大量的粮食、牲畜、军械等物资。

这次会战，铁木真对东部劲敌进行了毁灭性的打击，塔塔尔部从此一蹶不振，只剩少数的残余苟延残喘。

金王朝为了褒奖铁木真这次会战的胜利，授予他纠军统领之职，他的地位再一次提高。趁热打铁，他又顺势消灭了亲族中曾将他驱逐围困的泰亦赤兀惕兀部，为他日后登上蒙古大汗的宝座扫清了障碍。

铁木真的铁骑部队如春日复苏的野草，强势崛起。与之相对的是塔塔尔部、蔑儿乞惕部以及泰亦赤兀惕兀部等相继被打败，士气颓唐。其他蒙古各部全然被笼罩在铁木真的阴影之下，畏惧他的实力，与铁木真的矛盾也日益激化。

1201 年，撒勒只兀惕、豁罗剌思、合答斤、朵儿边、塔塔尔、蔑儿乞惕、斡亦剌惕、弘吉剌、泰亦赤兀惕兀部等十一部的首领在根河集会，迎合札木合建立联盟的倡导并共同将他推举为"古儿汗"，意为天下之主（众汗之汗）。札木合称汗后，召集联盟军队攻打铁木真，与之决一死战。铁木真获知消息后，丝毫不敢懈怠，他联合王汗共同对抗札木合，毕竟人多力量大，札木合灰溜溜地夹尾逃走。而王汗对札木合依然穷追不舍，札木合最后投降了王汗，铁木真则是乘胜追击了泰亦赤兀惕兀部，结果是大获全胜。

1202 年，铁木真决心消灭塔塔尔部的残余势力，以免留下祸患。于是，再一次发动了对塔塔尔部的战争。在出兵攻打之前，他颁布了一条非常重要的命令，即"战胜时，不许贪财，既定后均分。若军马退却至原排阵处，要再次返回力战，若至原排阵处不返回者，斩"。这条命令标志着一支由统一汗权所指挥的武装力量正在建成。在铁木真的英勇率领之下，塔塔尔余下的部众或是被杀或是沦为了奴隶。塔塔尔部被消灭标志着东部的蒙古各部已被铁木真征服。如此一来，铁木真的劲敌就剩下西部的蒙古各部了，而在西部的蒙古部落中，实力最为强大的当属王汗统领的克烈部。

第一章
马背上的天之骄子——成吉思汗

铁木真强大的速度令人瞠目结舌，王汗也感受到了来自铁木真这头雄狮的威胁，他十分恐慌。铁木真在击败乃蛮等部的联军之后，曾经试图通过部落联姻来缓和与王汗之间的紧张的气氛，于是派人为长子术赤向王汗的孙女求婚，但是却被硬生生地泼了一盆冷水，遭到了拒绝。这个时候，多数战败的蒙古贵族都投向了王汗这边，并挑拨离间，添油加醋地说着铁木真的狼子野心，以劝服王汗攻打铁木真。王汗听信谗言，于是下定决心以联姻为由，让铁木真前来赴宴，计划先下手为强，在宴会上偷袭杀死铁木真。

然而，这次偷袭计划却被王汗帐下的牧民泄露给了铁木真。铁木真周密部署好战斗准备后，就去赴这场"鸿门宴"。宴无好宴，酒无好酒，铁木真当然是一眼识破奸计。正当王汗自以为能降住铁木真时，没想到被铁木真先下手为强，打伤了他的儿子桑昆。但是，王汗的实力出众，兵力集中，铁木真经不起这样的消耗。迫不得已之下，只能选择撤兵离开，并派使者去王汗账下求和，责问他为何恩将仇报、背信弃义，为何以弓箭相向，昔日的"父子"情谊全然不在了吗？

这一次的攻心战奏效，王汗愿意与铁木真重归旧好、冰释前嫌。而铁木真此时已经不再相信反复无常的王汗，派人求和无非是让王汗麻痹大意，降低警惕。此时的铁木真开始筹划反击之战。当他发现王汗与投靠他的蒙古贵族之间发生决裂之后，铁木真意识到这是一次天赐良机，于是发起对克烈部的突袭，包围王汗的金帐。毫无准备的王汗惨然败走，他逃入乃蛮部地界时被哨兵杀死，克烈部由此败亡。这场战役为铁木真统一蒙古各部扫除了最大的障碍，取得了统一蒙古草原的决定性胜利。

灭亡克烈部后，与克烈部相接的乃蛮部最先感受了威胁。乃蛮是西方部落最为强大的部落，经济文化十分发达。当时与铁木真为敌的各支蒙古部落的首领，如蔑儿乞惕部的脱黑脱阿、札答阑部的札木合，纷纷投靠了乃蛮部的首领塔阳汗（本名拜不花）。塔阳汗预见到铁木真一定会进攻乃蛮，他一方面恐惧铁木真势力的席卷，另一方面又受到投奔在他部下的札木合的不断唆使挑拨，将铁木真视为眼中钉，誓要拔除这个祸患。

于是，塔阳汗计划对铁木真的乞颜部进行突袭，他想要联合汪古部，对铁木真进行夹击；可是汪古部并不愿意与强大的铁木真结为仇敌，反将他的计谋告诉给了铁木真。铁木真知道这个消息后，明白与乃蛮的战争不可避免，于是一面通过中亚的商人摸清乃蛮的军队实力和部署，一面再次整顿军队，以增强战斗力。在铁木真的重新编整下，军队机动灵活、配合协调，非常适应草原的作战需要。

公元 1204 年夏，铁木真率领部众出征乃蛮。铁木真驻军于哈勒哈河畔的建忒该山；塔阳汗则纠集蔑儿乞惕、克烈、塔塔尔、合答斤等残部，声势浩大，扎营于杭爱山。铁木真与麾下将士商讨征战事宜，有人提出夏天马匹瘦弱，不宜行军，应当延缓到凉爽的秋季较为合适。铁木真认为很有道理，采纳了这个建议，同时利用塔阳汗自视甚高，缺乏戒备，以出其不意之机打得他们落花流水。

铁木真率军沿克鲁伦河前进，将军队驻扎在萨里川。塔阳汗也率军渡过鄂尔浑河东进。双方于纳唬昆山相遇。摆好阵容后，恰巧铁木真军营中有一匹瘦马因为受到惊吓逃入乃蛮营中。塔阳汗原本就对铁木真麻痹大意，这时一看瘦马更是不将铁木真放在心上；而一同前来的札木合一看到铁木真军队的架势，就知道铁木真已经今非昔比，交战的结果必然是凶多吉少。于是，札木合佯装不适，偷偷溜走。这一天，状况紧张、激烈。到了下午时，乃蛮军队士气下降，体力不支，而首领塔阳汗也因为麻痹大意，身负重伤被俘。战事瞬间呈现一边倒的局势，乃蛮军队顿时溃散，部众见机逃窜；铁木真却是气势如虹，挥军直下，对敌军追击，并在阿尔泰山前讨平了乃蛮部余众。

乃蛮战役的胜利使得铁木真距离完全统一全蒙古的事业越来越近了。

后来在 1205 年，到处奔波、四处逃窜的札木合被部下捆绑送交至铁木真后被处死，铁木真的威名更为远扬，余下的一些尚未征服的部落都不是铁木真的对手，他们或被击破，或自动归附。铁木真占领了邻近诸部族，彻底消灭了蒙古诸部的残余势力。至此，铁木真终于完成了统一全蒙古的大业。

1206 年，全蒙古的各部长、族长诸王、群臣在斡难河畔举行了隆重盛大的库里勒台（大聚会）。会上众人力推 45 岁的铁木真为全蒙古的可汗，并上尊号为"成吉思汗"，其含义是拥有海洋四方的大酋长。铁木真成为全蒙古的可汗，标志着蒙古族的历史进入了崭新的阶段。延续数个世纪，蒙古各部分裂、战火不断的局面已经结束，草原在成吉思汗铁木真的统治之下形成了大一统的局面，建立起大蒙古国历史上第一个统一的政权。

铁木真统一蒙古各部之战，在中国战争史上占有重要地位，战争中充分显示了铁木真的雄才大略和高超的军事指挥艺术。他创建的"鱼鳞战术"，成为战争指挥艺术的优秀遗产。

畏兀儿、斡亦剌惕等部归顺，西辽灭亡

"畏兀儿"是自动归顺成吉思汗的一个国家。畏兀儿人是唐朝的回鹘人。在宋真宗时期，有关于"畏兀儿"遣使臣进贡的记载。金朝灭辽后，辽宗室耶律大石企图复国。他是辽太祖耶律阿保机的八世孙，文武双全，中过进士，点过翰林，当过刺史、节度使。他率部迁中亚，建立西辽，畏兀儿人（还未形成）的祖先成为其属部，降其首领称号为亦都护。当时西辽不仅派了一个"少监"来监视畏兀儿，而且还就地征税。

畏兀儿实际上受到了西辽的压迫和残酷统治，因此，在铁木真征服了乃蛮，兵力及于今日的新疆北部之时，畏兀儿的君主（巴尔术·阿而忒·的斤）便杀掉当时的一个西辽少监，和西辽断绝关系，向成吉思汗上表归顺。

巴尔术·阿而忒·的斤并不是等到铁木真派了使臣来，才杀掉西辽的少监和西辽翻脸，而是先杀掉西辽的少监，才看见铁木真的使臣来，所以，他决心归顺，可谓出于自动。他的代表，陪着铁木真的使臣回去复命。几年以后，在1211年，他亲自来到怯绿连（克鲁伦）河来上朝，要求做铁木真的第五个儿子，铁木真欣然同意，并且赏他一个公主（阿勒·阿勒屯），招他为驸马。从此，巴尔术·阿而忒·的斤成为皇亲国戚，而且做了铁木真西征时的先锋，统兵一万人。

畏兀儿人在元朝时被称为"色目人"，地位在华北的"汉人"与华南的"南人"之上，而仅次于"蒙兀"（蒙古）。巴尔术·阿而忒·的斤传了若干代，对元朝的中央政府始终很忠诚。他们家世世代代，做了元朝皇室的表亲。

斡亦剌惕在成吉思汗之时是贝加尔湖西岸的居民，其后迁到了新疆北部与青海北部，被汉人称为"瓦剌""厄鲁特"等。他们的"部长"忽都合·别乞，本来是站在札木合的一边，与铁木真作对。到了1207年，他见到皇子术赤带兵前来，便不战而降，向先锋驸马不合（布哈）表示，情愿做向导，深入"众多的"斡亦剌惕人之境劝降。于是，依次而降的便有在今天赤塔一带的不里牙惕人；在贝加尔湖东岸的巴儿忽惕人；在贝加尔湖西岸的兀儿速惕人；在唐努乌梁海东北部的合卜合纳思人；在杭爱山脉之北的康合恩人；以及在俄属托波儿斯克省的秃巴思人。

其后，皇子术赤派人到"众多的"乞儿吉速惕人境内，亦即唐努乌梁海境内劝降。乞儿吉速惕人三个部的部长：也迪·亦纳勒，阿勒迪额儿与斡列别克·的斤，都"望风归附"；术赤不以收降了这些部族为满足，又继续招降了"七处林木中的百姓"。铁木真对于术赤有如此成就，十分高兴。他也很嘉许斡亦剌惕的部长忽都合·别乞，便把自己的女儿扯扯亦坚嫁给忽都合·别乞的儿子亦纳勒赤，又把术赤的女儿溪罗罕嫁给亦纳勒赤的哥哥脱列勒赤。

铁木真征服了乃蛮，招降了畏兀儿以及唐努乌梁海、中部西伯利亚、与新疆西北部（伊犁一带）若干部族以后，已经与西辽帝国接壤。耶律大石能征善战，西辽的帝国在他的经营下，十分庞大。在西边有起儿漫城、撒马尔罕城，以及整个"河中"；在东边有额敏河流域、喀什噶尔、和田，以及喀什噶尔与和田之间的莎车。作为他的藩属国的西边有花剌子模；东边有别失八里（新疆孚远一带，原属西州回鹘），与西州回鹘（畏兀儿），及其所包括的焉耆、龟兹（库车）；北边又有势力相当大的合儿鲁兀惕（伊犁一带）。

1143 年，耶律大石去世，庙号德宗，他的儿子夷列年幼，所以皇后塔不烟摄政。塔不烟摄政了七年，才由他的儿子夷列继位。夷列在位十三年，西辽全国的户口有八万四千五百户，夷列死后，庙号仁宗。西辽的统治权落入了夷列的妹妹普速完手中，普速完也摄政了十四年，才由夷列的儿子直鲁古继位。

1204 年，乃蛮部被铁木真所灭，塔阳汗之子屈出律（也称古失鲁克）率少数部众与篾儿乞部残部逃至西辽。直鲁古可怜其父死国亡，于是留屈出律在西辽。屈出律见直鲁古年老怠于政事，打算阴谋篡位。他先取得直鲁古的信任当了驸马，而后到了叶密立（今新疆额敏东南）、海押立（今哈萨克斯坦巴尔喀什湖东南塔尔迪库尔干东）和别夫八里（今新疆吉木萨尔北破城子）境内，号召反攻复国，乃蛮旧众纷纷来附，屈出律实力大增。

屈出律乘直鲁古秋天出猎之机，以伏兵 8000 将其擒获，屈出律当了西辽皇帝。表面上尊直鲁古为太上皇，实际上直鲁古已经被架空，没有任何权力，之后在被篡位两年以后去世。屈出律篡了位，并没有改西辽国号，对于西辽的种种制度，屈出律也没有怎样加以更改。

铁木真攻占金朝中都（今北京）后，得知屈出律逃至西辽并篡位，篾儿乞部也附属于他，他正聚集兵众力图反攻复国。为解除后顾之忧，铁木真回蒙古本土后，于1218年派遣哲别以两万人来征讨这个当年的手下败将，同时，派长子术赤和速不台率兵2万消灭篾儿乞部残部。

哲别采取政治瓦解与军事打击相结合的方略，率兵很快到垂河（今吉尔吉斯斯坦之楚河），屈出律闻风而逃。哲别宣布不抢、不烧、不杀三不政策，军纪严明，都城八剌沙衮及岭北诸城均不战而下。

次年，哲别进军岭南。屈出律企图与哲别军在可失合儿（今新疆喀什市北）决战，但西辽军士气已衰，哲别军还没到，屈出律就弃可失合儿西逃，跟随他逃跑的仅三人，沿途居民没有人愿意容纳他；哲别紧追不舍，并悬赏缉拿屈出律。屈出律逃入巴达哈伤境（今塔吉克斯坦与阿富汗交界一带）河谷中，被猎人捕获，交给哲别处斩。术赤、速不台率军在垂河流域全歼篾儿乞部，于1218年秋班师回朝。至此，整个西辽帝国，也成了铁木真的领土。

血腥杀伐，六侵西夏

由党项族建立的西夏国是金朝的附属国，其疆域范围在今宁夏，甘肃西北部、青海东北部、内蒙古以及陕西北部地区。西夏国虽小，但是物产丰富，粮食充足，手工制造业发达，尤其以铁器闻名。同时，西夏与北方的游牧民族克烈部十分友好，又与乃蛮部、克烈部国土相接，他们彼此互为援护，使得国土安全有了保障。

第一章
马背上的天之骄子——成吉思汗

西夏天庆十年（1203 年）铁木真灭克烈部，又于次年击败乃蛮部，擒杀其首领塔阳汗，统一蒙古诸部，统治区域东起黑龙江上游，西达阿尔泰山草原。由于女真族的金朝统治集团长期对蒙古族的残暴压迫，力量日益壮大的蒙古族首领铁木真决计灭金。但是考虑到直接派兵攻打金朝，必定会受到其附属国西夏的牵制，而被两面夹击，于是决定先发兵攻西夏。

此时的西夏国没有了乃蛮部与克烈部的缓冲，实力又相对薄弱，给了铁木真攻击的机会。1205 年三月，铁木真以西夏国接纳乃蛮部塔阳汗之子桑昆为借口，亲征西夏。蒙古骑兵一路南下，相继破西夏力吉里寨经落思城与乞邻古撒城（今地不详）。夏桓宗李纯祐惧战，立即表示称臣纳贡，蒙古军纵兵掠瓜（治今甘肃安西东南锁阳城）、沙（治今甘肃敦煌）等州。四月，因盛暑将至，铁木真率部尽掠民畜而去。蒙古军撤退后，夏桓宗李纯祐命修复被破的城堡，大赦境内，改都城兴庆府为中兴府。

1206 年，西夏镇夷郡王李安全夺取西夏王位后，与蒙古断绝了贡赐关系，并向金朝请封，希望获得援助。同年（西夏应天元年）铁木真即位于斡难河（今蒙古鄂嫩河）源，建立蒙古国，被尊为成吉思汗，史称元太祖。西夏应天二年（1207 年），铁木真以西夏不肯纳贡为由，率军第二次征讨西夏，为了避免不必要的损失，铁木真决定采用袭扰边寨、诱敌离城、两军对战的新战术。

铁木真亲率大军经黑水城到达了西夏连接东、西两厢的战略要地兀剌海（一作兀剌孩，今内蒙古乌拉特中后旗西境），遣兵四处攻掠。还将兀剌海城团团围困起来，并下令将俘虏的西夏人放回城内，让他们告诉其城中的西夏军民："如敢据城为守，破城之后必屠尽城中之人。"成吉思汗企图"不战而屈人之兵"，不过，兀剌海城内的西夏军民依然自恃城坚兵众，顽强抵抗。

蒙古军围攻了四十多日，不仅损失惨重，而且没有任何战果。无奈下，铁木真想到了一个非常有创意的火攻破城的办法。第二天，铁木真向城内的西夏守将提出将城内的所有燕子全部捉起来交给他。西夏守军都觉得很新奇，燕子给他有什么用？难道要烤着吃呀？于是守军们纷纷捉燕子。第三天，西夏军将燕子全部交给了铁木真，准备看看他到底想玩什么花样。结果铁木真收到这批燕子后，立即命人将燕子的尾巴全部点燃，被点燃尾巴的燕子横冲直撞，有的飞走逃命，有的则直接飞回了城内它们的窝内。

　　当时的燕子窝都是筑在房檐上的，而房屋皆是木头所做，一点就燃。这些燕子满城乱飞，不一会儿全城便都着起火来。西夏守军忙着灭火，城里顿时大乱。蒙古军乘机破城，后返回草原。

　　经过两次试探性进攻，蒙古军已经了解了西夏的基本情况。随后，铁木真于西夏应天四年（1209 年），率重兵第三次进攻西夏。蒙古军从黑水城撕破西夏军的防线后侵入西夏境，十几万蒙古兵直袭西夏重镇兀刺海城。夏襄宗李安全命其子李承祯为元帅、大都督府令公高逸为副元帅，督兵五万阻击。蒙古军集兵猛攻，西夏军大败，副元帅高逸被俘，不屈而死。

　　四月，蒙古军进围兀刺海城，遣人临城招降，被西夏太傅西壁讹答拒绝。后来，兀刺海城陷落，西壁讹答率兵巷战，兵败被俘。蒙古军乘胜南进，直抵西夏都城中兴府（今宁夏银川）外围要隘克夷门（今内蒙古乌海西南）。克夷门地势险峻，关外两山对峙，仅一径可通，悬绝不可登。李安全命嵬名令公又率兵五万凭险据守。初期，蒙古军屡被嵬名令公击退。双方相持两月，铁木真乘西夏军懈怠，据险设伏，遣游兵诱嵬名入伏，嵬名令公引军出击，中伏被擒。蒙古军于是破克夷门，包围中兴府。

　　李安全亲自上城督战，凭借中兴府坚固的城墙，挡住了蒙古军的抛石机、撞城器、喷火油器械等破城武器的攻击。双方厮杀一个多月，驻守在各地的西夏亲王们纷纷赶来增援。时间逼人，铁木真只好下令将黄河大堤修高，企图引黄河水灌中兴城。李安全没办法了，派遣使臣到金国求救。不过当时金绍帝（卫绍王）完颜永济才当上皇帝，为了安民心，不敢派兵救援。李安全见金国如此，一怒之下和金国翻脸。

中兴城因水淹浸，行将崩圮，而外堤溃决，水势泛滥，蒙古军也难驻足，于是铁木真释放西壁讹答入城招降，李安全登城隔水与铁木真相见，面约和好，表示愿意和蒙古和亲。铁木真见双方这么快就和解，便答应了西夏纳女称臣的条件。蒙古军撤离西夏，还把在克夷门活捉的西夏大将嵬名令公放回了中兴。蒙古与西夏议和后，铁木真率部迅速撤出了西夏，返回了漠北草原，便开始着手准备对金国的进攻。

蒙古在对金国宣战的同时，又与西辽和花剌子模产生了矛盾，进攻中亚地区。期间由于物质紧缺，开始了对西夏的征敛。西夏面对蒙古无休止的征兵和收供，"不堪奔命，礼意渐疏"，引起了蒙古的不满，为了挫挫西夏的锐气，铁木真决定亲自率军进攻西夏！

1217 年，木华黎在辽东大败金军。成吉思汗封木黎华为国师和国王，并委派其为继续南下进攻金国的总指挥。十二月，铁木真率蒙古军渡过黄河，木华黎也积极配合铁木真，从侧面长驱直入，两军会师，很快便包围了中兴府。此时，西夏的新皇帝是神宗李遵顼，他是一个十足的窝囊废，看见城下磨刀霍霍的蒙古军，和当年的宋徽宗一样，将太子李德任留在中兴城内做样子，而自己则逃到西平府（灵州）躲乱。

看到皇帝跑了，城内的西夏守军向蒙古军投降。见到西夏投降了，铁木真也就率军回师继续攻打花剌子模，木华黎率部继续攻打金国。

1223 年，不堪负担的李遵顼把王位让给了他的次子李德旺。李德旺是个年轻少壮派，有野心。李德旺即位后见铁木真率部西征一路打到了西亚，遥遥数千里，隔自己还远，便企图勾结漠北未被蒙古征服的各部落，组成抗击蒙古的联盟。铁木真得知西夏"阴结外援，蓄异图"的企图后，由于隔得太远，便急忙派木华黎的儿子勃鲁从金国战场抽身，出兵进攻西夏。

1224年九月，勃鲁亲率蒙古军突袭西夏，李德旺以为铁木真隔得远来不了，便没有做准备。却没想到铁木真压根就没有来，而是派了近在咫尺的勃鲁。西夏军猝不及防，东北部重镇银州（陕西榆林）被蒙古军攻陷，西夏军守将塔海被杀，10万西夏守军全军覆没。李德旺见蒙古人如此厉害，当时便吓破了胆，无奈下只得再次向蒙古表示投降并派遣了人质做抵押。由于当时蒙古军在各战场都很紧张，各部都无法集中力量，不方便调头打西夏，铁木真便暂时放了西夏一马。但也正是因为这一次的放纵，才导致了西夏的叛乱，以及蒙古第五次征西夏。

对于铁木真来说，反反复复的西夏人早就惹得他厌烦了，而且蒙古各部也认为西夏多年来变化多端，复叛无常，如果不现在彻底解决西夏，恐怕以后会成为心腹大患。于是，1226年春，铁木真亲自率领10万大军，对西夏实行第六次征讨，也是最后一次征讨。同年三月，西夏军主力躲在中兴，企图伺机增援。铁木真为了牵制西夏主力，也为了将东西两厢的联系切断，便分兵两路进攻西夏。

铁木真亲自率领蒙古军主力出东路攻打西夏重镇黑水城，之后又乘胜攻打阿剌筛山，并击败了西夏大将阿沙敢卜。取得了大胜后，铁木真又迅速率军向西，全军囤积在察速秃山（浑垂山，在今甘肃酒泉北），等待西路军的到来。东路军大将阿答赤和畏兀儿亦都护见铁木真已经初战告捷，便一同攻打西路的西夏诸军。

蒙古军攻打西厢重镇沙州（今甘肃敦煌西），西夏守将籍辣思义知道不是蒙古军的对手，便用诈降的办法，派人用牛羊美酒美女来犒赏蒙古军，而暗地里却设下伏兵，企图将蒙古军消灭。蒙古副将忽都铁木儿没有防备，结果中伏，就连阿答赤也险些被俘，幸好亦都护增援军及时赶到解围，才又重新集结蒙古军，继续合围沙州城。后来，蒙古军挖地道进入沙洲城内，里外夹击才全歼城内的西夏守军。

之后，西路军又继续向西攻打肃州（今甘肃酒泉）；占领肃州后，西路军和东路军在察速秃山会合。铁木真下令全军进攻西夏军重兵把守的兀剌海，蒙古军先后攻占了甘州（今甘肃张掖），西凉府（今甘肃武威）等地。不久后，蒙古军到达了中兴府北岸的应里（今宁夏中卫县）。面对紧急态势，西夏末帝李睍急忙命令嵬名令公率50万大军从中兴府赶往救援，结果大军还没有到城下，就和蒙古军在黄河平原相遇，蒙古军以一敌十击败西夏军。

西夏军主力近50万人被歼灭，逃回中兴府的西夏军只有几万残兵败将。蒙古军乘胜拿下灵州城，李德任率部和蒙古军进行巷战，最后还是全军覆没；灵州失陷后李德任被蒙古军俘获，不甘屈服被杀死。此时的西夏已经濒临灭亡，除了中兴府外，其他地方都被蒙古军攻占，西夏主力全军覆没。

1227年正月，铁木真亲率大军渡过黄河，对西夏发动全面进攻。蒙古军陆续攻克了盐州川、积石州（今青海贵德西），西夏军崩溃。之后蒙古军又顺势南下，接连拿下金军驻守的临洮府（今甘肃临洮）及洮（甘肃临津）、河（今甘肃抱宰）、西宁（今青海省西宁市）、德顺（今甘肃静宁）等州，取得了在西北地区的大捷！

而此时的中兴府已经被围困了一个月，已经到了弹尽粮绝的边缘。李睍守不住了，只好派使者向蒙古投降。在铁木真允许后，李睍率领西夏文武大臣投降。不久后，铁木真病死，临死前，他下令让脱栾扯儿必将李睍、李仲、嵬名令公等西夏投降将领全部杀死。建国189年的西夏王朝，终于亡国了。

对西夏的六次征讨，铁木真大大削弱了西夏的实力，最终将西夏归并为蒙古的一部分，扩充了蒙古的实力；同时，使得金朝少了一条有力的臂膀，解决了后顾之忧，进而为接下来攻打金朝奠定了基础。

蒙古铁骑与女真骑兵的首次较量

女真族原来是辽朝统治下的弱小民族，但是，女真人向来以能征善战著称于世，后来，完颜阿骨打率领数千人起义，领导女真族对辽国进行反抗战争，只用了几年时间就灭了辽国，建立了金国。随后，金国又南下攻宋，俘虏了徽、钦二宗，建立了中国北方富庶而强大的金朝政权。直到成吉思汗南下之前，金朝的人口已经有近 5000 万，比当时的蒙古多出 40 余倍；军队也在百万之上，比蒙古多出 10 倍。因而当时有人说："金国如海，蒙古如一掬细沙。"然而战争的结果却是"一掬细沙"填平了"大海"。

蒙古与金朝之间的战争从 1211 年铁木真开始攻打金至 1234 年铁木真之子窝阔台灭金为止，历时 23 年。蒙金战争可以分为三个阶段，1211 年至 1217 年，大部分交战、会战皆由铁木真指挥；1217 年至 1223 年期间，铁木真授权蒙古将领木华黎指挥攻金；1229 年至 1234 年为窝阔台攻金阶段，他遵循成吉思汗的遗训，完成了"假道于宋，下兵唐、邓，直捣大梁"，灭亡金朝的任务。

铁木真在早年，与金朝的关系还是很好的，比如，他曾经帮助金朝攻打塔塔尔人，受封为"招讨"；当了可汗以后，还亲自到过金朝的边城净州呈献贡品。而当时代表金朝接受铁木真贡品的，是文弱书生型的卫绍王完颜永济。也许正是因为铁木真瞧不起完颜永济这样的文弱之人，所以，后来完颜永济继位为帝，铁木真也由此看不起金朝。

话虽如此，真相却不一定是这样。铁木真之所以攻打金朝，完全是他羽翼丰满，够资格和金朝一决雌雄。况且，金朝曾经杀害俺巴孩可汗以及俺巴孩可汗之前的巴儿合黑，铁木真要对金朝用兵，是不缺少用兵的借口的。

1211年二月，铁木真聚众誓师，率领他的四个儿子（术赤、察合台、窝阔台、拖雷）以及蒙古将领速不台、哲别、木华黎等，发兵南下，直攻金朝。三月，铁木真渡过克鲁伦河，留在汪古部避暑，任命哲别为先锋，带领部下突袭金军要隘，攻打张北县之北的抚州与乌沙堡。乌沙堡是金朝新筑的边防重镇，金朝任命完颜承裕（完颜胡沙）和独吉思忠（独吉千家奴）抵御成吉思汗，面对来势汹汹、战略相宜的蒙古兵，金军守将无法抵挡，仓皇撤走，蒙古大军顺利进军。

乌沙堡之役，金朝大军失利，朝廷让完颜承裕主持防御的军事部署。完颜承裕接替独吉思忠为丞相后，率30万主力放弃恒州（今内蒙古蓝旗四郎城）、昌州（今沽源县九连城乡北3公里处）、抚州（今张北）三州退守野狐岭，想利用山地地形遏制蒙古军队的骑兵优势。

八月，蒙古大军到达野狐岭，金朝派出石抹明安（契丹族）向铁木真谈判；铁木真收买石抹明安，石抹明安投降，向铁木真提供金军布兵的情报。铁木真采取集中突破战术，命令木华黎率八鲁营自獾儿嘴通道发起突击。战斗发起前，木华黎向成吉思汗立誓："不破金军，不生返！"蒙古军士气激昂大涨。此役，蒙古军队因地势全部下马步战，但仍凭借高昂的斗志和锐气杀败金军，直逼完颜承裕中军大营。结果金军由于过于分散联络调度不利，人心涣散，全军溃逃，指挥官完颜九斤殉国，30万主力就此瓦解。

完颜承裕在败逃过程中集结了数万残军，但尚未喘息就在浍河堡遭遇追击而至的蒙古军，蒙古军队迅速包围了金军，在激战三天后，铁木真亲率精骑3000突击，随后数万蒙古军发动总攻，金军全军覆亡，完颜承裕只身逃走，退至宣平一带。野狐岭之战，金军大败。蒙古军队进入居庸关，金中都（今北京市）戒严。

同年十月，蒙古大军一路上战无不克，越战越勇，直逼中都。十二月，蒙古军进攻中京，然而金朝守将完颜天骥在城内设好埋伏，蒙古骑兵中计，损失惨重，只好选择撤退；夜间，金军又趁势偷袭，蒙古军队再次折损部分兵力。铁木真思忖再三，选择撤兵保留实力。

1212 年秋，铁木真再次大举南侵，其目的是一举攻下金朝西京府（今山西大同市），蒙金军队发生激战，在围攻西京时，金朝的元帅左都监奥屯襄（添寿）率军坚守抵抗，他的兵却全被歼灭。成吉思可汗的小儿子拖雷攻破德兴（琢鹿）与附近的若干小城，但只抢东西，不作长期占领的打算。

1213 年七月，蒙古军又来到疮痍未复的德兴。这一次来德兴的主帅不是拖雷，而是铁木真自己，他再次攻破德兴。金朝驻在缙山的"行省事"完颜纲与"权元帅"术虎高琪带了十万多兵，在八月间被铁木真击败于妫川。随后，铁木真又率领哲别等人打下易州，攻下居庸关。蒙古军在铁木真的带领下势不可挡，如排山倒海般进攻金中都以南地区，并相继攻下河北、河东广大地区，直抵黄河北岸；又向东攻占山东诸地，直到海滨，对中都形成包围之势。

这一年金朝的大将纥石烈·胡沙虎在八月二十五发动政变，把已贬为卫绍王的完颜永济杀了，立了完颜珣为皇帝。中都被围，金宣宗完颜珣（吾睹补）见此情景选择求和，并献上了大量的金银财宝、奴隶、马匹等，蒙古大军满载战利品凯旋。

金贞祐二年（1214 年）五月十八，金宣宗完颜珣担忧蒙古的侵扰，决定迁都至汴京（今河南开封市），留下太子完颜守忠在中都当留守，叫完颜承晖与左副元帅抹燃尽忠辅佐太子。铁木真得知后非常生气，他认为，金宣宗既然讲和，便不该迁都，迁都等于是对他不信任。既然不信任，讲和便是一种骗局，随即派撒木和南下围攻中都。同时，又派木华黎攻辽西，木华黎势如破竹，连下顺州、高州、成州。金朝锦州的兵马都提控张鲸，杀了他的长官，节度使，自称"临海王"，向木华黎投降。木华黎又在十二月拿下懿州。

贞祐三年（1215 年）皇太子完颜守忠因中都失守，忧郁而死。其皇子完颜铿也在次年早逝。于是，贞祐四年（1216 年）金宣宗完颜珣改立完颜守绪为太子。金元光二年十二月（1224 年 1 月），金宣宗完颜珣驾崩，完颜守绪的庶兄完颜守纯想要抢先进宫夺取皇位，结果被接到讦告的完颜守绪监禁。

金正大元年（1224 年）金哀宗完颜守绪（宁甲速）刚刚即位，面对危局，力图振作，即位后就进行了大刀阔斧的改革。他大胆起用完颜合达、犯人完颜陈和尚等女真卓越将领，起用胥鼎等文武兼备的致仕官员，改变金宣宗时期的对西夏、南宋的政策，与两国停战、和解，专力抗击蒙古。

金哀宗完颜守绪（宁甲速）对金军进行了整编，组建了一支十几万人的精兵，分为 15 都尉，作为直接隶属于枢密院的战略机动部队。选拔屡立战功的"今之良将"完颜合达为平章政事兼权枢密副使，又提拔支持金哀宗即位的重臣移剌蒲阿为枢密使，共同担任这支军队的统帅，立行省于阌乡，以备潼关。除此之外，还有军队二十余万，总兵力尚有四十余万，因此，蒙古灭金也并非易事。

1215 年正月，木华黎挥军北向，围攻北京（今内蒙古宁城县西北大明城）。北京留守这时候是奥屯襄。奥屯襄被宣差提控完颜习烈杀害，完颜习烈自称监军。二月，完颜习烈又为变兵所杀。变兵公推乌古伦·寅答虎为元帅，向木华黎投降。这一年，除了"北京"以外，中都也落入蒙古军之手。

1217 年八月，铁木真封麾下大将木华黎为太师、国王（相当于清朝的"亲王",有爵无土),将南下攻金的事宜全权交由木华黎,而他自己则率领蒙古主力军西征。木华黎的任务不再是打击金国,而是消灭、吞并金国。木华黎在1223年三月病死,前后五年半的时间,替铁木真拿到百余城池。后蒙古铁骑最终在窝阔台的带领下,打败了女真骑兵。

雄狮远征,大破花剌子模

哲别在1218年灭了屈出律所篡占的西辽,铁木真在1219年就御驾亲征"回族国"。所谓的"回族国",便是花剌子模。花剌子模原为中古波斯的一省,其中心城市为兀笼格赤,就是今天乌孜别克共和国的乌儿干奇,在咸海东南、阿母河的南岸。花剌子模自成一国,是在公元二世纪之末、塞尔柱突厥人的朝代瓦解之时。

花剌子模曾是西辽的附属国,1199年,阿拉·乌德丁·穆罕默德(阿拉乌丁·摩诃末)继承汗位之后,就和乃蛮部的屈出律勾结,推翻了西辽直鲁古的政权。当时撒马尔罕与浩儿国都依附于西辽国,阿拉·乌德丁·穆罕默德计划让撒马尔罕汗斡思蛮对西辽独立,情愿改奉花剌子模为宗主国,改将献给西辽的岁币献给花剌子模。不久以后,斡思蛮后悔,对所娶的花剌子模公主冷淡,而对所娶的西辽公主宠爱,并且屠杀撒马尔罕城内的花剌子模侨民。阿拉·乌德丁于是在1211年兴兵讨伐,杀掉斡思蛮,将撒马尔罕据为己有。

浩儿国位于今日阿富汗的西部,国王是突厥人马赫谟德,在1213年被哈里发纳昔儿派人刺死,阿拉·乌德丁·穆罕默德的胞弟阿里·息儿当时在浩儿城作客,便趁机僭夺王位,向撒马尔罕城的阿拉·乌德丁·穆罕默德请封。阿拉·乌德丁·穆罕默德派使臣去赐锦袍给阿里·息儿,就在阿里·息儿试穿锦袍之时，使者将其杀死。于是，浩儿王国亡国，土地变成了花剌子模帝国的直属领域。

之后，阿拉·乌德丁·穆罕默德又战胜发儿斯国的国王撒德，收发儿斯国为藩属，取该国的赋税三分之一为岁币。里海西岸阿塞儿拜依姜国的兵，也被阿拉·乌德丁·穆罕默德战败，国王欧斯拜克纳贡称臣。志得意满的阿拉·乌德丁·穆罕默德变得不可一世，的确，他的版图不小，他的军队也号称有四十万人之多；在他看来，成吉思汗不过是一个小国君长而已，他并不把成吉思汗放在眼里。

铁木真听说了这个不可一世的花剌子模可汗，于是派了人去看他，并对他说："我看待你，如同看待所爱的儿子一样……我不再需要别人的土地，我只要你我的臣民之间能够彼此通商。"阿拉·乌德丁·穆罕默德听了这话，觉得很奇怪。他问铁木真派来的使者之一，在花剌子模出生的马赫谟德说："成吉思可汗为什么要把我当儿子看待呢？这人有多少兵力？"马赫谟德说："成吉思可汗的兵力，不能与您的兵力相比。"于是，阿拉·乌德丁·穆罕默德便打发这些使者回去复命，答应通商，却并不称臣纳贡。

铁木真得到了阿拉·乌德丁·穆罕默德的回话，便传旨"诸王、诸那颜（首领）、诸将，各出私货"，各派可靠的仆役一两人，随那原已去过一趟而现在回来的人，再去花剌子模换取花剌子模的土产，结果竟有四百五十人之多，结队而去。

1218 年，由四百五十人组成的蒙古商队带着众多金银、皮草、纺织品等贵重物品前往西方经商，途中行经花剌子模的边城讹答剌城。然而边城守将亦纳勒具克却将商队误以为是他国间谍而将他们逮捕，亦纳勒具克向阿拉·乌德丁·穆罕默德报告，说来了四百五十名间谍。阿拉·乌德丁·穆罕默德说："既然是间谍，立刻把他们正法。"于是，这四百五十人都不明不白地死于非命。

铁木真闻讯后，痛心疾首，愤恨不已，派使臣前往花刺子模讨个说法。然而阿拉·乌德丁·穆罕默德并不理会，甚至杀害使臣。铁木真恼羞成怒，气得走上山去，向天祷告，发誓替死者报仇。他立即召开军事会议商讨好战略事宜后，下令发动对花刺子模的战争。

1219 年四月，铁木真把漠北后方的事交给皇弟帖木格，漠南的事交给皇女阿刺海别吉。他御驾亲征，率领大军浩浩荡荡地向花刺子模挺进。花刺子模虽然军队人数众多、武器精良、粮食储备充足，然而国王阿拉·乌德丁·穆罕默德独断专行、国家民族复杂、人心不齐，所以战斗力并不强。

铁木真军队的战斗向来机动灵活，他长驱直入，在九月间到达讹答刺城，他留下察合台与窝阔台两个皇子攻打这座讹答刺城，另派皇子术赤率领一军，向西北走，进攻毡的与养吉干；派阿刺黑、速亦客秃、与塔孩共率一军，向东南走，攻打别纳客惕；他自己则带领小儿子拖雷渡过锡儿河，直攻布哈拉城以切断花刺子模新旧两京之间的道路。新京是撒马尔罕，旧京是兀笼格赤。

铁木真这四个军的战事都很顺利：察合台与窝阔台攻下了讹答刺城；术赤一连拿下了昔格纳黑、讹吉邗、巴耳赤刊、额失那思、毡的，并且也拿下邻近的养吉干；阿刺黑等三人的一军，攻下别纳客惕，也攻下忽毡（浩罕）；铁木真与拖雷所统率的一军，更是势如破竹，连下塞儿努黑、努儿。

1220 年三月，当铁木真率领的人马到达布哈拉城时，城内的两万守军顽强抵抗，铁木真立即下令围城；城内守卫如同惊弓之鸟，人心惶惶。一心想要逃跑的守军，在抵抗了几天以后，于夜间开城出走，被铁木真的兵追到阿母河旁杀光。蒙古大军在城内洗劫完财物后，将它付之一炬。出于报复，蒙古军队攻下的城镇大都遭遇了肆意的杀戮，血染城池。

铁木真的下一个目标就是撒马尔罕。他到了撒马尔罕城下，巡视了三天，把捉来的布哈拉等地的俘虏，每十人用旗子一根，装作士兵模样。当时，撒马尔罕城内的守军，虽有四万人之多，却自以为比铁木真的兵少，于是在第四天早晨，开城出降。在这四万降兵中，以突厥中的康里人占多数。阿拉·乌德丁·穆罕默德惊得魂飞魄散，只得离开首都，逃向南方。

铁木真挑选了若干名壮丁当兵，又挑选了三万名工匠"分赏其诸子、诸妻、诸将"，剩下的还有五万人；这五万人在缴纳了二十万枚金币以后，被准许回到城里去住。讨伐花剌子模的工作，到了占领这新都城撒马尔罕之时，可说已经完成了一大半。这个时候，铁木真到渴石城避暑，叫哲别与速不台两人各率一万骑兵，去搜捕花剌子模的国王阿拉·乌德丁·穆罕默德。

当蒙古军正式以阿拉·乌德丁·穆罕默德为讨伐对象时，他竟然全无当年的气概，望风而逃。一路提心吊胆的阿拉·乌德丁·穆罕默德途经巴里黑城到尼夏普儿城，再由卡斯芬城到哈隆堡、塞儿吉罕堡，最后由给兰镇到了里海之中的小岛阿比斯浑。他在阿比斯浑住了没有几天，就在担惊受怕中病死了。他的长子札兰丁·明布尔努继承了他的位置，离开阿比斯浑，领导花剌子模国军民，对蒙古军继续作战。

札兰丁·明布尔努可以说是铁木真一生所遇到的最强的对手之一。札兰丁·明布尔努其实与铁木真仅仅打过一仗，在1221年十月的印度河边，德喇·伊斯马伊勒罕城的附近。而此前，札兰丁·明布尔努对术赤、察合台、窝阔台三人在兀笼格赤城交过手。兀笼格赤之所以能够守那么久，与札兰丁·明布尔努坐镇不无关系。

札兰丁·明布尔努很有心计谋略。他不是一个只知道拼苦战的将领，很擅长攻心计。他在父亲阿拉·乌德丁·穆罕默德死后，就深入民间，走了很多地方，并鼓动当地的反蒙情绪，继续组织新的劲旅。海拉特等地的人民，受到札兰丁·明布尔努的鼓动，纷纷杀死当地的蒙古官吏和驻军，并积极响应他的号召。一时间，札兰丁·明布尔努所集合的麾下，竟然有六七万人。

札兰丁·明布尔努就用这六七万人，于 1221 年八月在巴鲁安旷野，击溃了失吉刊·忽秃忽所统率的三万多蒙古兵。这是铁木真自率师西征以来，第一次（也是唯一的一次）所遭受的挫败。这时候，铁木真刚刚攻下巴米安城，听到失吉刊·忽秃忽的败讯，赶忙用急行军的速度，冲向札兰丁·明布尔努所驻扎的哈斯纳。到达之时，铁木真才知道札兰丁·明布尔努已经先他十五天之前离开了哈斯纳，向着印度的方向走了。

札兰丁·明布尔努之所以离开哈斯纳，其实是因为他的部队发生了内讧。当时花剌子模人额明·篾力克与突儿科曼人阿黑喇黑抢一匹虏获的战马。额明·蔑力克用鞭子打阿黑喇黑，札兰丁·明布尔努不加以惩戒，阿黑喇黑一怒之下，带了他的突儿科曼兵士与胡鲁只·突厥兵士自行撤退，而且唆使了浩儿国兵士的指挥官阿加姆·蔑力克带着浩儿国兵士一同离开，走向今日印度西北部的派夏蛙儿。于是，札兰丁·明布尔努也只得撤兵向南。

铁木真在哈斯纳扑了一个空，向南追，在印度河（"申河"）的河边，与札兰丁·明布尔努相遇。当时铁木真带来的兵有六万，而札兰丁·明布尔努经过内讧，剩下的兵马最多不过两三万人。这注定是一场恶战，两军交战，刀剑交锋。起初是札兰丁·明布尔努的右翼获胜，接着是铁木真冲断了札兰丁·明布尔努右翼与中军的联络，并且用奇兵爬上山，解决了札兰丁·明布尔努依山而守的左翼。最后，札兰丁·明布尔努战败之时，连人带马，从两丈高的悬崖跳进印度河，奇迹般地渡河到达对岸，其英姿令铁木真都赞叹不已。

铁木真派千户带兵去印度搜，搜不到札兰丁·明布尔努。等到窝阔台为可汗以后，蒙古军才把札兰丁·明布尔努消灭。

铁木真西征花剌子模在中国的战争史上占有十分重要的地位，此次战役综合运用了军事、政治、外交等策略。铁木真的战略基本原则是：摧其坚、夺其魁，以解其体。在政治上，迫使对方贵族、官吏、宗教领袖、军事首领等代表人物降服；在军事上，针对花剌子模分军防守要点的特点，采用迂回及突然袭击等战术，逐次占领对方战略要点，从而取得了第一次西征的胜利。

蒙古帝国最厉害的"四杰"

成吉思汗时代的蒙古名将云集，除了术赤四兄弟外，最为人熟知的恐怕就是"四杰"和"四獒"八位了。四杰也称为四骏，分别是木华黎、赤老温、博尔术、博尔忽。

"四杰"之一的木华黎（1170 年～1223 年）又名为木合里、摩和赉、穆呼哩等，是成吉思汗铁木真手下的骁勇战将、开国功臣，以沉毅多智、雄勇善战著称，与博尔术最受器重，被铁木真誉为"犹车之有辕，身之有臂"。

木华黎祖父是佶列枯秃伯颜，父亲是孔温窟洼。札剌尔氏世代居于阿难水，孔温窟洼有五子，木华黎排行第三。据说，木华黎出生时，有白气从帐中冒出来，当时的神巫惊奇地说："此非常儿也。"等到木华黎长大的时候，他身长七尺，"虎首虬须，黑面"，"沉毅多智略，猿臂善射，挽弓二石强"。

铁木真征讨主儿乞部，班师回朝，佶列枯秃伯颜便让孔温窟洼带着木华黎和他的弟弟不合，在大汗行在处拜见铁木真，此后，木华黎和弟弟不合便留在了铁木真的身边，服侍左右。孔温窟洼是铁木真麾下的将士，协助其打败了蔑儿乞惕部、征讨乃蛮部。后来乃蛮部再次反叛，铁木真仅与六名将领逃走，由于缺粮，孔温窟洼曾屠宰骆驼，为铁木真充饥。当追兵步步进逼时，铁木真坐骑突然暴毙，众人大惊，唯孔温窟洼将坐骑让出，自当诱饵引开追兵而死。孔温窟洼死后，被铁木真追赠为推忠效节保大佐运功臣、太师等。

有一次，铁木真与塔塔尔部对阵失利，适逢大雪，又丢失了牙帐，只能睡卧在草泽中。而木华黎与博尔术为了不让寒冷的天气冻伤铁木真，竟然站在雪中整夜张毡遮蔽。

还有一次，铁木真带领三十多名骑兵经过溪水山谷，路上行进中问木华黎："倘若在这里遇到贼人，该怎么办？"木华黎回答说："我希望能够独当一面。"过了一会儿，果然有流寇从树林中突然冲出来，当时情况十分危急，箭下如雨，木华黎立马引弓，三发射中三人。流寇中的人问他："你是何人？"木华黎回答说："我是木华黎。"然后解下马鞍抵挡流矢，保护铁木真冲出谷，终于将流寇击退。

在铁木真统一蒙古高原各部的战争中，木华黎战功卓著。蒙古国建立时，木华黎因功封千户长兼左翼万户长，统汗廷以东至哈剌温山（今大兴安岭）的广大地区，后来又跟随铁木真征伐金朝，大败金兵于野狐岭（今张家口市西北）、浍河堡（今河北怀安县东）等地，尽歼金军精锐，进逼中都（今北京），后攻占益都、滨、棣诸城，至霸州，招降史秉直、史天倪、史天泽父子及肖勃迭等。

成吉思汗十二年（1217 年）八月，木华黎被铁木真封为太师、国王、都行省承制行事，全权指挥攻金。成吉思汗十八年（1224 年）春，五十四岁的木华黎病卒于军中。临终前，木华黎对其弟弟带孙说："我为国家铸成大业，擐甲执锐垂四十年，东征西讨，无复遗恨，只恨汴京未下耳！汝其勉之。"其子孛鲁袭爵，领军继续征金。后来铁木真亲自攻打凤翔，并对诸将说："要是木华黎在世，我就用不着来此督战了！"

木华黎虽死于金朝灭亡之前，但他已为平金大业的胜利奠定了基础。

蒙古对强大的敌人金朝的征服是在 1217 年才真正开始的。虽然成吉思汗手下能独当一面的将领有很多，但能独自挑起如此重任的恐怕只有木华黎一人。

赤老温又称齐拉衮，蒙古国大将，逊都思氏，锁儿罕失刺之子。赤老温作战勇敢，铁木真赞赏他是"把阿秃儿"，即勇士。宋开禧二年（1206 年），蒙古国建立时，赤老温与他的父亲一直共同掌一千户，代替他的父亲领军作战，统领薛凉格河，即今天的色楞格河地区。赤老温曾与博尔术等一起，配合克烈部，击败乃蛮部曲薛吾军，与博尔术、木华黎、博尔忽并称"掇里班·曲律"，一直担任"怯薛"护卫军的首领，是元朝初期的十大功臣之一，并世袭"答剌罕"之号，享有九次犯罪不罚的特权。

铁木真 14 岁左右，遭到泰亦赤兀惕兀部骑兵的追捕，幸亏锁儿罕失刺一家舍身相救，才得以死里逃生。在这次惊险万分的不幸事件中，铁木真有幸结识了后来为他冲锋陷阵的得力部将赤老温。

赤老温的寿命很长，经历也颇为丰富，在战场也是屡立战功。虽然和"四杰"的其他三位一样骁勇善战、勇猛无敌，但是赤老温却是一个非常聪明的人：他在功成名就之时，并没有恋战，而是选择急流勇退，入朝为官，最后死在了高官的任上；"四杰"的其他三位都是战死沙场、马革裹尸，而赤老温却是平安终老。因为妹妹合答安是铁木真的侧妃，他的家族也沾亲带故的上升为蒙古草原四大家族之一，权势很大。

博尔术，又作孛斡儿出，蒙古阿儿剌部人，为"四杰"之首，其父纳忽阿儿阑与也速该结好。博尔术十三岁时就帮助铁木真从要儿斤部人手中夺回八匹白马，不久铁木真召他为伴当（仆人）。大赤兀里之战中，铁木真下令殊死战斗，博尔术"系马于腰，跽而引满，分寸不离故处"，以胆勇受到铁木真嘉奖。营救孛儿帖，博尔术也有一份功劳。有一次，铁木真与泰亦赤兀惕兀部人作战，被箭射伤了，博尔术与博尔忽救了他，博尔术整夜用双手将自己的皮袄托在铁木真头上挡住大雪。铁木真与蔑儿乞惕部战斗时，风雪迷阵，博尔术曾到敌阵中间寻找铁木真。

1189 年，铁木真被乞牙惕诸族长推为蒙古东部的可汗。他为了表彰博尔术与哲勒篾两人在他"除了影子没有伴的时候，做了我的影子"，任两人为众人之长。1206 年，铁木真建立蒙古国时，分封 95 千户，博尔术位居第二，分地在阿勒台山（今阿尔泰山）附近；后任他为右手万户，管辖西边直至阿勒台山地方。

铁木真称赞了博尔术的元勋大功，特别指出博尔术与木华黎二人"赞助我做好事，劝阻我做坏事，我才能够臻于大位"；"今封你位于众人之上，九次犯罪不罚"。在分封百姓的时候，铁木真因其亲叔叔答里台斡惕赤斤（也速该的幼弟）曾降顺克烈部而想杀掉他，博尔术与木华黎、失吉忽秃忽（诃额仑四养子之一）一起谏言不能自破家室，终于使铁木真息怒。

博尔术一直随从铁木真到处征伐，还奉铁木真的旨令教察合台"人生经涉险阻，必获善地，所过无轻舍止"。1221 年 4 月，术赤、察合台与窝阔台攻占玉龙杰赤，三人分了诸城和百姓，没有向铁木真进献，铁木真大怒，经博尔术与失吉忽秃忽的劝谏，才消气训诫三个儿子。博尔术死于窝阔台在位之时。他死后，子孙世袭万户与怯薛长，久享尊荣。

博尔忽，"四杰"之一。博尔忽是从战场上捡回来的孤儿，由铁木真的母亲诃额仑抚养成人。博尔忽和博尔术的名字虽然很像，但两个人并不是亲兄弟；他们二人都是铁木真的"四杰"，却有先后之分，博尔术为首，博尔忽为次。博尔忽是因为从战场上救出濒死的窝阔台而建立功劳的；而博尔术则是从小就追随铁木真，加入蒙古军很早。

博尔忽有过很多个名字，作为蒙古大将，博尔忽生平中更多的是以神武的称号而著名，终生效忠于铁木真，为统一蒙古的大业立下了汗马功劳。他从军没多久，就在援救友军的战事中获得胜利；后来又在与克烈部的对垒之中，独自营救铁木真的儿子窝阔台，被表彰；也曾带领部队前去平定叛乱。蒙古建国之时，他因为战功显赫被封为千户长，配合博尔术共同掌控军队，博尔忽是护卫军的军长，作为十大功臣之一，他也有犯罪不受罚的权力。

在蒙古建国后，一次征讨秃马部战争中，为解救被扣留的豁尔赤（萨满教巫师，蒙古大将）等人，博尔忽因没有识破秃马部首领塔儿浑夫人的埋伏，不幸死于乱军之中。铁木真和窝阔台汗念其功勋，对他的后代十分厚待。

成吉思汗的利刃——"蒙古四獒"

铁木真能建立蒙古帝国，除了他是一个雄才大略的君主之外，还因为他身边那些骁勇善战的将士。在铁木真麾下的将领中，速不台、哲勒篾、哲别、忽必来四人以勇猛闻名，被合称为"蒙古四獒"。"四獒"是指猛将的意思，称呼的来源大概是四先锋在与乃蛮部的塔阳汗作战时，勇猛异常，塔阳汗看见了就问当时投靠他的札木合："这几个人是谁？"札木合告诉他说："这是成吉思汗的四头恶犬。""四犬"之名也随之名扬天下。

哲别（？～约1224年），原名只儿豁阿歹，蒙古别速惕部人。哲别东征西讨，战无不胜，攻无不克，一生忠贞。哲别所在的别速惕部曾与泰亦赤兀惕兀等部在一起对抗铁木真，哲别当时是泰亦赤兀惕兀部一个首领秃答的部属。1201年，铁木真与札木合所率十一部联军会战于阔亦田地方，哲别射伤了铁木真的白嘴黄马。在这次战役中，铁木真拼死获胜，泰亦赤兀惕兀部势衰，哲别终于投奔了铁木真。

铁木真问是谁射伤了他的马，哲别承认是自己干的，铁木真认为他很诚实，有意与他交好。"坚石可碎，深水可断。"这是哲别向铁木真投降时所发出的誓言，他也的的确确用一生的忠诚和累累的战功来证明了他的誓言绝无虚假。铁木真将他改名为哲别（意为箭镞），要他"就像我跟前的'哲别'似的保护我"。从此，哲别成为铁木真麾下的一员大将。

1204 年，铁木真征伐乃蛮部，遣忽必来与哲别为前锋。当时，哲别被形容为具有"铜的额颅、凿子似的嘴、铁的心、锥子似的舌"的凶猛战将。这一仗铁木真大胜，擒杀乃蛮部首领塔阳汗，其子屈出律逃遁。在高原统一战争中，哲别的表现并非特别耀眼，但在博尔术、哲勒篾等一线将领逐渐老去之后，在对外战争中挑起重担的就轮到他和木华黎。

第一次攻金，身为前锋的哲别破乌沙堡，拔乌月营，甚至攻取了坚如磐石的居庸关。在两次攻金的间隙，铁木真攻西京大同惨败而归，而哲别却成功地攻下了东京辽阳。风头盖主；第二次攻金，他又拿下了居庸关，这座千百年来使无数支军队望而却步的雄关要隘，两次栽在了哲别手中。

1218 年，哲别率数万大军攻西辽，他不费吹灰之力就将这个几乎和蒙古一般大小的大国纳入了蒙古版图。在成吉思汗的西征路上，他与速不台并肩作战，一个又一个国家和城市在他面前被扫落：西波斯诸国，巴格达，阿塞拜疆，格鲁吉亚，阿兰，奇卜察克（钦察人），还有罗斯诸国。在迦勒迦河边，他写下了其军旅生涯中最得意的一笔，而他的生命也随着他使命的完成而逝去。

速不台（1176 年~1248 年），兀良哈部人，蒙古帝国名将；早年辅佐铁木真统一蒙古诸部，"四先锋"之一。

1211 年至 1215 年间，速不台是伐金战将，1212 年攻桓州，率先登城获捷，铁木真赐他金帛一车。速不台驰骋沙场的时间最长，不过一直到了 1216 年，他才第一次独率大军作战。那次是攻打蔑儿乞惕人的余部，当时的速不台已经四十岁了，铁木真派他出征攻打逃窜于畏兀儿以西的蔑儿乞惕残部。进军时，速不台令先行裨将阿里出带婴儿行进，夜宿后留下婴儿，就像是携家而逃的人。蔑儿乞惕部见后信以为真，不加防备。速不台大军进至垂河（今楚河），将蔑儿乞惕部击灭。

1219 年，速不台随从铁木真西征，次年受命与哲别率军追击花剌子模国王阿拉·乌德丁·穆罕默德，先后转战于宽田吉思海（今里海）沿岸等地区，进而击败斡罗思、钦察联军和不里阿耳军。1224 年，速不台率领蒙古大军东还。铁木真的西征路上，速不台和哲别并肩，横扫欧亚诸国，将蒙古的威名传播万里，他本人也赢得了"魔鬼将军"的绰号。

1223 年之后，随着木华黎、哲别、术赤等一线将领和铁木真的相继病逝，拔都（术赤嫡次子）、蒙哥（拖雷长子）等人还未成长为统帅，速不台已成了蒙古军的中流砥柱。

金正大八年（1231 年），速不台随拖雷率军绕道南宋境迂回攻金，并献疲敌之计，以少击众，歼灭金军主力于三峰山（今河南禹县西南地区）。随后，速不台率军进攻金南京（今开封），又参加攻破蔡州（今河南汝南）的战役，为消灭金朝立下了战功。

1235 年，蒙古军第二次西征，年轻的拔都为主帅，年届花甲的速不台为副帅，这一老一少形成了战争史上罕见的最佳搭档。1241 年，率军攻入马札儿（今匈牙利），进而攻占马茶城（今布达佩斯），1248 年速不台率军返回蒙古，终年 73 岁。死后追封为河南王，谥忠定。

哲勒篾（者勒蔑），蒙古兀良哈部人，札儿赤兀岱之子，速不台之兄，居不儿罕山（肯特山）地区，与蒙古部为邻；自幼侍奉铁木真，多有功劳，被铁木真誉为"有福庆的伴当"，曾随铁木真逃避蔑儿乞惕部人的追击。

南宋淳熙十六年（1189 年），铁木真即蒙古部汗位时，哲勒篾与博尔术同被封为众官之长，参与运筹，随从统一蒙古各部，以果敢善战著称，有"饮露骑风"之美称，屡救铁木真于危难之中。

1202年秋天，铁木真在阔亦田（今贝尔湖哈拉河上源处）地区与泰亦赤兀惕兀部发生了激烈的战斗，双方你砍我杀，难解难分，直至红日西坠，仍不分胜负。恰在此时，铁木真颈部中了一箭，伤势十分严重。天黑后，两军已杀得疲惫不堪，就隔河相望分别在两岸扎营。这时成吉思汗颈部流血不止，由于伤势过重已经昏迷过去。守候在身边的哲勒篾见此状，用嘴来吸吮其颈部伤口内的瘀血并进行包扎，一直守候铁木真到深夜。

铁木真微醒后，对哲勒篾提出饥渴难忍，哲勒篾听后迅速脱掉衣服，裸体潜水渡河来到了对岸敌人的营地，在他们的车子上找寻马奶，很幸运地寻到一大桶乳酪，避开敌人的警戒取了回来。哲勒篾把乳酪调和好，端给铁木真喝，连饮三次。铁木真体力逐渐恢复并坐了起来，对哲勒篾说道："从前蔑儿乞惕人在不儿罕山追剿我时，是你救了我一家人的性命。现在又口吮瘀血救我的命，还深入敌营为我寻找饮料，你的救命之恩我是永远不能忘的。"第二天，铁木真带伤率大军一举歼灭了宿敌泰亦赤兀惕兀部。

哲勒篾虽然久经沙场，屡建奇功，但蒙古建国不久，他就去世了，因此其名不再见诸于史。《蒙兀儿史记》中称哲勒篾"鸷悍善战"，即像雄鹰一样凶猛强悍，同时又足智多谋，善于灵活应战。他作为"四獒"之首，当之无愧。

忽必来（？～1211年）也被称为虎必来，巴鲁剌思氏，元帝国名将，以雄勇著称。早年，忽必来和弟弟一起投靠铁木真，而后立下了汗马功劳。宋淳熙十六年（1189年），忽必来拥戴铁木真登上汗位，他自己充"云都赤"（佩刀侍卫）。宋嘉泰二年（1202年），忽必来奉命整顿军队，惩治了在战争中非法劫掠财富的人。两年后，忽必来成为先锋，征讨各部；他的勇猛很快就威慑了整个草原，立下了赫赫战功。蒙古国建立后，忽必来受封千户长，主管国家军务。

忽必来是蒙古"四獒"之一，十大功臣之一，与哲别、速不台等齐名。一直受到成吉思汗的宠信，被委以重任。他非常英勇，每次打仗都充当先锋，身先士卒。忽必来的勇猛也影响他的部下，很多部将都把忽必来看做榜样。据记载，忽必来掌管的千户隶属于铁木真第六子阔列坚。忽必来后来奉命西征，迫使哈剌鲁部主动归降；忽必来带着俘虏来到行宫朝见铁木真。没多久，忽必来就去世了，死因不详。

成吉思汗曾说，忽必来就像是他的猛虎，为他扫平一切。忽必来、木华黎、博尔忽等人在成吉思汗的身边，他就会感到心安。成吉思汗对忽必来大加赞扬，认为不能缺少他。

丘处机"一言止杀"，欲罢干戈致太平

乾隆皇帝以"一言止杀，始知济世有奇功"表示他对丘处机的敬仰；铁木真以"天赐仙弘，以悟朕志"表达他对丘处机的尊崇。这位誉满宋、金、元三朝的道士丘处机，在他七十三岁高龄时，跋山涉水两年，西行数万里与铁木真相会，并在历史上留下了丘处机"一言止杀"的传奇故事。

丘处机是山东人士，出生于金熙宗皇统八年（1148 年）。19 岁时，丘处机选择入道，并拜在全真教王重阳门下。王重阳为他取名处机，字通密，号长春子，后成为"全真七子"之一而闻名于世。金章宗泰和三年（1203 年），丘处机接任全真教第五任掌教，全真教由此进入鼎盛时期。在那个战乱纷繁的年代，民不聊生、众生疾苦，大批百姓加入全真

教以求心灵上的寄托。

历代帝王都有一个共同的追求，就是长生不老。成吉思汗铁木真的晚年也是这样。他在西征花剌子模时，已经迈入耳顺之年，体力精力大不如从前。当时道教的"长生术"在民间广为流传，而且全真教在道长丘处机的发展下，更是闻名天下，据说年近七旬的丘处机看上去鹤发童颜、碧眼方瞳。他通长生之术，晓治国之道，为南宋、金朝、蒙古帝国统治者以及广大人民群众所共同敬重。

金宣宗贞祐二年（1214 年），山东发生杨安儿起义，金朝驸马都尉仆散朝恩请丘处机协助招抚乱民；凭借丘处机的声望，登州和莱州等地很快恢复平静。两年后，金宣宗下诏派东平军王庭玉召丘处机赴汴梁，但丘处机认为金朝皇帝有"不仁之恶"，推辞未前往。宋嘉定十二年（1219 年），宋宁宗赵扩派遣将领李全、彭义斌持诏书敦请丘处机赴临安，丘处机认为南宋皇帝有"失政之罪"，也推辞未前往。

铁木真想知道长生之法，又志在统一天下，便十分迫切地想要与丘处机见面。1219 年的阴历五月，铁木真亲自写下一封诏书之后，派刘仲禄赴山东邀请丘处机。刘仲禄本是金国人，当年蒙古大军攻入燕京时，他归降了蒙古；他能做鸣镝，通晓医术，受到铁木真的赏识，成为铁木真的近侍官。刘仲禄奔波达七个月，于阴历十二月到达山东莱州昊天观。

刘仲禄奉命邀请丘处机前往蒙古帝国与成吉思汗见面，丘处机深思熟虑了一番，认为今后统一天下的很可能是蒙古统治者，正可以借此机会劝阻铁木真滥杀无辜，于是说："我循天理而行，天使行处无敢违。"他怀着"欲罢干戈致太平"的初衷决心应诏。

1220 年正月，丘处机挑选门人弟子赵道坚、宋道安、尹志平、李志常等十八名弟子离开山东昊天观，启程西去，这时他已经 73 岁。几个月后，丘处机一行人到达了蒙古国统治下的燕京，丘处机等道长入驻玉虚观，前去迎接他的人络绎不绝。丘处机利用大汗宣召接见之事广开教门、开化度人。

丘处机听说成吉思汗已经于 1219 年六月，统兵西征中亚的花剌子模，自己距离铁木真的军队已经越行越远。如今年老体迈，万里路程，恐不能达，于是上疏奏请铁木真，是否能在燕京相见，并写了一份陈情表。刘仲禄于是命令曷剌急驰报告成吉思汗。铁木真正忙于西征战事，不能东到燕京，便写了回复诏书，派遣曷剌带回复丘处机。知道在燕京相见并不可能，于是丘处机于 1221 年春天，继续西行。

当时的刘仲禄想要为成吉思汗挑选美女，丘处机知道后，当即劝阻道："春秋时期齐景公为了削弱鲁国，派人挑选美女 80 人送给鲁定公。定公与国相季氏朝欢暮乐，朝政日衰，孔子为此指责定公：君相沉溺于声色，国家何以图强？"后来，成吉思汗知道这件事，决定罢选美女入朝。

1221 年，丘处机携众弟子西行万里。西行路程艰辛异常，时常受到沙尘、流沙的侵袭，甚至他的弟子赵道坚在西去的路上不幸病逝。但对于这位老人来说，比这更令他揪心的是沿途民众的苦难，于是他留下了这样的诗句：

其一云：

自古中秋月最明，凉风届候夜弥清。

一天气象沉银汉，四海鱼龙耀水精。

吴越楼台歌吹满，燕秦部曲酒肴盈。

我之帝所临河上，欲罢干戈致太平。

其二云：

当时发轫海边城，海上干戈尚未平。

道德欲兴千里外，风尘不惮九夷行。

初从西北登高岭，渐转东南指上京。

迤逦直西南下去，阴山之外不知名。

"欲罢干戈致太平""道德欲兴千里外",明明白白地指出了丘处机此次西行的目的。短短几句诗,体现了丘处机悲天悯人的情怀,对民众疾苦的关切、拯救百姓性命的急切。

1222 年,丘处机率众历经两年的长途跋涉,最终抵达铁木真的驻地。由于铁木真属马而他属龙,因此这次会见史称"龙马相会"。会见时,丘处机请求"道士见王者不跪拜",铁木真欣然同意。铁木真见丘处机鹤骨仙风,便开门见山地向他讨教长生不老之术和长生不老药。丘处机坦诚地回答:"这世上有强身健体之法,却无长生不老之药",并劝诚铁木真要"清心寡欲"。

铁木真与丘处机朝夕相处,丘处机不断地利用身边的小事对铁木真进行劝诚。在他们进行第七次谈话时,铁木真问打雷的事,丘处机说:"我听说蒙古人夏天不在河中洗澡,不洗衣服,不洗毡子,野地里有蘑菇也不准采食,怕触怒天威,这不是敬天之道。天下间的罪行有千种万种,但最大的罪是不孝,上天打雷就是在警示不孝啊。我还听说蒙古国的风俗中,很多人不孝敬父母,皇帝可凭借您的影响力禁止这些不合天道的行为。"铁木真高兴地说:"神仙这番话正合朕意。"这次见面,铁木真把他的儿子、诸王和大臣也叫来了,让他们牢记丘处机的话。

在他们进行第九次谈话的当天,铁木真追射一头野猪,不慎从马上摔了下来。丘处机获悉此事,入帐进谏:"天道好生。陛下圣寿已高,宜少出猎。从马上坠落,是上天在告诫;野猪不敢靠近,是上天在护佑陛下。"铁木真听后,十分信服。

丘处机曾经多次劝导铁木真,治理国家应该"敬天爱民",以百姓为重,体恤民生疾苦,保护黎民百姓;想要统一天下的人,一定不要把杀人当成嗜好。丘处机"拳拳以止杀为劝"之语,令铁木真深感其言,叹道:"天赐仙弘,以悟朕志。"对于丘处机来说,不管是人杀,还是天杀,只要危及百姓性命,他就要出来拯救。这种从天灾人祸中救人性命的行为，充分地显示了他所具有的悲天悯人的情怀。

1222 年春天，丘处机向铁木真辞行，铁木真下诏豁免全真道的所有赋役，并派兵沿途护送。在丘处机返回的途中，铁木真还派自己的元帅从驻地赶去探望，并转达铁木真对丘处机的思念："神仙您从春天到夏天，道途不易，食物、马匹是否够用？到宣德等处，地方官员的安排是否满意？朕时常念神仙，希望神仙也不要忘记朕。"从史料记载的细节中，可以看出铁木真对丘处机的感念和周到。

跟随丘处机一路西行的十八名弟子之一的李志常，根据一路上的西行见闻，写成《长春真人西游记》一书。后来，铁木真将虎符玺书赐给丘处机，并命令燕京行省将原金朝的御花园赏给全真教用来建造道观。从此，全真教得到了弘扬，丘处机的地位甚至相当于蒙古国的国师。凭借虎符玺书，丘处机解救了大批中原人士，使得两三万被蒙古掠夺为奴的人重获自由。1227 年七月初九，丘处机在长春宫宝玄堂逝世，享龄80 岁。

铁木真与丘处机相处时间不算长，但丘处机的"止杀""爱民"思想深深地影响了铁木真，在此后蒙古军的征战中，对平民的伤害大大减轻。如今，北京白云观中的丘祖殿，挂有一副清代乾隆皇帝写的对联："万古长生，不用餐霞求秘诀；一言止杀，始知济世有奇功"，表达了对丘处机的赞誉和敬仰，同时，也概括了铁木真和丘处机之间至诚至深的交情。

千古之谜，一代天骄魂归何处？

一代天骄成吉思汗于朔漠崛起，戎马一生，他是古今中外著名的历史人物，同时也是有争议的人物。历史上许多皇帝与王族死后，都会埋葬大量的珍奇，以至于后世出现了不少盗墓者，使得帝王陵墓遭到不同程度的破坏。但是，自铁木真去世之后，世界各国的考古学家都在研究一代天骄因何而死，又魂归何处；探宝者们都在找寻传说中埋藏着无数奇珍异宝的成吉思汗陵墓。

1226 年秋，65 岁的铁木真虽是烈士暮年，仍壮心不已，率领着蒙古大军征伐西夏。1227 年，吞并西夏的战斗还没有结束，铁木真已感到了不适；他留下大军继续攻打西夏都城，自己带着亲信军队前往六盘山避暑，然而这竟是他生命中的最后一次迁移。这年 8 月，他于萨里川哈剌图行宫逝去，享年 66 岁。临终前，下令将投降的西夏国王及王族全部处死。

铁木真的死因，众说纷纭。传统的史书上将铁木真的死描述成因病而亡，但实际上并没有根据。因为《元史》对铁木真的死亡描述得非常简单："秋七月壬午，不豫。己丑，崩于萨里川啥老徒之行宫。"从史书的记载中并不能探究出铁木真因为什么病而亡，甚至对于他是否是病死，众多研究者也存有怀疑的态度。现世存有的历史资料中，已经能够确认铁木真确实是非正常死亡，但不同的历史资料对铁木真死亡的原因说法不一。

第一种说法是铁木真是不慎坠马，被马踩死的。《蒙古秘史》记载，铁木真有一天骑马，从马上跌落下来后，又被后面奔驰的马群踩踏身体，因而受到重创，不久之后就死于非命；第二种说法是被刺而亡。这种说法与西夏王妃古尔伯勒津郭斡哈屯有关。《蒙古源流》记载，铁木真攻打西夏的过程中，西夏乞降，西夏王室一众美女皆被蒙古军俘虏。一日，铁木真强迫美丽的西夏王妃古尔伯勒津郭斡哈屯侍寝，王妃对他深恶痛绝，在当天夜里趁其戒备松懈进行了行刺。王妃自知难逃一死，也投河自尽以保清白，而铁木真则因为失血过多死亡。清朝的乾隆皇帝认同这个"行刺说"，将《蒙古源流》一书视为珍宝，并建议将其编入《四库全书》。

第三种说法比较离奇，蒙古民间认为铁木真是被雷电劈死的。出使蒙古的罗马教廷使节约翰·普兰诺·加宾尼在其所著的文章中曾经透露，铁木真可能是被雷电击中身亡。约翰·普兰诺·加宾尼为葡萄牙人，出使中国的确切时间是 1245～1247 年，由教皇英诺森四世派遣而来，回去后向教皇提交了题为《被我们称为鞑靼的蒙古人的历史》的出使报告。约翰·普兰诺·加宾尼对铁木真死因的记录并非道听途说，他出使中国时距离铁木真之死只有 18 年，比马可·波罗还早 30 年。

第四种说法是被他的儿子窝阔台毒死。根据俄罗斯最新披露的关于金帐汗国的历史资料，铁木真是被其子窝阔台毒死的。铁木真有四个儿子：长子术赤，次子察合台，三子窝阔台，四子拖雷。长子和次子长期因争夺汗位，关系紧张，矛盾尖锐，开始铁木真决定将窝阔台立为王储；但后来发生了一些事情，铁木真对窝阔台产生了不满，于是想改立最心爱的小儿子拖雷为王储。此事被窝阔台知道后，为了保全自己的利益，在父亲的酒中下毒，将其毒死。

这四种说法都有一定的历史依据，不是无风起浪，然而没有哪一种说法是一锤定音的，铁木真的死因一直像一个谜团萦绕在世人的心中。

传统意义上的成吉思汗陵墓，建于 1955 年，位于鄂尔多斯高原中南部伊克昭盟伊金霍洛旗甘德尔敖包。但这并不是真正埋葬铁木真遗骸的地方，只是一个衣冠冢，成吉思汗陵墓的真正地址一直是个谜。

传说，铁木真的手下将领遵循其遗诏"秘不发丧"，由他最忠心的部下秘密地将遗体运回故乡，埋葬到赶造好的陵墓中，之后让万千来回奔跑的骏马将墓地踏平，然后植木为林，掩盖踪迹。最后仅用一棵树作为墓碑。陵墓建成之后，为了防止墓葬的地址被泄露，为首的将领下令将参与建造墓地的两千五百多名工匠全部杀死。

此外，根据元末叶子奇的《草木子》记载，铁木真密葬之后，除了让马匹踏平墓地外，为便于日后能找到墓地，在铁木真的坟上杀死了一只幼小的羊羔，将羊羔血撒于其上，并派骑兵守墓。等到来年春天，小草长出以后，墓地与其他地方分辨不出时，守墓的士兵才撤走。后世子女如果想念，就让当时被杀羊羔的母羊作为向导，如果母羊停在一个地方久久徘徊，哀鸣不已，那么这个地方就是陵墓所在地。

蒙古人十分重视人与自然的和谐关系，将人视为自然的一部分。在这样的思想之下，蒙古人的安葬习俗与其他农业文明的民族有着很大的不同。

据记载，铁木真去世时，拿白色公驼的顶鬃，放在铁木真的嘴上和鼻子上，如果不喘气了，说明大汗的灵魂已经附着在这团白色驼毛上，这时遗体就可以处理掉，而把这团驼毛保存在衣冠冢里。因此，在鄂尔多斯的成吉思汗陵墓供奉的银棺灵柩中，保存的是附着有铁木真灵魂的白公驼顶鬃，并非铁木真的遗骸。

铁木真的墓葬成为一个千古谜团，但是作为铁木真后代子孙的蒙古人，却从未急着将它解开。在他们心中，铁木真拥有不朽的灵魂，早已安息在圣祖之灵的禁地。

不忍细读的元朝史

第二章
鹿死谁手，「黄金家族」内战一触即发

1227年铁木真去世后，留下了一个庞大的帝国雏形给他的子孙们。生前，叱咤风云的铁木真最担心的就是在他死后，他的儿子们会因为汗位的争夺而手足相残。然而在大草原上，察合台和窝阔台结为一党；术赤和拖雷结为另一个党派。蒙古宫廷两党对立的局面形成，形势愈演愈烈。"黄金家族"的"窝阔台系"与"拖雷系"的纷争贯穿始终，最终鹿死谁手，成就霸业呢？

汗位纷争，窝阔台继位

选择汗位的继承人，对于一个国家、一个王朝来说是国之大事，关乎江山社稷，神圣而庄重。历朝历代，多少人为了争权夺位，上演着刀光剑影、你死我活的争斗，又有多少人沦为皇权斗争的牺牲品。在争权夺位的过程中，人与人之间血浓于水的亲情被欲望的洪水淹没，被沾满鲜血的屠刀斩杀得无影无踪，人的灵魂也在一次次的斗争中被彻底扭曲了。可以说，封建时代的许多皇帝都是踏着亲人的尸骨才爬上那个至尊宝座的。

成吉思汗铁木真有四个嫡子，注定要为争夺汗位而斗争。嫡长子术赤是孛儿帖所生，他十分勇敢，屡立战功，不失为一位草原英雄；嫡次子察合台是孛儿帖生的二儿子，他雷厉风行，是个战斗的勇士，然而性格却过于鲁莽冲动，行事残忍，并不是继承大汗的材料；嫡三子窝阔台，所立的战功战绩不如他的两个哥哥，然而胜在聪慧敏锐，能够揣度父亲的心思。而且他性格温顺敦厚，平日也不参与兄弟之间的争斗，从不对继承汗位表现出任何热衷；嫡四子拖雷最受铁木真的喜爱。

术赤虽然是长子，但是他并没有希望继承汗位。因为他的出身问题，一直如刺一般扎在铁木真的心中。当年，铁木真所在的部落曾经受到蔑儿乞惕部的突袭，他的妻子孛儿帖也被掳走，铁木真在王罕和札木合联军的帮助下，打败了蔑儿乞惕部，夺回了妻子。在回军的路上，术赤出生了，铁木真感觉这是个不速之客，于是取名为"术赤"。

铁木真对术赤的血统一直都持怀疑的态度，因为孛儿帖被蔑儿乞惕人掳走了到底是 9 个月还是 12 个月，一直都是史学家们争执的关键点所在，所以术赤的身份，埋下了父子兄弟不和的种子，也注定了术赤是一个悲剧性人物的命运。明明可以成为草原的英雄，却被人认为身世是谜，也成为铁木真心中一道抹不去的阴影。因而，术赤成为众多儿子中最不受铁木真喜爱的。

　　在铁木真西征花剌子模之前，他的儿子们因为术赤的出身以及汗位继承的问题发生了争吵。铁木真在经过一番深思熟虑之后，最终选择三子窝阔台成为他的接班人，而不是最受宠的小儿子拖雷：他主要是从政治稳定和个人才能方面考虑的，从是否真正能够掌管好他的子民，能够将他留下的财富发扬光大方面考虑的，这些是立储考虑的首要问题。

　　按照铁木真去世前的遗嘱，汗位本该由三子窝阔台继承。然而窝阔台继承汗位之路却十分艰辛。铁木真死后，窝阔台并没有直接继承汗位。因为按照蒙古族"幼子守灶"的传统，铁木真的小儿子拖雷继承了成吉思汗统治的中心区域和主要军队，包括 60 多个千户军。而作为大汗继承人的窝阔台只继承了 4 个千户军。而且，大汗的继位者必须经过宗亲、贵戚和勋臣参加"库里勒台"大会进行推举，大汗与臣属各自宣誓之后，才能算正式即位，合法地行使汗权。

　　虽然铁木真生前立下遗嘱，但这个规矩也是必须遵守的。"库里勒台"大会原是部落或者部落联盟的首领、贵族参加的一种议事会议，到铁木真时期演化为蒙古诸王的大会，早期主要用来推举首领、决定战争等重大问题。蒙古人有着"幼子守灶"的习俗，即嫡幼子应当继承主要的财产，所以成吉思汗留下的大部分部队由拖雷继承。占据了嫡幼子这个有利而特殊地位的拖雷，自然而然地要求坚持祖制，借传统的财产继承制度，意欲一举将成吉思汗的所有遗产特别是汗位纳入囊中。所以在"库里勒台"召开之前，按照"幼子守灶"的规矩，拖雷理所当然地出任监国。

　　正是拖雷监国的这两年，窝阔台和拖雷之间原本亲密的兄弟之情出现了裂痕，并且这个裂痕不断扩大，直接导致了拖雷之死，导致了窝阔台家族和拖雷家族的仇恨，导致了大蒙古国汗位之争，也最终导致了窝阔台汗国的出现。

1229 年 8 月初，大蒙古国召开了决定汗位继承人的"库里勒台"大会，王室宗亲、权贵重臣纷纷赶来参加此次盛会。在举行了为期三天的盛宴之后，大会正式开始讨论立汗问题。原本按照成吉思汗的遗嘱，只要大会一召开，窝阔台应该很顺利继承汗位才是，但是这个大会竟然持续了四十天都没有结果，前来赴会的贵族们，好像光专注于吃喝，由谁来继承汗位一直也没能讨论出结果。而原本应该当仁不让登上汗位的窝阔台，在面对哥哥察合台以及众多王室宗亲拥戴的时候，却在大会上一再推辞：

"尽管按照父汗的命令，应该是由我登上汗位，但是有长兄和叔父们，特别是还有德才兼备的大弟拖雷，都比我更有资历担此重任。按照我们蒙古人的规矩和习俗，幼子是一家之长，应当由幼子继承父亲的遗产并掌管他的营地和家室。我怎么能在他活着时，当着他的面登上汗位呢？"

早就想继承汗位，将拖雷赶下台的窝阔台怎么到这个关键时刻，反而拿出"幼子守灶"的传统，认为拖雷更有资格即位呢？实际上窝阔台并不是真的谦虚，而是看出了大会上的诡异气氛；那个曾经与自己手足情深并表示无条件支持自己的弟弟拖雷已经变了，享受了两年至高权力的他，已经对汗位觊觎已久、虎视眈眈。而宗族王亲们也大多支持拖雷，所以才会四十多天不能议定。窝阔台假以谦逊来稳住局势，博得他人的同情与支持，以退为进。同时，他请父亲的老臣耶律楚材出面，劝说拖雷放弃汗位。

耶律楚材是成吉思汗的近臣，专司问卜，成吉思汗生前对他非常信任，不直呼他的名字，而是以"吾图撒合里"，也就是长胡子的昵称来称呼他。虽然耶律楚材此时还算不得位高权重，但是受父亲的影响，铁木真的儿子们都很尊重他，也敬畏他能够预测天意的本事。

耶律楚材深知汗位迟迟不定，终究会酿成大祸。所以，他秘密地会见了拖雷，告知他关乎国家社稷的大事应当早日定夺，然而拖雷并不情愿，推脱说："事情还没有决定，需要选择别日才能定夺。"耶律楚材却说过了现在就没有吉日了。耶律楚材还借助铁木真的儿子对他的敬重，要求拖雷坚决执行成吉思汗的遗诏。

与此同时，耶律楚材与蒙古长王察合台见面（此时，术赤已死），并劝说他支持窝阔台，助他一臂之力。耶律楚材说："王虽兄，位则臣也，礼当拜。王拜，则莫敢不拜。"察合台与窝阔台原本就关系亲密，听到耶律楚材的一番言论，深以为然。同时，耶律楚材"定册立仪礼，皇族尊长皆令就班列拜"。终于，出于对天命的恐惧，也因为察合台的助力和支持，拖雷不再觊觎汗位，并主动迎请窝阔台即位。至此，窝阔台终于继位，成为大蒙古国的第二任可汗。

在这次汗位继承问题上，耶律楚材发挥了关键的作用，被窝阔台誉为"社稷臣"，从此更受到蒙古大汗的信任和尊重。朝臣跪拜之礼的确定，对蒙古帝国汗权的巩固发挥了重大影响。但是，即位的过程不如想象中的一帆风顺，而是处处艰难，使得窝阔台对自己的弟弟拖雷心生不满，这种不满逐渐发酵，为大蒙古国的将来蒙上了厚重的阴霾。

窝阔台继位后，确实如铁木真希望的那样，拥有雄才大略。他继承了铁木真的遗志，继续进行大蒙古国的对外扩张，努力用自己的实力和功绩证明，他是一名合格的继承人。

假道于宋，南下灭金

灭亡金朝是成吉思汗铁木真的既定方针，他临终时的三条遗嘱中，专门提出了，"假道于宋，宋、金世仇，必能许我，则下兵唐、邓，直搞大梁。金急，必征兵潼关。然以数万之众，千里赴援，人马疲弊，虽至弗能战，破之必矣"的"灭金方略"。窝阔台登上汗位后，继承了铁木真的遗志，领兵伐金。从窝阔台开始，蒙金之间的战争进入实质性阶段。1229 年到 1231 年期间，蒙金历经几战，双方互有胜负。1231 年，窝阔台召集蒙古众将一同商讨伐金的战略，最后合计出兵分三路，由三路人马一同围困汴京。

金正大四年（1227 年）春，成吉思汗攻打西夏时，另一支蒙古军正在侵掠金统治下的陕、甘地区。金正大五年（1228 年）正月，成吉思汗死后，侵陕的八千蒙古军在拖雷的带领下，进入大昌原，却被金朝名将完颜陈和尚（完颜彝）以四百骑兵打败。

完颜陈和尚生长于弓马娴熟的戎武之家，自幼尚武、勇力过人，行动疾如风雨。他率领的忠孝军由回鹘、蛮、羌、浑、汉等族四百余人组成，战斗力极强。在应命出征前，完颜陈和尚不慌不忙，沐浴更衣，然后披甲上马，率领铁骑直奔敌营。由于他身先士卒，勇往直前，部下将士也毫无畏惧，奋勇杀敌，竟以四百铁骑打败了八千蒙古兵，迫使蒙古军从庆阳败退，取得了大昌原之战的全胜。此仗的胜利使完颜陈和尚声名远播，这也是金与蒙古交战近 20 年，唯一的一次大胜仗。

太宗元年（1229 年）十月，窝阔台派大将朵忽鲁率领部将进围陕西庆阳。金朝为了缓兵之计，特派陕西行省遣使送羊酒特意犒劳蒙古军队，还派使者到蒙古汗廷以缓和双方的关系，并秘密地派遣移剌蒲阿去庆阳作战。结果，蒙古军与金军再战大昌原，朵乎鲁战败，金朝解了庆阳之围。金军主将移剌蒲阿遣还蒙古使臣斡骨栾，说："吾已备齐兵马，汝等可来战乎？"窝阔台闻听此言，大为震怒，扬言誓报大昌原之仇，他拜天九日，决定亲征。

太宗二年（1230 年）七月，窝阔台与皇弟拖雷、皇侄蒙哥（拖雷长子）统率大兵，向金朝的山西发起进攻。诸王阿勒赤歹（铁木真同母次弟合赤温之子）、口温不花（铁木真异母弟别勒古台次子）等，攻金潞州（山西长治）凤翔（陕西）。各率本部人马兵分三路，向金军发起进攻。蒙古军攻下天成堡，经西京，至应州，在雁门关激战，先后攻破代州和石州。

1230 年八月，东路军由汉族名将史天泽进围金军大将武仙（金朝的地主武装首领，在 1228 年归顺金朝，并设置了卫州府。）于旧卫州（即汲县）。蒙古西路军由拖雷率领，南下与原在庆阳地区的蒙军会合。九月，武仙率军围攻潞州的蒙古军，窝阔台命塔思（孛鲁长子，木华黎之孙）领兵救援。武仙退保潞州东原上，金将领移剌蒲阿领兵夜袭蒙古军，塔思战败，蒙古辎重、人口都被金军俘获。武仙还军，攻占潞州。

十月，窝阔台再遣万户燕只吉台（察合台的玄孙）与塔思等攻潞州。武仙遁走，还屯卫州。蒙古真定万户史天泽等率领河北蒙、汉军围攻卫州。金哀宗完颜守绪调遣完颜合达、移剌蒲阿领兵十万救卫州。完颜合达等先遣完颜陈和尚忠孝军及亲卫军等三千人做先锋出击，蒙古兵败退，卫州围解。完颜陈和尚的忠孝军又立了战功。金朝的卫州解围后，完颜守绪登上城门犒劳三军。并下令以移剌蒲阿为参知政事，与完颜合达行省于阌乡，领兵防守潼关，另外调遣武仙的兵去鹘岭关扼守金州路。

窝阔台亲自率领的中路军渡过黄河，占领同州、华州和京兆东南部分地区，牵制屯驻在阌乡和渑池的完颜合达和移剌蒲阿率领的十几万金军。十一月，窝阔台派速不台进攻潼关、蓝关，金朝潼关的总帅纳合买住、忠孝军完颜彝等率军拒战，速不台败归。这就是金军所谓的"倒回谷之捷"。这还是横行欧亚的常胜将军速不台，有生以来第一次被打败。

1231 年正月，速不台攻破潼关南小关等地，金朝的卢氏、朱阳等地也随之被破。二月，蒙古军攻陷凤翔。四月，完颜合达与移剌蒲阿决定放弃京兆，同时下令京兆守将将居民迁至河南，退保潼关。从此，潼关以西不再是金朝的地盘。蒙古大军占领了向金朝的首都开封进军的战略基地。窝阔台出兵侵金以来，金、蒙互有胜负，蒙古兵并没有取得多少进展。

第二章
鹿死谁手，"黄金家族"内战一触即发
· · · · · · ·

同年五月，窝阔台在官山九十九泉避暑，召集蒙古诸王将领商议灭金的战略，做出了三路灭金的战略部署：蒙古军兵分三路，左路军由斡陈（特薛禅之孙）那颜率领，进兵济南；中路军由窝阔台亲自率领，攻河中府，转向洛阳；右路军由拖雷率领，自凤翔过宝鸡，入小潼关，经过宋境沿汉水而下，自唐、邓攻汴京。三路军计划在第二年（1232年）春季，合围汴京，消灭金朝。

1231年七月，拖雷从凤翔南下之际，先派使者到南宋四川方面希望假道并约合兵灭金，没想到蒙古派去南宋的使者刚到陕西青野原就被南宋守将杀死。拖雷闻之大怒，于是破宝鸡后率军入大散关，进入宋境。他率领蒙古军南下席卷了大安军、利州、代州等地，又破武休关，经过华阳等地取洋州，入兴元。拖雷的先锋将领按竺尔向四川制置使桂如渊假道，桂如渊被迫派向导引蒙古军经过凤关、金州，取房州。随后，蒙古军北上，在武当山大破金军，到达了汉水南岸的钧州。从钧州渡过汉水，进入了金朝唐、邓地区，完成了假道于宋，下兵唐、邓的战略计划。

蒙古军队化整为零，分散进军，向汴京挺进。金军一路遭受来自蒙古军的四面袭击，士兵得不到休息，军粮也急剧短缺。趁着金军疲惫之时，蒙古军故意让开通往钧州的路，并设下陷阱，金军掉以轻心，进而大败。

1232年正月，蒙金双方于钧州三峰山展开了激烈的战斗。此次战役，金朝的主力军队耗损惨重，"金军无一人得逃者"，诸将多死，唯有武仙得以逃跑；金朝可谓元气大伤，再无崛起之势，灭亡指日可待。三月，窝阔台与拖雷撤兵北还，留速不台等围攻汴京，令国王塔思与大将忽都虎统兵平定南州郡。

速不台进围汴京，先派使者谕降。金哀宗完颜守绪送曹王讹可为质，派出议和使者，但是并无结果。之后，蒙古军用石炮攻城，昼夜不息，而金军守将们则使用当时先进的火器震天雷、飞火枪，给蒙古军造成了极大的杀伤。速不台攻城16个昼夜，内外死者数以万计。同年七月，窝

阔台派使臣唐庆等三十余人入汴京招降，结果却被金军兵士杀死，蒙金双方于是断绝了议和的关系。1232 年十二月，蒙古与南宋达成伐金的协定：灭金后以河南地归宋。

1233 年正月，金哀宗面对汴京城粮食援绝、人人相食的现象，决定放弃这里，逃往归德（今河南商丘）。速不台立马率兵包围汴京，并派出一支队伍追击金哀宗。金朝的西面元帅崔立发动了政变，杀死了来不及逃走的二相，并派人向速不台请降。速不台进入汴京城内，想要屠城，结果被耶律楚材阻止。

四月，南宋遵约派孟珙率军进攻唐、邓，打败武仙军。速不台根据窝阔台"罪止完颜氏"的命令，处死了梁王、荆王和诸宗室男女五百余人，将太后、皇后两宫送往蒙古草原。五月，金哀宗逃往蔡州（今河南汝南），派使者与南宋讲和，南宋拒绝了金朝的要求。八月，蒙古军与南宋军分道进攻蔡州。宋蒙两军合力将蔡州围住，防止金兵突破重围，同时也隔断了金军的支援。蔡州在被宋蒙军队围困三月之后，弹尽粮绝，终于被攻破。金哀宗完颜守绪（宁甲速）在幽兰阁自缢而死，金朝灭亡。

拖雷之死：夺命圣水与猝死之谜

窝阔台即位后，立马将哥哥察合台打发回他的封地去了。察合台当时的封地范围包括阿尔泰山以西、阿姆河以东的广大地区，外加天山南北的西辽旧地。后来，察合台在自己的封地建立了察合台汗国，其都城设在阿力麻里附近的忽牙思。为什么要将哥哥打发至封地呢？实际上察合台与窝阔台一直比较亲密。窝阔台也非常尊重察合台，凡遇军国大事，

第二章
鹿死谁手，"黄金家族"内战一触即发
* * * * * *

必派使者去与察合台商议，然后才加以定夺。

窝阔台让察合台回到他的封地，却把因为汗位与自己心生罅隙的拖雷留在了身边。获取汗位的不顺利让这位新大汗耿耿于怀，而且作为幼子的拖雷，继承了父亲大部分的遗产，掌有蒙古军队五分之四的军事权力。如果让拖雷回到他的领地去，就等于是放虎归山，要想再控制他就十分困难了。所以，窝阔台牢牢地把拖雷捆在自己身边，使拖雷不敢轻举妄动。

太宗二年（1230 年），窝阔台率拖雷分道伐金。在这次伐金战争中，拖雷多次率领蒙古军冲锋陷阵，听从窝阔台的指挥，真心拥戴窝阔台，毫无反心。可以说，拖雷对窝阔台移权让位是真心真意的。从窝阔台继承汗位的那天起，拖雷就打心眼里承认了窝阔台的合法地位，并且是竭尽全力在帮助窝阔台进行统一全国的大业。对于这样的亲弟弟，窝阔台不论从哪个角度来说，都是不应该亏待的。但是，历史容不得半点设想和假设，历史是残酷而现实的。

窝阔台携拖雷在官山九十九泉避暑期间，窝阔台突然得了重病，于是请大夫看病；吃过药之后不但病情没有好转，反而愈加严重。有人建议窝阔台请巫师来驱除病魔。巫师见到窝阔台后说："大汗征战沙场多年，手上沾染了无数人的鲜血，又毁坏城郭，这样的做法激起了山川之神的愤怒，天神要将大汗带走问罪呢。"窝阔台听了巫师的话，深信不疑，内心非常恐惧，于是向巫师求教是否有破除魔障的方法。巫师说："需要有一个亲王代替大汗去向天神请罪，才可以免除大汗的灾难。"

在亲王之中，当时只有拖雷陪同窝阔台出征。于是，窝阔台命人把拖雷叫到身边，说："四弟，我这病恐怕是不行了。"拖雷见窝阔台叫自己"四弟"，态度亲昵，很是感动，急忙说道："三哥偶染小疾，三五日就会好的，何出此言？"窝阔台说："方才巫师为我祈祷，才知我这怪病是因为杀伐太重，得罪了上天，神要拘我。除非有一个亲王愿意替代我，

才能破解这病症。现在随军的亲王只有四弟你，但是军中没有我尚可，唯独不能失去你。所以为兄只好将你叫来，安置一下，我去之后，吾弟要……"不等窝阔台说完，拖雷赶紧说："既然小弟能代替，定是义不容辞。三哥是一国之主，万万少不得。"说完，命内侍将巫师请出。

巫师被叫来之后，拖雷说愿意代大汗到天神那里请罪。巫师拿出"咒水"，解释说："觋被除涤疾之水，亲王代饮下去，大汗就会痊愈。"拖雷二话不说，将"咒水"一饮而尽。没几天拖雷便去世了，死时年仅41岁。

其实，无论是《元史》还是《蒙古秘史》中，都没有直接说明，拖雷就是被窝阔台毒死的，但是也没有否认，拖雷是"为了合罕而去世"的，甚至《蒙古秘史》里直接记载了让拖雷喝下"诅咒之水"是巫师们的意思，同时也是窝阔台直接批准的。

而后世的人们怀疑拖雷之死与窝阔台有关，主要是因为窝阔台具备必须处理掉拖雷的理由。虽然成吉思汗铁木真将大汗的位置给了窝阔台，但是他的属地、财产和大部分军队都留给了拖雷，使拖雷拥有了巨大的实力；拖雷也是在耶律楚材的劝说之下，才主动让权给窝阔台；且拖雷在蒙古帝国中的威望一直很高，这让窝阔台无法安心，始终感到一种严重的威胁。即使拖雷在三年五年内没有反心，但没有人敢保证他在将来漫长的日子里也没有反心。这是每一个帝王最担心的问题，但凡涉及自己的权力地位，定是锱铢必较。在窝阔台看来，与其这样提心吊胆地过日子，还不如将其除掉，以绝后患。

那么，拖雷究竟有没有反心呢？这点在史书上并没有任何记载。但是从帝王自身的角度考虑，不惜杀害自己的亲弟弟，保全自己的王位，这是封建社会皇权制度的必然结果，也是造成手足相残的根本原因。

从史书的各方面记载来看，拖雷是一个杰出的人物。在成吉思汗众多的儿子中，他拥有着最强的军事能力，在他监国的两年中也表现出了卓越的政治领导能力。就拖雷本人而言，他对蒙古帝国做出的杰出贡献，在任何时候都是毋庸置疑的。拖雷不仅拥有一位卓越伟大的父亲，还有一个同样在历史上耀眼的儿子——忽必烈。

宋蒙开战，掀起血雨腥风

宋蒙联兵灭金后，蒙古帝国并没有按照承诺，将河南地归还宋朝，仅仅将陈蔡东南地区归宋。蒙古的这一做法，让不少宋朝人感到愤愤不平，而且其中一些宋朝人还抱着侥幸求胜的心理。当时的淮东制置使赵葵与其兄赵范提出了"守河据关，收复三京"的建议，企图乘蒙古主力北还、河南空虚之际，收复西京洛阳、东京汴梁和南京归德。宋理宗赵昀任命泸州全子才等人进军河南。

1234年六月十二，全子才收复南京归德府。随后向开封进发，开封守将为崔立，原本为金国的元帅级人物，受命坚守开封，但由于开封蒙古军都尉李伯渊、李琦、李贱奴长期遭受主将崔立的侮辱，于是这三人杀掉崔立，以开封城投降蒙古。七月初五，全子才率宋军进入汴京城。然而他们看到的，已不是《清明上河图》中那座繁华的都市了，曾经超过百万的人口只剩守军六百余人、居民一千多家。到处都是一片残垣断壁，破败的尸体和森森的白骨更是随处可见，城中没有丝毫的生气。

其实，蒙古东道诸王塔察儿听闻报宋军北进，便率所部蒙古兵退到黄河以北，故意示弱给宋军，以引诱宋军深入。过河之前，蒙古人把黄河南岸的河堤掘开，致使两淮大片的土地变成水泽沼泽，不仅严重地干扰了宋军的行军，就连后勤补给线也被严重破坏，这为后面南宋的兵败埋下了伏笔。

当时，控制南宋朝政的奸相史嵩之又故意不供应军饷，致使南宋军无法坚守空城。蒙古军乘势截击宋军，并向洛阳逼近；南宋军当时虽然没有战败，但是也没有办法守城，只好撤兵。这件事情发生在南宋端平元年，故史称"端平入洛"。这件事以后，不仅没能实现南宋统治者"守河据关，收复三京"的战略计划，反而给蒙古南下攻宋提供了借口。

太宗六年（1234年）底，窝阔台在答兰答八思建立行宫，召集诸王大臣会议，决定南下攻宋，并再次进行西征。当时窝阔台将南征之师兵分三路：中路军由窝阔台第三子阔出率领，进攻汉水及长江流域；西路由次子阔端、都元帅达海绀卜等率领，攻取四川；东路军由宗王口温不花、国王塔思等统率，进攻南宋的荆襄、江淮地区。

太宗七年（1235年）六月，阔出与诸王众将失吉忽秃忽、口温不花、塔思以及汉将史天泽、张柔等与原屯黄河沿线的塔察儿会合，渡河南下。八月，蒙古先锋军攻克唐州，于是转攻淮西，掩护主力向襄、郢进军。十月，塔思率军攻破枣阳，阔出则率军西掠襄、邓，攻取光化军。塔思率军一部南攻郢州，遭到了守城宋军的顽强抗击，屡攻不克，无奈之下只能北还。阔端的西路军进至巩昌，出身汪古部的原金朝降将汪世显叛宋降蒙古，并引蒙古军南下。

十一月，西路军阔端从凤州向南进军，攻占沔州之后，进围青野原的南宋四川制置使赵彦呐，南宋御前诸军都统制曹友闻听闻后立马率军前去救援。此次支援将蒙古军击溃，所以蒙古军改变战略选择转攻大安军，但是又被曹友闻军击退。宋军北上扼守仙人关。

太宗八年（1236年）三月，阔出率领中路军攻打鄂北重镇襄阳，恰巧襄阳守军内讧，将领王曼投降了蒙古，结果襄阳被蒙古军占领。襄阳是南宋守卫疆域的重镇，自岳飞收复以来已经一百三十余年，生聚繁庶，城高池深，钱粮在仓库者不下30万，弓矢器械24库。襄阳被攻占，南宋军遭到极其惨重的损失，使得南宋在长江中游的荆湖战略要地失去了保卫屏障。四月，阔出的军队攻克随、郢二州及荆门军。八月，南宋的枣阳军、德安府也被蒙古军攻破。

第二章
鹿死谁手，"黄金家族"内战一触即发

· · · · · ·

九月，阔端又率西路军分兵两路合击成都。阔端亲率主力离开大散关向武休关进军，击败了南宋将领李显忠，占领兴元；他派遣的另一支军队对南宋大安军发起猛烈的攻势，主力则攻阳平关。南宋的四川制置使赵彦呐见蒙古军欲进攻大安，急调曹友闻控制大安，以保蜀门。曹友闻提出，自己驻兵沔阳，敌人有后顾之忧，必然不敢越过沔阳而入蜀。如果离开沔阳而入大安，则是弃天险而就平旷，正是就敌骑兵之长，暴露自己步兵之短，况且寡不敌众，必然导致失败。赵彦呐不听，致使曹友闻全军覆没，曹友闻力战而死。从此，蜀门大开，蒙古军队长驱直入。随后，蒙古宗王蒙哥率军攻克宕昌、阶州后，挥军南进，攻取文州。南宋知州刘锐、通判赵汝向率领军民严防死守，蒙古军久攻不克，最后断掉了城中水源，才将城攻破。

十月，东路军主帅阔出在行军途中病死，窝阔台指派忒木台率军继续南攻江陵。为了突破江陵东西防线，兵分两路，一路攻打复州，另一路在枝江、监利编造木筏，准备渡江。南宋朝廷听到这个消息，急忙派遣孟珙赶赴前线支援。孟珙巧施疑兵之计，反复变换旗帜和军服颜色，在夜里点燃无数的火把，以少示众，并遣军偷袭蒙古军，破了24寨，夺回被掠军民2万余人，使得蒙古军被迫北撤。与此同时，蒙古马步军都元帅察罕率军攻打真州也遭顽强抵抗后被击退。

西路军在阔端的率领下攻破成都，大肆掠夺四川腹地。在听闻东路主帅阔出的死讯后，率军北归，在汉州与蒙哥的军队相会，又留下一部分兵力扼守沔、阶、兴元等要地，主力退出四川。不久，蒙古军所占领的州县均被宋军孟珙、杜杲、吕文德等合力收复。

太宗九年（1237年）十月，蒙古东路口温不花、塔思军大破光州后，继续进取随州、复州、蕲州，之后围攻黄州，南宋守军迎战接连失利，孟珙率军前去救援，将其击退；蒙古军集结死士进行强攻，遭到南宋守将杜杲率军奋勇抵抗，攻城失利，于是填平城濠，筑造了27坝，乘着风势纵火攻战；宋军反击，奋勇冲杀，夺取了高坝；后来池州都统制

吕文德率军入城增援，合力防守抵御，蒙古军屡攻不克只好退兵。西路军队袭击掠夺了武信城、资、普等州，达海绀卜部将郝和尚拔都及梁秉钧窥开、达二州，进逼瞿塘。

太宗十年（1238年）九月，窝阔台再一次派察罕率东路军攻打庐州，打算在巢湖上造船，来窥探长江上的军情。蒙古军筑起高坝攻城，守城的南宋将杜杲率军奋力抵抗，蒙古军失利。蒙古军遂转军东下，攻克了滁州；又转战天长时被南宋军击败，察罕被迫率领大军退出南宋边境。西路的蒙古军由都元帅达海绀卜率领再次侵入四川，攻克隆庆后，四处掳掠。

太宗十一年（1239年）四月，孟珙趁着东路蒙古军进攻淮西，对长江中游放松进攻的时候，遣军收复了京襄诸郡。六月，阔端遣达海绀卜率军进入蜀地，再次在成都开战，四川制置使丁黼战死；南宋军死守着大江的南岸，于是蒙古军趁着夜色乘船迂回渡江之策，击溃了南宋军。十二月，宋将孟珙分兵屯峡、归、施诸州，控扼蒙古军东进之路，在归州大垭寨一举击溃蒙古军，收复了夔州。南宋朝廷旋将孟珙任命为四川宣抚使，加强了四川防御。

太宗十三年（1241年）十一月，蒙古军又一次侵入蜀地，大破二十余城，进围成都。宋制置使陈隆之固守十多天，但他的部下却心生逆反之心，在夜里开城门出降，陈隆之被俘杀。而窝阔台也在这年的十二月病死，蒙古军主力即刻北归，蒙宋战争暂告一段落。

窝阔台派蒙古军攻宋持续时间长达七年，蒙古大军的主力一直都是西征，攻打宋的兵力只占据一小部分，而且战线过长，兵力分布较为分散；虽然蒙宋之战中打了不少胜仗，但是整体却没有主攻方向，而且蒙古善骑兵，在巴蜀之地缺乏水军，处于十分不利的地位。蒙宋之战也使得蒙古军承受了不小的损伤。

长子西征，蒙古铁骑横扫欧洲大陆

太宗六年（1234 年）底，窝阔台在答兰答八思建立行宫，召集诸王大臣会议，会议上不仅决定南下攻宋，还派出了两支西征军，主要的任务是征服"成吉思汗未征服完毕而留下的百姓"：一支军队远征波斯等地，消灭扎兰丁·明布尔努的残余势力；另一支军队的任务是远征钦察、不里阿耳各部。征服波斯地区的军队进军比较顺利，扎兰丁·明布尔努兵败逃亡，被曲儿忒人杀死；但是远征钦察等地的军队却遭遇顽强的抵抗，"因为那里的百姓难攻"，为此，窝阔台根据察合台的建议，组织了"长子西征"军。

太宗七年（1235 年），窝阔台在哈拉和林（蒙古帝国的首都）召开库里勒台大会，商讨西征事宜，这次的大会上，察合台主动请缨说："可派我儿子中的年长者不里出征，增援速不台。如果派长子出征，则军多势盛，力量强大。那边的敌人众多，敌国很多，兵锋坚锐。据说那些百姓愤怒时用武器杀死自己，他们的武器很锋利。"窝阔台接着说："这就是朕等商议的话，依着察合台兄长的热衷之言，可命长子们出征！可向各处宣谕命拔都、不里、贵由、蒙哥等宗王出征的理由。"

对于各支贵族出征的人员以及西征军的领导，窝阔台也做出了明确的规定："渐西出征之中，凡管领百姓的宗王，应在其诸子中命其长子出征。不管领百姓的宗王们、万户长、千户长、百户长、十户长，无论何人，也应命其长子出征。公主、驸马们，也应照规矩命其长子出征。"这次参加远征的还有速不台等人，西征军的总数在 12 万以上（一说为15 万人），名义上的总师是术赤系的拔都，而"中军出征者，以古余克

（贵由，窝阔台长子）为首长"。

太宗八年（1236年）春，蒙古诸王各部向指定地点进军。此次西征的战略目标是：以一部兵力攻取不里阿耳和钦察部，排除两翼威胁，然后合力攻破斡罗思，再进击加里西亚，匈牙利，波兰等地。

这年秋天，贵由、蒙哥率领西征军与拔都兄弟的军队在伏尔加河流域会师，进攻不里阿耳部。不里阿耳部实际上是芬种、斯拉夫种与突厥种的混合部族，后来被可萨突厥打败，分两支逃亡。一支留居在伏尔加河上游，一支西迁至多瑙河流域。伏尔加河流域的不里阿耳城一向以"阵地坚固和资源丰富而闻名全世界"，可惜面对速不台这样的骁勇战将，没多久就被攻克了。速不台肆意屠杀城民，并纵火焚毁了这座城市。

这年冬天，蒙古军进至乌拉尔河与伏尔加河之间的钦察部驻地，其中之一的部落首领纳贡投降，但是另一部首领八赤蛮却坚决抵抗，他有勇有谋，"他奔向各方，什么都抢"，又擅长打游击战，"没有一个经常落脚的地方，因此蒙古军队无法捉到他"。他藏在伏尔加河岸上的林中，以森林作为掩护，与蒙古军队展开了游击战。后来，蒙哥率领一支骑兵，活捉到了八赤蛮，不久附近的阿速部、毛而壮，波尔塔斯等诸部也被征服。蒙古西征军占领了里海以北的地区以后，为攻入斡罗思打开了通道。

太宗九年（1237年）秋，拔都召集西征军诸王商议战事，决定全军在冬季从东北方向弗拉基米尔（兀拉基米尔）公国进军。随后，蒙古军进抵奥卡河中游的也列赞（梁赞）侯国，并派使者谕降，要求其贵族与百姓交出十分之一的财富为岁贡，拔都命令也列赞王进献全部财产的十分之一，遭到也列赞王的拒绝；窝阔台闻之，勃然大怒，于是下令蒙古军对也列赞侯国进行猛攻。双方激战五天，于十二月二十一城池被蒙古军攻破，蒙古军屠杀城内百姓并焚毁城市，一时间血流成河，哀鸿遍野。

太宗十年（1238年）蒙古军兵临弗拉基米尔公国城下，遣使入城招降不成。拔都命蒙哥指挥主力军攻城，命诸将分军攻取外围城堡。蒙哥领兵猛攻弗拉基米尔城6天，集中炮石猛击，轰塌了城墙一段入城，与守军展开激烈巷战，血流成河。蒙古军占领弗拉基米尔城。随后，拔都分兵三路进击北罗斯的其他地区。

太宗十一年（1239年），蒙哥的蒙古军队继续前进，经过三个月的苦战，攻下了阿速部的都城蔑怯思城。随后又进攻太和岭北的薛儿克思部，杀死了国王。蒙古宗王昔班（术赤第五子）、不里（察合台长子木阿秃干的儿子）等率军进掠克里米亚岛，别儿哥（术赤第三子）则进攻钦察部，四万库曼人在其国主忽坦汗的率领下，逃往匈牙利。

太宗十二年（1240年）冬，拔都带领50万大军继续前进，目标是斡罗思的乞瓦（今基辅）。蒙古军昼夜强攻基辅城，基辅军民在狄米脱里的指挥下，以血战到底的英雄气概抵抗蒙古军。最终，蒙古军破城而入，与守城军民展开激烈的巷战，守城军民前仆后继，最终全军覆没。基辅陷落后，城民尽遭杀戮，城市被摧毁；守将狄米脱里被俘，拔都赞其英勇而不杀。

太宗十三年（1241年）春，蒙古西征军以追击逃敌为由，兵分两路：左路由拔都兄弟率领，名将速不台为先锋，直接进入马扎尔境内；右路由宗王拜答儿（察合台第三子）、速不台之子兀良合台率领，进入昔烈儿（波兰），作为主力军的掩护。当时的波兰国王博列斯拉夫三世刚刚去世一年有余，他的四个儿子正进行夺位纷争，内战不已。蒙古军乘乱摧毁了这支不团结的波兰守军。

此时，西里西亚大公（西里西亚的亨利二世）调集波兰、日耳曼和波希米亚军队组成联军，集结3万余兵于列格尼兹（今波兰莱格尼察）地区，准备迎战蒙古军。亨利将波日联军分为5部，波日联军严阵以待，欲乘蒙古军远程而来疲惫之机，一战获胜。蒙古右路军抵达列格尼兹地区后，拜答儿也将全军分为5部迎战敌军。双方兵力各为3万余众，但作战能力则有天壤之别：波日联军装备古老，缺乏战斗经验，战术呆板，战斗力较差。蒙古军装备先进，经历千百之战，战术灵活多变，战斗力极强。

1241 年 4 月 15 日，蒙古右路军进兵莫拉维亚境内，一路烧杀抢掠，越过捷克边境，攻克捷克多处城镇，直达波希米亚和奥地利边境。波希米亚王瓦思老派骁将雅斯罗老镇守奥尔米茨，蒙古右路军一部久不下，有所懈怠。1241 年 6 月 27 日，拜答儿右路军开始向匈牙利进军，他们接连攻克匈牙利北部斯洛伐克多座城镇，饱掠后进入匈牙利境内同拔都主力会师，完成了征服波兰的任务。

另外的蒙古主力军队在拔都和速不台的指挥之下，兵分三路进入匈牙利：第一路由昔班领导；第二路由拔都亲自统帅；第三路由宗王合丹（窝阔台第六子）指挥。当时，匈牙利的国内正处于一种极其不和谐的状态，原因是匈牙利国王别拉四世继位后取消了贵族封地，所以君臣将帅之间颇不和睦。钦察人入境后扰害居民，匈牙利人因而怨恨别拉四世；尤其是当斡罗思被蒙古征服的消息传来后，别拉四世料想到蒙古人必来侵犯，却不知道如何防守，仅派少数军队扼守东喀尔巴阡山边境隘口，伐木塞道，试图阻止蒙古军的侵入。

蒙古西征军征战斡罗思时，拔都曾派遣使者去匈牙利责问收容钦察部首领忽坦汗一事，后又得知斡罗思多个战败王都潜逃其国，蒙古军队更决心进军匈牙利。合丹的左路军进入罗马尼亚境内，主力中军拔都进兵匈牙利。在进攻匈牙利前，拔都致书劝降，可是别拉四世拒绝归降。

拔都于是统帅蒙古西征军由加里西亚出发，分兵两路进击匈牙利：一路由拔都领军从斡罗思出发；另一路由速不台向罗马尼亚进军。拔都同时命昔班率兵 1 万从波兰与莫拉维亚之间先行进入匈牙利，侦察敌情；命合丹左路军从匈牙利东面的摩达维亚进兵，保障主力军的侧翼安全。

1241 年 3 月 12 日，拔都军攻破匈牙利军在喀尔巴阡山关卡，长驱直入匈牙利境内，进抵距佩斯特城半日路程之地。蒙古军派游骑到佩斯特城下挑战，别拉四世坚守待援，拒不出战。蒙古游骑退走 3 日后又来挑战，佩斯特城兵踊跃要求出战。大主教乌古兰率重装步兵出城与蒙古军迎战。蒙古军佯败退走，将匈牙利军引向沼泽，身穿重甲的士兵在泥泞中进退两难，蒙古军反扑而来，以强弓密集射击匈牙利军。

1241年4月初，拔都与速不台两军会合，匈牙利军同时亦集结完毕。别拉四世率军6万从佩斯特出击蒙古军，两军相持数日，拔都决定乘夜突袭，但匈牙利军早有准备，击退了蒙古军的偷袭。速不台率军乘夜迂回到赛育河下游，渡河后在侧翼列阵。拔都指挥正面部队于夜中对石桥发起了奇袭，遭到对方坚强的抵抗。于是蒙古军在石桥左岸列炮，凌晨时在炮火掩护下发动了一次又一次的强攻，最终渡河占领了石桥。

拔都军渡河后，会同速不台军猛烈夹击匈牙利军，双方展开了激烈的战斗。匈牙利军在被包围后渐渐支持不住，阵营混乱。罗克曼公爵见不能取胜，决定率兵突围。正当罗克曼公爵带兵进入激战状态时，蒙古军将包围圈放开一个缺口纵敌逃走，匈牙利军士兵争相出逃。

1241年4月11日，蒙古军追逐逃逸的匈牙利军队，双方在赛育河右岸蒂萨河汇流处展开战斗。别拉四世亲自督军迎战，但匈牙利军心已去，一战而溃。别拉四世乘骏马单身逃脱，匈牙利士兵生还者无几，蒙古军取得了赛育河歼灭战胜利后，攻破佩斯特和布达城，纵火焚烧，屠戮居民。

1241年夏秋之际，西征军各路兵马驻营于多瑙河畔，休整兵马，分兵四处劫掠。蒙古攻取克兰大城，四处纵掠，其中一支蒙古军抵达维也纳城郊。至此，蒙古西征军基本完成了对匈牙利的占领。

正当蒙古军奋勇杀敌，热血沸腾之时，从东方传来消息称蒙古大汗窝阔台死了。根据成吉思汗生前传下来的命令，大汗死后，成吉思汗的子孙们要马上回到蒙古召开大会推举新大汗。二次西征原本就是诸王长子西征，除了攻下斡罗思后已经奉窝阔台的命令返回蒙古的贵由和拖雷长子蒙哥之外，其他诸王的长子几乎都在欧洲前线，所以他们不得不悉数赶回参加拥立新可汗的大会。历时长达 6 年的蒙古二次西征到此就完全结束了。

酗酒无度，窝阔台猝死之谜

窝阔台在位期间，早年也是雄心勃勃、励精图治，但到了晚年，不想再受征战的劳苦，所以只指派朝中大臣前去征战，而他自己则是纵酒声色，彻夜不休。据《史集》记载，窝阔台从小就"爱好娱乐和饮酒"，晚年尤甚，每饮必彻夜不休。嗜酒如命对于窝阔台的健康造成了极大的伤害，为此，二哥察合台曾专门指派一名使者跟在窝阔台的身边，限制他的饮酒杯数。

被二哥的提议限制住了，不能够尽兴的饮酒，于是窝阔台就改成了大杯子喝酒，这样既不辜负兄长的好意，又能保证自己不受委屈，每天仍然喝得醉醺醺的。耶律楚材对此多次劝说无效，便拿着铁制的酒槽对窝阔台说："铁槽为酒所侵蚀，所以裂有口子，人的五脏六腑远不如铁坚硬，哪有不损伤的道理呢？"窝阔台闻言立即醒悟，但是他秉性难改，没过几天就故态重发，谁也管不住他，依旧射猎饮乐，荒怠朝政。

窝阔台身边有一个监护官，总是自动给他酒喝，并常举行宴会，以便取得窝阔台的欢心，有机会成为倚纳（亲信），虽然他的这种效劳对窝阔台并没有丝毫的益处。

关于窝阔台醉酒而死，之所以存在争议，可能来源于一场政治的斗争。窝阔台有一个保儿赤（厨子），他是成吉思汗铁木真赐给术赤台（成吉思汗的大将）的妻子、唆鲁禾贴尼（拖雷的正妻）的姐姐亦巴合别吉（曾是成吉思汗的妻妾）的儿子。每一年，亦巴合别吉都会按照唆鲁禾贴尼的吩咐，从她的乞台国（金国）的禹儿惕（领地名称）来侍奉窝阔台，并且举行宴会款待他。

在窝阔台即位后的第十三年（1241年），亦巴合别吉照例来了，并且和自己的儿子，即窝阔台的宝儿赤一起，给阔窝台送上了（酒）饭。夜间，在睡梦中，窝阔台由于饮酒过多去世了。在哈敦（夫人）和异密（侍从、随从）们的协同下，开始恶言恶语，说亦巴合别吉和他的儿子送上一杯（酒），大概给窝阔台下了毒药。窝阔台的乳兄弟、札剌亦儿氏的一个有势力的异密额勒只带那颜（首领）说道："为什么要胡说？亦巴合别吉的儿子是宝儿赤，他本来就已经给大汗送上杯子，大汗也经常饮酒过多。为什么（我们）要污辱自己的大汗，（说）他死于别人的谋害呢？他的死时来到了，不许任何人再说这种话。"他接着又说，"因为他是一个聪明人，所以懂得饮酒过度和经常酒醉是这次死亡的原因。他知道，饮酒过度的后果会有这样大的危害。"

本来，蒙古大汗窝阔台是因为饮酒过量突然去世的。但窝阔台的哈敦（夫人）和近臣们却怀疑酒中有毒，而上酒人正是唆鲁禾贴尼的亲姐姐亦巴合别吉的儿子——大将术赤台的亲生子。

窝阔台的夫人和近臣们怀疑唆鲁禾贴尼姐妹对成吉思汗及窝阔台大汗心怀不满，这才乘宴饮的机会，给窝阔台下了毒药，毒死了窝阔台。关于蒙古史上窝阔台死因之谜，《史集》的记载与《元史》基本相同，认为饮酒过量也会导致一个人死亡。同时蒙古人认为，说大汗死于非命，是对大汗的污辱，因此这些大臣坚决反对对此事进行宣扬和追查。

也许是其他的宗王和大臣们也支持额勒只带那颜的意见，于是这场窝阔台之死的风波就这样平息了。窝阔台生于金世宗大定二十六年（1186年），卒于太宗十三年（1241年）12月11日，享年56岁，他的遗体被埋葬在起辇谷，后追谥为英文皇帝，庙号太宗。

汗位虚悬，乃马真氏摄政

广袤无垠的蒙古草原是一个充满神秘与悲壮的地方，生活在这里的女子犹如鸿雁，虽没有鹰击长空的气魄和雄健，却不失雄鹰的睿智和机警，作为草原女儿的乃马真氏脱列哥那就是这只"鸿雁"。由于窝阔台死得比较突然，他的长子贵由还没有从远征（钦察草原）中回来；同时，窝阔台另一位比较有影响的汗妃也去世了，于是窝阔台的另一位皇后，同时也是长子贵由的亲生母亲乃马真氏便掌握了国家的政权。

乃马真氏出自乃蛮部，本名脱列哥那，曾是蔑儿乞惕部首领脱黑脱阿之子忽都的妻子，本来她可以过着平淡的生活，相夫教子，远离政治漩涡，然而这一切都因为战争被打破了。南宋嘉泰四年（1204 年），成吉思汗发动了征服乃蛮部和蔑儿乞惕部的战争，在此之前他就以风卷残云的气势扫荡了蒙古各部，那些曾被成吉思汗打败的各部贵族先后奔逃到乃蛮部汗廷，寄希望于塔阳汗的帮助来夺回失去的牛羊和牧场。没想到塔阳汗根本不堪一击，与成吉思汗在纳忽崖决战时，兵败战死，他的乃蛮部也被纳入成吉思汗的帝国版图中。

所有的战败者都成了成吉思汗的俘虏，作为战争的牺牲品乃马真氏自然也不例外。面对如此巨变，乃马真氏并没有妥协，她不甘在卑贱低微中了此一生，选择了与命运抗争，她审时度势等待机会，终于凭借自己的勇气和绰约的风姿得到了成吉思汗的青睐，并被赏赐给窝阔台作为妾，不久她就生下了长子贵由。伴随成吉思汗的去世和窝阔台的即位，乃马真氏也顺理成章地成为元太宗窝阔台的第六皇后。

乃马真后并不是窝阔台在位时最宠爱的妻子，作为长子的贵由也得不到父亲的疼爱。南宋端平二年（1235年），贵由和拔都一起奉命西征时，二人曾因意见不合而发生争执，窝阔台知道此事后，并未惩罚拔都而是严厉斥责了贵由，贵由差点被治罪；甚至当皇储阔出战死后，窝阔台宁愿选择把汗位传给未成年的皇孙失烈门（阔出的长子），也不传给长子贵由，可见贵由在父亲心中的地位之低。

心高气傲的乃马真后将这一切都看在眼里，虽然窝阔台的正宫皇后孛剌合真大皇后已经去世，但深受宠爱的第五皇后木哥哈敦还在，乃马真后只能步步为营，暗中培养自己的势力，通过收买贿赂来争取朝中大臣的支持。未曾料想，夺位计划还在襁褓之中没有完成布局，窝阔台就因纵酒过度而亡。由于他生前有遗嘱立失烈门为继承人，即使失烈门年幼不堪重任，五皇后木哥哈敦也决定遵从其遗愿；乃马真后进退维谷，她不甘自己的谋划付诸东流。也许是天遂人愿，木哥哈敦在几个月后离开人世，乃马真后凭借长子生母的身份名正言顺地夺得了木哥哈敦的权利，执意立贵由为可汗。

可贵由登上王位的过程并没有那么顺利，当乃马真后提出另选大汗时，重臣耶律楚材就建议说："这件事并不是我们外姓大臣所应该议论的，既然先帝有遗嘱，就应该遵守，那才是社稷之福。"这句话犹如当头一棒，乃马真后只能沉默不语，正在这时她的心腹奥都剌合蛮说："皇孙年纪尚幼，大皇子出征未归，为何不暂请皇后称制？"这一缓兵之计反而开启了乃马真后长达五年的统治，史称"乃马真摄政"。

乃马真后以失烈门年纪太小为由暂时临朝称制，众大臣即使有反对之声，也不敢掀起太大波澜，只是大位虚悬，刚刚称制的乃马真后势弱，拔都占据西土迟迟不归，诸王大臣隔岸观火、举棋不定。在这样的形势下，乃马真后无暇顾及政治制度的改革，她的全部精力和策略都是围绕"立汗"进行。为了替儿子继位扫除障碍，她在称制的几年里进行了大量的政治活动，对宗室大臣滥行赏赐，重新安排各部官员，包括一些重大事件的策划，都是为了强化势力，夺得汗位。

历代统治者都会通过镇压叛乱来树立自己的权威，让四海归服，乃马真后也不例外。当时的乃马真后势力较弱，汗位交接的不顺造成了中央权力的真空，帝国民心不稳。为了能够在诸王与大臣中树立起她的威严，乃马真后采取强硬的政治手腕，使帝国军队心甘情愿地向她臣服。比如，当时的成吉思汗铁木真的幼弟铁木哥斡赤斤趁此机会誓师起兵，宣称要索还窝阔台在位时被囚禁的亲属和家仆，否则就要率军攻向哈拉和林（蒙古帝国的首都）。

在内忧外患的形势下，乃马真后展现出一个政治家的睿智，她运筹帷幄，做出了明智的决定，甚至连斡赤斤本人都没有想到，她居然主动送还了自己的儿子、孙子和所有的亲属，而且对他私自起兵一事也不加追究。这个史称"西迁"的事件，表面上看是局势对乃马真后逼迫使然的结果，可仔细一想，就会发现她的深谋远虑。因为这一举措让斡赤斤心生愧疚，对乃马真后的宽厚大度也充满了感激，这样一来，斡赤斤就成为了拥护乃马真后的一支强大势力。

世界上没有完美的统治者，驭人之术、制衡之道、中庸之行，这些都是每个帝王竭尽一生所追求的，然而领悟其中精髓的帝王却寥寥无几，能够付诸实践的更是屈指可数；但是无论怎样，保持朝堂的势力平衡是维护政权稳定的基本要求。乃马真后也深谙此道，她称制期间任命了一些不学无术的人担任朝廷命官，为此而饱受后人诟病。

乃马真后执政期间，重用西域女俘法提玛，法提玛本是波斯徒思人，被俘虏到哈拉和林后，不务正业。她经常接近脱列哥那哈敦（乃马真后）的斡尔朵（宫殿），所以当乃马真后摄政后，她权倾一时。《史集》中记载，包括封疆大臣所办的军国大事都要通过法提玛做中介，并"按照这个心腹的意见，撤掉了在合罕（窝阔台）时被委以重任的异密和国家大臣，并任命了一批不学无术的人来代替他们的职位"。

第二章
鹿死谁手，"黄金家族"内战一触即发
· · · · · · ·

乃马真后摄政期间，商人奥都剌合蛮也混得如鱼得水。奥都剌合蛮独揽大权，罢免了大宰相镇海和财政大臣马合木·牙剌瓦赤。乃马真后还与法提玛合谋打算逮捕大宰相镇海和财政大臣马合木·牙剌瓦赤，他们二人得知后，逃奔到阔端的斡尔朵，寻求其庇护。

当镇海等人被罢免后，乃马真后对于奥都剌合蛮的信任已经到了无以复加的地步，竟然将汗廷的印章和空纸交给他，让他自行填写。重臣耶律楚材知道后，坚决抵制说："天下者，先帝之天下。朝廷自有宪章，今欲紊之，臣不敢奉诏。"乃马真后听到耶律楚材说这样的话，不得已才收回了成命。

不久，乃马真后又颁发了一道旨意，说："凡奥都剌合蛮所建白，令史不为书者，断其手。"耶律楚材说："国之典故，先帝悉委老臣，令史何预焉。事若合理，自当奉行；如不可行，死且不避，况断手乎！"耶律楚材如此强硬地与乃马真后对着干，自然引起乃马真后的反感。由于独木难支，不久，耶律楚材就忧愤而死，年仅55岁。

乃马真后和汉朝的邓绥、唐朝的武则天，宋朝的刘娥等垂帘听政的女人都没法比。但是，在乃马真后摄政期间，她做出了一些人事调整，实际上是蒙古帝国初期一次重大的人事变动和政治斗争，对维持帝国的稳定也起到了积极的作用。

《元史》曾记载，太宗十一年（1239年）十二月，商人奥都剌合蛮买扑中原课银二万二千锭，以四万四千锭为额，从之。"又说，"十二年庚子春正月，以奥都剌合蛮充提领诸路课税所官"。这件事在蒙古汗廷引起了一场激烈的争论，甚至《元史·耶律楚材传》上明确记载，奥都剌合蛮买扑课税这件事是一位译史向丞相镇海建议的，是将中原课税从110万两增至220万两，即增加了1倍，同时又允许他加倍征收，税额高达440万两，中原百姓的负担一下子增加到4倍。因此，汉法派重臣耶律楚材不顾一切地面对廷争，在窝阔台大汗面前"声色俱厉，言与涕

俱"。但争论的结果，是窝阔台"姑令试行之"，耶律楚材的正确主张被否定了。

也就是说，在窝阔台在世的时候，一些错误的指令没有因为耶律楚材的建议而停止实行，而到了乃马真后仍是这样，这种统治策略，也许恰恰是她精心谋划布局的产物，只不过此举引起了朝政动荡，官员人心惶惶。乃马真后的统治似乎十分极端，可也正是统治者维护自身权利的手段。

乃马真后掌权的几年，由她发出有关国家的命令，撤换了一批大官，"诸王及各部又遣使于燕京迤南诸郡，征求货财、弓矢、鞍辔之物，或于西域回鹘索取珠玑，或于海东掠取鹰鹘，驰骑络绎，昼夜不绝，民力益困。然自壬寅（1242 年）以来，法度不一，内外离心，而太宗之政衰矣"。这段记载明确地说明了，在乃马真后统治时期，她将蒙古帝国搞得内外交困，几乎到了崩溃的边缘。但是，在她执政期间，停止了对外征服的战争，这对于人民来说，也许算个福音。

贵由登上汗位一年后，乃马真后因病去世，这个传奇般的女子撑起了蒙古帝国，却至死也没有"扶起"她的儿子；不幸的是，贵由一年之后也因病驾崩。乃马真后在汗位继承上的精心布局被打破，"黄金家族"内部又展开了激烈的争夺，这使得乃马真后的痕迹在人们的记忆中渐渐消失。

中流砥柱，耶律楚材

南宋末年以及整个元朝是一个民族纷争的时期，蒙古族的兴起使中原文化又一次与异族文化发生了碰撞。蒙古统治者很重视中原地区，并且随着长期的交往，中原在他们的心目中有着不可替代的位置，这就是为什么蒙古把统治的重心放在中原而不是其他汗国，但这不意味着蒙古人会主动并且全面地接受汉文化。蒙古族的汉化道路实在是曲折而又艰难，但在这个时期有一个人物对蒙古族的汉化做出了突出贡献，他就是耶律楚材。

辽国与金国在与宋朝的战和交错的过程中，先后被中原文化同化。蒙古人在征服辽国之后起用了其贵族官僚，这些官僚是最先让蒙古贵族接触汉制的先驱，其中耶律楚材是最具代表性的。

耶律楚材是契丹皇族的后裔，辽太祖耶律阿保机的九世孙，辽朝东丹王耶律突欲（耶律倍）的八世孙，金朝尚书右丞耶律履之子。耶律突欲是契丹皇族中最早接受汉文化的人之一，他治理东丹，一概采用汉法。他对中原文化十分推崇，有很深厚的汉学功底，契丹贵族内部动乱时，他逃到中原度过了其后半生；他的后代有一段时间也是在中原生活的，后来才辗转回到辽并成为金朝的贵族。汉学的影响一直在这个家族延续了下去。

自耶律楚材的祖父耶律德元起，他们家世代为金朝的达官贵族，常居燕京。当时燕京是北方封建社会的经济文化中心，这里有深厚的汉文化的基础；这使得耶律氏世代受到汉文化熏陶，形成了读书知礼的家风。耶律楚材的名及字均取自《春秋左氏传》中的"楚虽有材，晋实用之"的典故。耶律楚材从小就受到了儒家思想的熏陶，他的理想是按照儒家的学说来治理天下。

耶律楚材还曾师从曹洞宗宗师行秀，受到佛法的影响。他的一生在思想上一切以佛祖为归依，在行动上又遵循儒家的济世安民之道。他自己说："以吾夫子之道治天下，以吾佛之教治一心，天下之能事毕矣。"这使得他的思想另有一番特色：他虽崇尚汉文化，却没有汉族士大夫的狭隘的民族情绪和偏见。在他看来，政治理想是天下一统，共享太平。

耶律楚材为了保持汉文化并使蒙古上层接受汉文化，利用蒙古贵族的实用主义思想，主要从保护和任用儒才、传播儒家礼教的方面入手。他深知要统治中原非用中原的制度不可，而熟知汉法统治之道的是汉儒士，于是他在得势之时大力保护汉儒士并引荐他们进入仕途。1230 年耶律楚材在中原辖区设十路，每路都任命正副课税使，皆由儒士担任。

在蒙古灭金和征伐南宋时，许多名士如元好问、赵复、窦默、王磐等人都被保护并起用，这对于北方学风的兴盛有很大的影响。耶律楚材还向蒙古贵族传授儒家思想；他先从尊孔开始，兴起讲学之风，在京城还设置了国子学。

蒙古是个游牧民族，处于奴隶社会，它的各项制度和社会组织形式都是以部落酋长制为基础的。这种制度对于统治先进的汉民族地区来说无疑是极为落后的，也无法适应当时的社会要求。耶律楚材看到了这一点，于是在各个方面开始了改革。

在窝阔台即位时，耶律楚材依照中原王朝的传统，制定了册立仪礼。这种仪礼要求皇族尊长都就班列拜，这与蒙古的习俗是不大相合的，耶律楚材从亲王察合台入手做工作。蒙古国以前并没有什么正式的君臣之礼。拜汗礼的实施是对中原礼制的继承，它表现了大汗至高无上的地位和不可超越的权力。这种制度即使是在元朝灭亡蒙古人退回草原后，也仍然保存着。

自秦汉以来，中央与地方的关系一直存在着矛盾。要巩固一个地域广阔的封建王朝，必须有切实可行的行政制度，以便于中央对地方的控制。耶律楚材也不例外，他进行行政改革的一个最大目标是：削弱地方势力，加强中央集权。

蒙古向外扩张，其目的是为了掠夺。这种掠夺方式对社会生产力破坏巨大且不适合农耕经济，不利于对中原地区的统治。当时对于蒙古族统治者来说，不知赋税为何物，更不知赋税对于经营中原地区的巨大作用，但是耶律楚材已经看到这一点并有了初步的治理计划。

作为一个游牧民族，蒙古统治者并不知道农业对经济的重要性，于是窝阔台采纳了耶律楚材的意见，把全国分为十路，每路设正副课税使，他们直接隶属于可汗，与各地管民政的文官、管军政的万户鼎立而三，各不相干。这十路分别是：燕京、宣德、西京、太原、平阳、真定、东平、北京、平州、济南。

要使赋税制度顺利推行，在兵荒马乱的时代必须注意两个问题：一是要尽可能地保留足够数量的人口；二是要保证这些人口安定而不是到处流亡。在保留足够数量人口方面，耶律楚材主要是改变蒙古军队对反抗者进行屠城的老习俗。另外，当时的贵族地方势力乱征税役，高利贷者盘剥百姓，大量人口逃亡；耶律楚材借用中央力量控制地方税收，重整高利贷债务，在一定程度上缓和了矛盾。

但是在实施中，蒙古人的税收很不规范，往往一年征收很多次或是临时征发摊派，弄得人民苦不堪言，大量农民逃亡，流民数量大增。耶律楚材采取编收流民，就地安置或遣送原籍等方法；以及重整赋税征收制度，加强对地方征收赋税官员及各位王公大臣在投下征役的监督。

随着蒙古国统治地区的扩大，社会治安、吏制等问题日益严重。成吉思汗生前定下的类似于部落联盟内部规矩的"扎撒"，根本不能适应复杂的社会形势。当时州郡长官贪暴肆虐，富豪任意兼并土地，地痞流氓杀人越货的现象十分严重。耶律楚材针对社会现实，本着中原的若干法律原则，提出了《便宜一十八事》作为临时法律，对地方官吏擅自科差、商人侵吞官物、蒙古色目贵族不纳税、贪污官物、死刑判决等方面的问题做出了具体规定，这使得当时的社会情况有一些好转。

耶律楚材的政治愿望最终在忽必烈时期得以实现。忽必烈在位时重新确立了封建的中央集权制统治体系以及相应的各种典章制度，中统、至元间的创制，奠定了有元一代的制度。

短命拘挛的可汗——贵由

1246 年，在蒙古贵族和诸位大臣的强烈要求下，乃马真后不得不召开库里勒台大会。窝阔台在世的时候，曾确定第三子阔出为大汗继位人；但是由于阔出死在了征宋的战场上，所以，窝阔台便将阔出的长子失烈门养在汗廷，并曾说过"失烈门将成为大位继承者和继任人"。因此，当时很多人都要求遵照窝阔台的遗嘱，让失烈门继承汗位。但是，当时失烈门还是个尿床的小娃娃，根本不能够处理军国大事，乃马真后想要她的亲生儿子贵由继承汗位，引发了诸王和大臣的纷纷议论，所以，蒙古帝国的大汗之位，一直悬而未决。

凭借多年树立的威信，乃马真后有充足的把握让儿子贵由继承汗位。但是，由于拔都和贵由不和，拔都认为拥立贵由为汗不过是乃马真后的私意，于是，拔都故意使得乃马真后准备选举贵由为汗的库里勒台大会不能准时召开。后来，当大会要召开的时候，他又借口"脚筋骨痛"拒绝出席大会。

1246 年秋，九月二十四至十月二十三，选汗大会在距离哈拉和林不远的鄂尔浑河发源地举行。由于与会诸王百官早已被乃马真后笼络，大家听从她的旨意一致推举贵由为大汗。据说贵由还假意以体弱多病为由再三推让，经过诸王大臣的再三劝进，贵由才表示同意继承汗位，并与诸王大臣达成条件互立誓言，称如果推举他为大汗，以后汗位必须由他的子孙世代相传。乃马真后没有预料到的是，此次继位誓言竟给未来"黄金家族"内部的皇位斗争埋下伏笔，对历史造成了深远影响。

乃马真后把儿子推上了汗位，表面上看她完成了自己的使命，可命运的转盘依旧截然不动，似乎只要她还活着就是帝国权威的象征。她的"卸任不卸权"也注定了元定宗贵由对生母乃马真后的埋怨。乃马真后宠幸奥都剌合蛮，贵由一上台便找借口处死了这个人，同时他也处死了迷惑窝阔台的女巫。贵由的这个举措和当初的秦始皇嬴政处死嫪毐几乎一样，矛头直接指向了自己的生母，乃马真后在奥都剌合蛮死后不久，也伤心过度地去世了。

当乃马真后去世以后，贵由便大刀阔斧地整顿，安内攘外并举，想着重新树立先祖们的辉煌。贵由虽然夺得了汗位，可是他没能团结诸王，当时他与声望最高的术赤之子拔都积怨颇深，而拔都和拖雷家族的后人蒙哥、忽必烈等亲近，这样就导致了贵由政治理想实现的难度增大。贵由想干大事，可是没个好身体，长期有拘挛病，继位的时候已经 41 岁，心有余力不足。他为了节制拔都便借着养病的名义出兵西征，结果拔都提前得到消息，贵由就这样神秘地死在途中。

从历史遗留下的资料可以看出，贵由不苟言笑，行事果断，作风利索，是一个很干练的可汗，无奈身体不允许。贵由的离去加速了帝国的统一，中国元朝建立，这也许就是历史的安排。

贵由对于铁木哥斡赤斤事件，进行了处理。上文提到，汗位悬而未决之际，铁木哥斡赤斤想用武力和勇敢夺取大位。由于"事起仓促"，而乃马真后又"遂令授甲选腹心，至欲西迁以避之"。耶律楚材建议："朝廷天下根本，根本一摇，天下大乱。臣观天象，必无患也。"于是，乃马真后派出急使与铁木哥斡赤斤交涉说："我是你的侄媳，对你存有希望。你这次带着军队和粮食、装备出动有何用意？所有的军队和兀鲁思（分地）都被惊动了。"

同时乃马真后将在窝阔台身边做人质的铁木哥斡赤斤的儿子斡台、孙子明里及其亲属和家仆统统归还给铁木哥斡赤斤。"斡赤斤对自己的意图很后悔，便托词参加某人的追悼会进行辩解。"这时，贵由已从远征中回到了叶密立河畔的大帐里；铁木哥斡赤斤更加懊悔自己的作为，便返回自己的营地去了。

贵由上台后开始着手调查铁木哥斡赤斤的态度，因为他曾企图攻击摄国皇后，并处罚了他的亲信们。由于蒙古族幼子守灶的传统，铁木哥斡赤斤是幼子，属于皇族至亲；当时，贵由并没有将他处死，而是处死了他的部下官员多人。

在乃马真后摄政期间，诸王贵族失去了大汗的约束，任意征敛，横行不法，造成了社会的混乱以及百姓的灾难。贵由即位后立即着手对此进行整顿，不仅对当时普遍存在违法乱纪的行为进行了认真的整顿，还奖励了唆鲁禾贴尼母子遵法守纪的模范行为，并重申了窝阔台在位时颁布的一切法令。贵由在混乱中重申了法令，恢复了正常的秩序。

贵由也想以他的祖父成吉思汗为榜样，继续征服世界各地；而且坚持蒙古帝国内部的统一，不允许诸汗国出现分立倾向。他加强中央汗权，对分封的汗国的君位继承也加以干涉。比如，当年成吉思汗在西征前，在确定窝阔台为大汗的继承人的同时，要求其诸弟、诸位亲王也要确定一位继承人。当时察合台确定的继承人是他的长子木阿秃干，但是木阿秃干在成吉思汗西征的前线死了；察合台很悲伤，仿照汉族的嫡长子继承制，确定了木阿秃干的长子哈剌旭烈为汗位继承人。

1242 年，察合台临死的时候明确表示，将他的遗产交给长孙哈剌旭烈。但是贵由继位以后却出面对察合台汗国的君位加以干涉：由于他和察合台的幼子（第五子）也速蒙哥关系很好，就把察合台汗国的汗位授予了也速蒙哥，并加强了他的权力。正是这次汗位的调整，导致了后来察合台汗国长期的汗位之争。

不仅如此，贵由对于所有被征服地区的国王和首领，都进行改变和调整。由于在位时间只有两年，而且又体弱多病、酒色过度，他还来不及继续成吉思汗的远征就猝死了。史书记载，元定宗二年（1247）冬，

第二章
鹿死谁手，"黄金家族"内战一触即发
* * * * * *

蒙古大汗贵由突然"病倒了"。当新春到来时，他说："天气转暖了，叶密立的空气合乎我的天性，那里的水也对我的病有利。"于是他的亲信到处散布大汗要率大军西巡，到他原来的潜邸叶密立（今新疆额敏附近）去休养，贵由的大将野里只吉率十几万大军先行。

唆鲁禾帖尼王妃和忽必烈兄弟得到密报，认为贵由的仓促（出行）并非别无用意，西巡的目的显然是要袭击他的政敌、蒙古长王、钦察汗国的可汗拔都。于是，唆鲁禾帖尼王妃立即派出密使向拔都通报了这一消息。拔都接到情报后，守着边境，武装起来，准备与贵由作战。

1248年三月，当贵由的大军到达横相乙儿之地（今新疆青河东南），这场战争并没有打起来，因为贵由突然去世了。拔都和贵由的矛盾起源于两个人的立场和政治路线的不同，贵由是维护蒙古帝国的统一；而拔都是从钦察汗国的实际和术赤系诸王的利益出发，对贵由大汗干预各汗国内政的行为不满，要求有更大的独立性甚至走上独立发展的道路。因此，他本能地反抗贵由大汗加强蒙古帝国统一的措施，故而双方之间的矛盾和冲突是不可避免的。

对于贵由的突然死亡，史书上有几种不同的说法：

其一，由于过早地沉溺于酒色而去世。贵由生来体质虚弱，他一生大部分时间都患有某种疾病。同时，他大部分日子里昼夜纵情酒色，不能戒掉这一恶习。

其二，贵由有可能是服用了某种能够致死的毒药，而一般怀疑这是拔都干的。

其三，贵由是与拔都之弟昔班在大帐决斗而同时毙命的。事情是这样的，贵由曾经召拔都前来朝见，以对他表示臣服，拔都当即举行了盛大的仪式，启程出发；然而，拔都和他的部下非常害怕，因此派他的弟弟昔班先行。当昔班到达贵由那里，并且正要向他献盏时，发生了争吵，他们两人互相把对方杀死了。

以上三种说法，都各自有史料记载的证据，第三种说法是《出使蒙古记》作者从昔班的寡妇那里听来的，应该说是当时的第一手资料，可以作为重要的旁证，因此具有更大的可信性。

海迷失溺水，窝阔台系覆没

贵由死后，按照传统，没有选定新汗之前，蒙古帝国的事务交由皇后掌管，于是他的皇后斡兀立海迷失抱着失烈门暂时听政监国。对于这种情形，无论是拔都还是拖雷家族，在刚开始的时候都是表示了默认。根据海迷失皇后的懿旨，贵由的灵柩运往他的斡尔朵所在地叶密立。唆鲁禾贴尼王妃派出了急使向海迷失皇后以及其子忽察、脑忽等表示慰问和吊唁；拔都也停止了进军，也派使者沉痛吊唁大汗的去世，并向海迷失后表示了友好。

海迷失处理完丧事之后，并不知道如何处理国政，也没有认真征求镇海和其他大臣们的意见，把该办的事情办起来。同样是摄政的女人，海迷失后并没有婆婆乃马真后的本事。她沉迷巫术，将大部分的时间消磨在巫术活动中，叶密立一带被搞得乌烟瘴气。而且，海迷失还丝毫不懂权力的斗争，更别说掌控诸王大臣，就连自己的亲生儿子忽察和脑忽她都无法管控。

忽察和脑忽当时都是个少年，他们不满意母后的迷信活动和聚敛财物的做法，但是他们又不知道如何纠正母后的失误，只是公开拉出自己的势力，另建府邸与母亲相对抗；在相当长的一段时间里，蒙古帝国内竟然出现了母子三人各自为政的景象；这时的宗王们也趁火打劫，他们擅自签发文书，颁布令旨。面对这样混乱的局面，镇海不知道该怎么办，

第二章
鹿死谁手，"黄金家族"内战一触即发
* * * * * * *

因为谁也不听他的话和劝告。镇海右丞相的行政长官之职应该有的权威尽失，蒙古帝国再次陷入了混乱无政府的状态。

由谁来出任下一任大汗，是当时蒙古帝国臣民共同关心的话题，也是各派势力斗争的焦点。海迷失当然希望大汗的位置保持在窝阔台一系的手中，但是自己的两个儿子都不具备令人看好的先天素质，所以，她只能再次拿出窝阔台的遗嘱，由阔出之子失烈门来继承汗位。一些海迷失身边的谋臣派人四处活动，还派谋士去说服唆鲁禾贴尼王妃；唆鲁禾贴尼表面上答应了他们的要求，背地里却加紧了自己的活动。

成吉思汗有四个封王的儿子：术赤、察合台、窝阔台、拖雷。现在窝阔台系的威信因为海迷失而彻底破产。此时，有能力争夺大汗之位的就是钦察汗国的可汗、当时的长王拔都；他不仅掌握着当时长子西征的主力，同时又是成吉思汗长子术赤的继位人。但是，拔都当时年老风瘫，还有脚疾，行动不便；而且钦察汗国刚刚建立，国土辽阔，国事繁忙，因此拔都本人并没有兴趣进行这次的汗位之争。但是，拔都却具有召开和主持选举大汗的库里勒台大会"一言九鼎"的地位。

拔都与贵由父子长期积怨很深，当然不希望大汗之位继续保持在窝阔台一系的手中；同时他与蒙哥兄弟关系很好，这些都决定了未来大汗的走向。拔都以长王的身份，向各地派出急使，召集诸王贵族到他的新驻地钦察汗国举行库里勒台大会，想要拥立一个能干的，适合继承大位的人。窝阔台和察合台系的诸王都拒绝了拔都的邀请，但是拖雷系却在这个时候选择了出席大会。

据说，拔都曾派人邀请忽察和脑忽兄弟以及哈拉和林的大臣帖木儿、八剌（哈剌旭烈侄子）等人，但是选汗大会还没正式举行，忽察和脑忽等人却回到了哈拉和林，仅仅留下了帖木儿、八剌等作为代表参加库里勒台的选汗活动。这时拖雷的寡妻唆鲁禾贴尼却头脑清醒，她不但没有像海迷失后那样坚决抵制拔都发起的会议，反而郑重地派出了自己的儿

子们前去参加。唆鲁禾贴尼对蒙哥说："既然宗王不听长兄的话，不到他那里去，你就带着兄弟们去探望一下他这个病人吧！"蒙哥、忽必烈与诸位谋士认真研究了贵由死后的形势，决定前去参加拔都召开的选汗大会。

拖雷家族表现出的诚恳态度深得拔都的心，对此他十分满意。于是，他不顾窝阔台系、察合台系诸王的不合作态度，按照原计划举行了大会，商定了选择大汗的标准与条件。拔都的大将忙哥撒儿首先推举了蒙哥，虽然蒙哥辞谢不就，但是拔都也认为蒙哥符合大汗的所有条件。当时到会的很多宗王贵族也多数拥护拔都的意见，大家都反复地劝说蒙哥。

但是窝阔台系和察合台系的代表帖木儿和八剌一看形势不好，立马站起来反对。他们的理由是窝阔台在世的时候，曾留下遗嘱，指定了失烈门可以继承汗位；现在失烈门年富力强，正好可以继承大汗的位置。而且，当时各支宗王都曾约定，只要窝阔台系还存有一支血脉，就不能奉其他系的宗王为大汗。忽必烈这个时候站起来反驳这个意见，他说："窝阔台大汗的遗嘱的确是不能违背，但是究竟是谁违背了窝阔台大汗的遗嘱呢？是乃马真后和你们自己。你们早就取消了失烈门的继位资格，让贵由继位，今天还能归罪于谁？"

拔都为忽必烈的机智和聪明叫好，又再次强调了蒙哥符合所有选举大汗的标准；又说幼子守灶，父位本来就是传给幼子的，蒙哥是拖雷的儿子，符合所有条件。这时，著名将领速不台之子兀良合台也论证了蒙哥应该继位的理由；东道诸王塔察儿、也松哥以及脱虎兄弟也坚决支持蒙哥为汗。于是，拔都就命令自己的兄弟别儿哥和不花帖木儿带着大军同蒙哥一起前往成吉思汗的京都怯绿连河地区，以便在全体宗王们的参加下，举行库里勒台，让他登上大汗的宝座。

1251 年六月，举行库里勒台的时候，海迷失后拒绝出席，失烈门等答应参加，却没有到达；参加会议的有术赤系、拖雷系诸王、东道诸王，

第二章
鹿死谁手，"黄金家族"内战一触即发

以及一部分察合台系、窝阔台系的诸王，包括窝阔台的嫡子（幼子）阔端之子，以及窝阔台系的部分亲王。蒙哥即位之后，察合台系与窝阔台系中那些与术赤系和拖雷系不合的宗王们才前往祝贺。

然而在脑忽、失烈门、忽秃等人迟到的身影背后，还隐藏着海迷失后的另一打算。正当蒙古的诸王大臣庆祝新汗登基而宴饮享乐之时，蒙哥的一个养鹰人克薛杰正在草原的另一边寻找他丢失的骆驼。这时，他偶遇了一大群人马。克薛杰原以为这是给宴会提供食物的，就在他打算走开的时候，车队中一个孩子却叫他帮忙修理一辆损毁了的大车。车盖打开，里面全是制作精良的兵器，令他大为震惊。于是他趁机与那孩童攀谈起来，才得知是脑忽、失烈门及忽秃三人打算趁着蒙哥及诸王欢歌狂醉之机将他们一网打尽，将汗位夺回到窝阔台系。

克薛杰确认事情后，立即纵马返回营地，向蒙哥当面禀报此事。蒙哥与宗王认为必须采取行动，于是派大将忙哥撒儿率三千精骑去"迎接"代表海迷失后的这三位窝阔台系王爷。也许是天命，这三人居然只带了几百随从，走在自己的军队辎重前面很远的地方，结果很轻易地就被精骑给活捉了。

擒贼先擒王，看到统帅被擒，后面的军队也就四处溃散；脑忽、失烈门、忽秃只好去朝见蒙哥，认可他的大汗身份。宴饮大会结束，毫无反抗之力的三人被蒙哥给扣押了起来。其他没有来参加称汗大会的察合台及窝阔台系的诸王见到此景，也不得不应召前往哈拉和林对质。借着这个机会，蒙哥和拔都一举清洗了反叛势力，处死了三王的亲信77人，处死了贵由的大将野里只吉父子；失烈门等三王因是近亲贵族，未被处死，但是被终身软禁。

忽必烈很欣赏失烈门的才干，向蒙哥和忙哥撒儿提出要求，希望能将失烈门放在自己的帐下，令其戴罪立功；蒙哥同意了忽必烈的请求，但告诫他不可大意。另外，窝阔台汗国被划分为六个小王国，由窝阔台

六子合丹以及嫡长孙海都分别治理。窝阔台的第二子阔端因为与蒙哥的关系很好，又未参加政变阴谋，所以没有被处罚。

不久，蒙哥处死了察合台汗国的可汗也速蒙哥，而由哈剌旭烈出任察合台汗国的可汗。之后他对于处理贵由的重臣镇海与忽必烈产生了尖锐的分歧。蒙哥与阿里不哥都认为，镇海作为丞相，参与了海迷失后及其诸子的夺权阴谋，应该处以极刑；但是忽必烈认为，镇海一生，功大于过，不应该处死他，而应该留用。最后，镇海还是被处死了。

海迷失后态度十分强硬，她拒绝认罪、拒绝前往哈拉和林，并以摄政者的身份向蒙哥的使者斥责："各系宗王们曾经发过重誓，誓死捍卫窝阔台家族的汗位传承，绝不与他的子孙为难。现在却自食其言，不守信用！"面对海迷失后的责备，蒙哥将她押到唆鲁禾贴尼王后的斡尔朵（宫殿）去审讯，失烈门的母亲也一起受审。

至此，蒙古大汗之位转入拖雷一系，窝阔台汗一脉彻底失败；这也是从蒙哥即位起，在蒙古帝国的历史上，黄金家族内部第一次因为争夺汗位而互相残杀。

窝阔台的逝世，是他的家族走向衰落的第一步，同时也给拖雷的后代提供了一个历史契机。被称为"上帝之鞭"的蒙哥命丧钓鱼城，忽必烈与阿里不哥陷入了争斗的漩涡，掀起一场腥风血雨。波澜壮阔的统一战争，惊心动魄的宫廷较量，出自草原却最终走出草原的蒙古帝王忽必烈最终胜出，使得他成为入主中原的第一位蒙古族帝王，大元帝国的创立者。他结束了中华民族数百年的分裂局面，重新统一了中国。

第三章

拖雷系雄霸称王，一统江山万事兴

三次西征，旭烈兀远征西亚

蒙哥即位后，一方面承认了成吉思汗以来所封宗王的权力与地位，一方面处理了自己的反对派。窝阔台汗国被一分为六，而且他们曾经掌握的八千军户也被剥夺了五千户。蒙古帝国的主要军力基本都掌握在蒙哥兄弟的手中。蒙哥派自己的弟弟忽必烈总领漠南汉地的军民事，为南下伐宋做准备；不久，又派同母弟旭烈兀西征木剌夷国和报达（今巴格达）；同母幼弟阿里不哥以及庶弟末哥等则留在汗廷，成为他治理国家的左膀右臂。

元宪宗二年（1252 年）蒙哥命令他的弟弟旭烈兀率军西征。蒙哥从东西大军中每 10 人抽 2 人拨归旭烈兀，并派自己的一名幼弟去跟随他，还从拔都的钦察汗国、察合台汗国以及驸马、诸王那里"调集一队将官"；又派人到中国北方"去取射石机和火油投掷手"，让他们"派来一个炮手、火焰放射手、弩手的汉人千人队"。进攻的主要目标是中东地区的两个宗教政权：阿剌模忒的亦思马因派王国——木剌夷和报达的阿拔斯王朝哈里发教廷和叙利亚等地。

元宪宗二年（1252 年）秋，由怯的不花率领 12000 蒙古先锋军从哈拉和林出发；而旭烈兀则仍留在哈拉和林，继续筹建主力西征军，于次年（1253 年）十月，旭烈兀率西征主力西进。西征军总共 10 万人，旭烈兀大军经过阿力麻里（即今中国新疆霍城西北方的阿脱诺克），到达土耳其斯坦（又译为突厥斯坦，即现今土库曼斯坦）。

元宪宗五年（1255 年），西征军驻在土耳其斯坦。九月，西征军攻进撒马尔罕（即现今乌兹别克斯坦），驻留 40 日后，继续进军至铁门关（即现今乌兹别克南方），又在这里驻留了 30 日。元宪宗六年（1256年）春，西征军向木剌夷国（即现今伊朗北方）进军。

此时的木剌夷国军队兵力约有十万人，在库希斯坦（即现今阿富汗和伊朗北部交接处）。怯的不花作为先锋，进入木剌夷国境后，先攻陷了几个城池。旭烈兀分三路大军进攻，他亲率中路军，很快就攻陷了教主忽儿沙的城堡。随后旭烈兀派忽儿沙到各处劝降，并乘势攻下亦思马因派所据各城，亦思马因派九十多座城堡被毁。战斗结束后，旭烈兀将忽儿沙遣往蒙古蒙哥大汗处。忽儿沙在押解途中被杀。

元宪宗七年（1257 年）九月初十，旭烈兀派急使到哈里发处劝降，经过反复的交涉，哈里发穆斯台绥木就是不肯出城投降。同年十一月，蒙古军开始进攻。阿拔斯王朝组成 7 万军与蒙古军开战。旭烈兀首先派怯的不花率领骑兵，进入木剌夷和阿拔斯之间的山地，打开从哈马丹通往报达的通道，接着分三路进攻阿拔斯王朝首都报达。

蒙古中军攻破开尔曼沙；左军占领罗耳之地；右军在塔克利特（即现今伊拉克巴格达附近）渡过底格里斯河，与阿拔斯军遇见，拜住用水淹阿拔斯军后歼灭阿拔斯军。穆斯台绥木命令增强巴格达的城墙，布置障碍防阵。

元宪宗八年（1258 年）二月初十，面对蒙古大军的强烈猛攻，哈里发穆斯台绥木带领 3 个儿子和大臣出城投降。二月十三日，蒙古军队进城，"开始挨家挨户掠夺和屠杀"，死亡人数据说高达 9 万人（一说为 10万）。旭烈兀逼迫哈里发交出了暗藏的财宝，并下令运走了巴格达积累500 年的财产。二月二十日，旭烈兀下令处死哈里发穆斯台绥木，任命阿里八都儿为报达长官，阿拔斯王朝灭亡了。

旭烈兀没有停下他的脚步，他的下一个目标是叙利亚。在攻打叙利亚之前，他已接受了亚美尼亚国王和安条克国王的归诚。当时的叙利亚名义上属于阿尤布王朝，实际由国君纳昔尔统治。旭烈兀没有接受纳昔尔的求和，从1259 年到 1260 年，他先后攻下了阿勒颇（叙利亚北部城市）和大马士革（叙利亚首都）。但就在此时，旭烈兀听说了蒙哥的死讯，立马率蒙古军主力回到了波斯，只留下怯的不花率领五千人留守叙利亚。同年九月，怯的不花被马穆鲁克（奴隶）击败，全军覆没，从此蒙古军西征的势头被止住了。

当旭烈兀回到波斯时，得知同父同母的四弟阿里不哥与二哥忽必烈两人进行大汗争夺之战，察合台汗国、窝阔台汗国支持阿里不哥，旭烈兀汗国支持忽必烈，钦察汗国因距离蒙古帝国本土遥远，基本保持中立。夺位战争进行了五年，最后忽必烈打败了同父同母的阿里不哥，夺取汗位。旭烈兀便决定不再东归，留驻波斯。1264 年，旭烈兀接受了元朝的册封，成为伊儿汗国，他建立的国家也成为蒙古帝国四大汗国之一。但与此同时，旭烈兀也得到他在叙利亚留下的驻军全军覆没的消息。在埃及奴隶王朝优势兵力的围攻下，怯的不花终于不敌，在以少战多的情况下被俘而死，叙利亚全部落入埃及政权之手。

晚年的旭烈兀致力于巩固在波斯的统治，他通过武力胁迫或联姻的手段，清除了波斯境内的割据势力，使波斯成为伊儿汗国统治的核心地区。到他的孙子合赞汗统治时期，伊儿汗国达到全盛，领土"东起阿姆河，西至地中海，北自高加索，南抵印度洋"，经济文化也欣欣向荣。伊儿汗国的统治一直延续到 1393 年，亡于突厥人埃米尔·帖木儿之手。

四帝之母——克烈·唆鲁禾帖尼

唆鲁禾帖尼是成吉思汗义父克烈部首领王罕的侄女，克烈部被成吉思汗消灭之后，克烈部上下都投降了成吉思汗，从此忠实地为他效劳。

然而深谋远虑的成吉思汗仍然很谨慎地把克烈部人重新分配到蒙古各氏族之中，目的在于分化瓦解这个过去的敌对部落。对王罕之弟、唆鲁禾贴尼之父札合敢不（原名克烈亦台）的部众，成吉思汗表示了特别的关照，因为他娶了札合敢不的一个女儿亦巴合别吉，为幼子拖雷聘娶札合敢不的另外一个女儿唆鲁禾帖尼公主。

在蒙古的习俗中，唆鲁禾帖尼并不是简单的亡国降虏，她的尊贵地位事实上并没有很大的变化，而更为幸运的是，她和拖雷感情甚笃，两人生了四个儿子，分别是蒙哥、忽必烈、旭烈兀、阿里不哥。按照蒙古"幼子守灶"的原则，成吉思汗去世后，拖雷以嫡幼子的身份承袭了成吉思汗几乎所有的领地和军队，包括哈拉和林诸山与斡难河源的故地；另外还有禹儿惕（领地）和家室及成吉思汗征集的军队、珍宝财物等，并说："所有之物已尽归拖雷，彼系家主。"这也是继承了大汗之位的窝阔台与拖雷发生冲突的原因所在。

拖雷去世以后，他的孩子还年幼，凡事皆取决于唆鲁禾帖尼。窝阔台劝弟媳改嫁给自己的长子贵由，其实是试图将实力庞大的拖雷系属部合并入自己的家族系统，控制住庞大的拖雷遗产。唆鲁禾帖尼以自己还需要抚养幼子们为由，机智地婉言谢绝，从而避免了拖雷系被并入窝阔台系的危机，保持了拖雷系的独立。

在加强自身实力的同时，唆鲁禾帖尼还积极地争取外援：她以恩惠和手腕把战士和被征服的外国人吸引到自己的方面来，并与术赤的长子拔都建立起亲厚的关系。同时，唆鲁禾帖尼以身作则，严加教育管束几个儿子。1235 年，窝阔台派拔都进行"长子西征"时，唆鲁禾帖尼按照规定，派遣长子蒙哥从征。这不仅增加了蒙哥的阅历，历练了他坚忍的意志，更是为蒙哥积累政治和军事威信创造了好机会。蒙哥因为在西征中突出的表现与表现不佳的窝阔台儿子贵由产生了鲜明对比，使得拔都心中的天平更进一步倾向于拖雷系统。

唆鲁禾帖尼还注意网罗人才，在其影响下，忽必烈年轻时就与汉族士大夫有所接触，并广泛延揽贤俊。1236 年大分封后河北真定成为唆鲁禾帖尼的封地，于是以真定为中心的河朔地区汉族士大夫和拖雷家族建立了特别密切的关系。当贵由病笃之时，拔都和唆鲁禾帖尼同谋推戴蒙哥。由于唆鲁禾帖尼能收揽军队，拔都与诸王等皆尊敬之；同时蒙哥因为西征和后续的经营，在军中颇有威望权势，再加上一批宗王和大臣的支持，蒙哥取得汗位已是水到渠成。

事后，窝阔台系谋叛，唆鲁禾帖尼施展雷霆手段，将贵由的妻子海迷失后和窝阔台孙子失烈门的母亲弘吉剌部合塔合失赐死，贬谪失烈门等人。唆鲁禾帖尼的儿子忽必烈是元朝的实际建立者，元朝时期，唆鲁禾帖尼被尊称为"赛因额诃"，即好母亲，蒙古人守护着其斡尔朵"别吉大营盘"。

唆鲁禾帖尼去世后被追上尊谥"庄圣皇后"，至大二年（1309 年）十二月，又加谥"显懿庄圣皇后"。明代以后，蒙古人誉其为"也失哈屯"，寓意其为蒙古皇帝源出之主干；"也失哈屯"斡尔朵也与成吉思汗八白室（成吉思汗寝陵）一同被蒙古人祭祀，持续至今。

忽必烈"斡腹"大理，崭露头角

"斡腹"这个词是蒙古人创造的，被当时汉人翻译过来借用。"斡腹"字面上的理解就是"掏肚子"，在格斗中就是"下勾拳"，用现代军事术语来讲就是远程迂回到敌人正面防线背后，攻击其设防薄弱部位的包抄行动。

蒙哥即位后，吸取以往蒙古军南侵受挫的经验教训，调整了南侵战略。蒙古部落崛起时，南宋北面是金国，西北是西夏，西南是大理国；

成吉思汗灭掉了西夏，窝阔台灭掉了金国。蒙哥准备灭南宋，交了几次手之后发现，南宋设防坚固，一时难以得手；而蒙古军队一向不硬拼硬打，所以便把目光投向了远在南宋西南腹地的大理国。

大理国是段思平于937年（后晋天福二年）建立的政权，辖区在今天的云南全境、四川西南部以及贵州、越南、缅甸各一部。大理国到南宋时期，国事衰微，国王段兴智大权旁落，权臣高泰祥代摄国政，内部矛盾日趋尖锐，各部力求自立，渐成割据之势。

1252年七月，蒙哥采取其弟忽必烈的建策，决定在与南宋接壤地区修筑城堡，部署重兵，实行屯田，为与南宋长期作战做充分准备；同时又命忽必烈率大军远征云南，采取迂回包抄战略，绕到南宋防守单薄的两广地区，回军北上，从侧背攻击南宋腹心之地，配合蒙军主力的正面作战，以达到南北夹击灭亡宋朝的战略目的。

蒙古军队之所以能做出万里"斡腹"大理国的决定，也与他们较为准确的战略情报能力和宏阔的战略视野密不可分。而且，远征路上所要经过的川藏边地，主要控制在吐蕃和羌人手里；这些人内部四分五裂，但都与蒙古关系友好。所以，他才敢劳师远征，做出如此漫长的无后方迂回作战的决策。

1252年九月，蒙哥决定实行南下"斡腹"大理国的决策，命忽必烈和勇将兀良合台（速不台之子）为领兵统帅，约有10万兵马。1253年八月，在六盘山完成集结，进抵临洮（今甘肃境内），开始了转战川滇的千里大进军。九月，南征大军行至忒刺（今甘肃迭部县达拉沟），于此分兵三路向蜀边进发：兀良合台率西路军，宗王抄合、也只烈率东路军，忽必烈亲自率中路军。

忽必烈带领中路军离开忒刺，经川北阿坝草原，循大渡河西岸，沿古青溪道南下，一路上攻下了许多城寨，招降了不少吐蕃部族，迫使分裂割据的吐蕃封建主们相继归降，臣服于蒙古统治之下；此后忽必烈于此地设置了吐蕃长河西宁远等宣抚司来治理。随后自泸定东渡大渡河，

第三章
拖雷系雄霸称王，一统江山万事兴
‧‧‧‧‧‧‧

进入南宋界黎、雅州之境，守卫此地的南宋青羌五司之一的杨土司的部将高保四迎降，并引导蒙古军招降了大渡河东岸的诸部族；蒙古军由此通过岩州，出兵黎州，翻越飞越岭，于月底进抵岭下的满陀城。

此时，兀良合台的西路军驰报进入滇境，亟请忽必烈入滇主持战事。忽必烈得到西路军的飞报后，即将辎重留在满陀城，于十月初一轻装启程，自富林渡口再次跨越大渡河，取古青溪道，经安宁河谷，督军急速南下。同时，忽必烈又遣使催促东路军追随中路军渡过大渡河，以为策应。中路蒙古军渡过大渡河后，因行进于大渡河谷地，悬崖绝壁不绝，行走十分艰难。在翻越雪山时，因山路崎岖盘旋，马不能行，蒙古军将士只得"舍骑徒步"，忽必烈常由部将郑鼎背负而行；汉将董文炳为中路军殿后，所率四十六骑中，最后只剩下两骑能从行。在山路极为陡峭难行之处，"日行不能二三十里"。

十一月初，中路蒙古军"经行山谷两千里"后进抵金沙江畔，直逼大理国北境。三路蒙古南征大军会师于丽江城北的金沙江畔，居住在丽江一带的大理国摩些部族，除一少部分进行了抵抗外，大部分都向蒙古军投降。蒙古军乘皮囊及木筏从卞头渡口南渡金沙江天堑，占领了丽江及其周边一些地区，准备攻打下一个目标——大理。

大理城的守将是大理国相国高泰祥，在攻打大理之前忽必烈曾派遣使节，劝喻高泰祥投降，并承诺胜利之后不屠城。但大理人并不相信，加上忽必烈的中路军不断向大理城进逼，所以，高泰祥杀死了蒙古使者三人。忽必烈闻知后，即率军南下，于十二月十二首先抵达大理城下。高泰祥率兵出战，为蒙古军所败，蒙古军进围大理城。忽必烈再次遣使招降，仍被大理君臣拒绝。

次日，兀良合台西路军攻拔了大理都城北关龙首关后，和东路军先后进抵大理城下，与中路军会师；忽必烈下令攻城，攻夺了大理城东锁钥上关。高泰祥"背城出战"，但在三路蒙古军的合击下，大败而归，蒙古军乘势杀入城中。十五日夜，眼见大势已去，大理君臣纷纷乘夜色弃城出逃。大理国王段兴智逃往善阐，高泰祥率余众南走，大理城陷落。

忽必烈因为大理君臣拒命，并杀死蒙古信使而弃城逃遁，怒欲屠城立威。在藩府旧臣姚枢的竭力劝止下，忽必烈才让姚枢裂帛为旗，上书止杀之令，传示于城内大街小巷，大理遂得免屠城之祸。这一止杀政策，对此后蒙古攻南宋战争中逐渐改变一味嗜杀、破坏之政策有着巨大的影响，而成为其得以征服南宋的重要原因之一。

十七日，蒙古军出大理城南龙尾关，十九日于姚州（今云南姚安北）俘杀高泰祥兄弟。忽必烈随后"分兵略地，所向皆下"，迅速占领除善阐以外的大理国土。1254 年春，忽必烈留下兀良合台率军戍守大理，并继续征服大理境内尚未归附的诸部，又任命刘时中为宣抚使，以处理大理的政事，自己班师复经吐蕃境北返。五月二十九，抵达六盘山，八月间回到了金莲川大本营。

1254 年秋，兀良合台领兵东征善阐。善阐城临滇池，三面皆水，地险城坚。兀良合台派精锐部队攻城，发炮摧毁北门，纵火突击，但都被守军击退；于是兀良合台改用虚张声势之策略，"大震鼓钲，进而作，退而止"，使城中守军不明所以。七天后，兀良合台遣其子阿术领突击队于下半夜五鼓时分悄悄地潜入城内，打开城门；精疲力竭的守军无力再战，善阐城失陷，大理国王段兴智逃至昆泽被擒，立国 316 年之久的大理国至此灭亡。

1255 年（宋宝祐三年），兀良合台遣送段兴智等人去蒙古草原觐见蒙哥汗。次年，段兴智抵达漠北，献上大理国的地图户籍，以示归降蒙古。蒙哥出于稳定云南局势的考虑，采用怀柔政策，不加杀戮，而赐予段兴智金符，重新封其为"摩诃罗嵯"（梵语"大王"之意，是大理国王原来的称号），命其回云南，协同蒙古所委派的官员安抚、管理云南各族，并继续征服依阻山谷、坚守城寨而不肯归附的部族。

为了安抚大理贵族，蒙哥此后又命云南新设万户以下军政官吏都要接受段氏的"节制"，从而使大理段氏在平定云南诸部及攻陷安南（今越南）

的战争中起着重要的作用，帮助蒙古人把地盘扩张到今天的东南亚地区。自忽必烈北还后，兀良合台又遣军进取赤秃哥、罗罗斯等地。自忽必烈总兵出师南征至此历时两年，蒙军平定了大理国五城、八府、四郡之地及乌蛮、白蛮等三十七部落。兀良合台于大理国旧境内设置了十九万户府，下面分设千户、百户，分管其地，为此后元朝建立云南行省奠定了基础。

此次战役成功地完成了对南宋的战略包围，使南宋处于两面受敌的境地。当年与金兵对峙，只在北方一条战线作战，南宋军仍不免败退；如今两线作战，胜算更无，灭亡只是早晚的事了。同时，在这次远征中，忽必烈显示了出色的军事才能，树立起他在蒙古军中的军事威信，这对他后来争夺大汗之位颇有帮助，更重要的是培养起了一统天下的政治才干。此次南征，对中国的民族融合与疆域产生了深远的影响。

在南征途中，忽必烈不断招降吐蕃、羌人部落，而且确定了后来一直延续到清朝的统治方式。等到元朝一统天下时，将吐蕃正式纳入元朝版图。忽必烈所行走的路线，当时是南宋的边疆，此后则成为中国的腹地。南征还结束了云南自 8 世纪中叶以来的半割据状，并以此为基地，将势力扩大到安南、占城、爪哇、缅甸等地；在当时，切断了南宋流亡政府准备逃到占城的最后退路；在后来，也一度将东南亚一部分地区纳入元朝版图，其影响十分深远。

"上帝之鞭"折损，蒙哥命丧钓鱼城

蒙哥是成吉思汗的孙子，拖雷的长子，是蒙古帝国的第四任大汗。蒙哥性格内向，和他的长辈一样，继承了成吉思汗钢铁一般的意志和尚武的精神。蒙哥参加了多次战争，其中包括赫赫有名的"长子西征"；

战争培养了蒙哥，使他变得英明果敢。同时，由于他和拔都关系要好，二人联合军事势力赶超过了蒙古其他派系，蒙哥取得了拔都的支持，被拥立为可汗。从1251年即位称汗到1259年，蒙哥率领蒙古铁骑横扫欧亚大陆，所过之处令人望而生畏。

然而，折断这位"上帝之鞭"的，是寂寞沉落的古战场——重庆钓鱼城。钓鱼城虽然只有两三百米，但山势陡峭，且处于三江汇合处，易守难攻。关于钓鱼城有这样一个神话故事：远古时代，世间充斥着灾难祸患，三江洪水泛滥，逃到山上避难的灾民饥饿难耐。就在这时，一位巨大的神人从天而降，他立于山顶巨石之上，手持长杆，从山下的嘉陵江中钓起无数鲜鱼，赈济灾民，解决了百姓的饥饿问题。后人为了感念这位巨人的救命之恩，并纪念他，将这山顶的巨石命名为钓鱼台，这座山也因此得名钓鱼山。

南宋宝祐六年（1258年）夏秋之交，蒙哥开始计划南攻宋朝。他兵分三路，率领10万大军进攻南宋，并亲自率领西路军，由陕西进攻四川；东道诸王塔察儿（成吉思汗幼弟斡赤斤的孙子）率领东路军，从河南进攻荆襄；兀良合台率领南路军，由云南出广西沿湖南北上，进攻檀州，意在与东路军会师于鄂州（今武汉）。蒙哥的西路军是三路大军的主力，大将纽璘（纽邻）任先锋，次子阿速台、亲王末哥、万户孛里叉、大将哈剌不花、乞台不花、浑都海，汉军万户刘太平、史天泽、刘黑马，汪古部大将汪德臣、汪良臣、汪惟正等随军参战，总数约10万人左右。

战争刚刚开始的时候，西路军先锋纽璘在乞台不花、刘黑马等将领的协助下，在遂宁挫败南宋将领刘整的军队，不久就占领了四川的重镇成都。接着，纽璘又命令刘黑马留守成都，他自己则与副将乞台不花等率15000骑兵沿沱江南下，进攻叙州，并活捉了南宋将领张实；然后沿长江顺流而下至涪江，造浮桥，驻军桥南北，阻止南宋援军。

蒙哥接到了先锋军的捷报，立即率主力军由陇州入大散关，让末哥率军由泽州入米仓关，万户孛里叉率军由渔关入沔州。当年十月，就进驻利州北山，与前锋军的利州守将汪德臣兄弟会合，准备在嘉陵江、白水的会合处渡江。蒙哥命忽必烈代塔察儿总领东路军，继续进攻鄂州。

十一月，忽必烈自开平启行，蒙哥的中路军进至大获山，宋将杨大渊率众投降。兀良合台的南路军则不断遇到南宋军民的英勇抵抗，好不容易兵抵潭州（今长沙），蒙古军队攻城失利，士兵伤亡惨重，进展困难。东路军的进展更不顺利，塔察儿等诸王习惯于烧杀抢掠，将士任意掠夺，引起南宋军民的极大反感，一年多竟然没有攻下一座城市；当其进至鄂州时，受到宋军张世杰部坚决阻击，只好退兵。十二月，蒙哥攻取四川大良坪。

1259年二月，蒙哥进军合州城下，西路军连下成都、龙门、剑阁、阆州、巴州、长宁、大良等大小城市十余座，可以说是战果辉煌。可眼看夏天就要到了，蒙古军不怕寒冷，却难耐暑热；是继续前进，还是撤师北还，是当时蒙哥西路军面临的一个关键问题。于是，蒙哥在重贵山大帐里召开了一次军事会议，商讨对策。

一种意见认为应该乘夏季酷热到来之前，迅速北还，至于占领的城池，则可以委派官吏治理。今后如何进军，等回到哈拉和林再从长计议；长驻军四川的汪氏将领认为不如取道关中，直临江汉；几位老将主张沿江东下，这样可以很快脱离四川险地。但蒙哥汗没有听取他们的建议，于二月率军进迫钓鱼城下，结果被众志成城的10万宋朝军民阻止在钓鱼山下，战争进入胶着状态。这时由于天气已经相当炎热，蒙古军水土不服，疾疫流行，不久又出现了霍乱，人心惶惶，士气低落。

蒙哥南下第一个季度，连续三个月作战攻势中，蒙古军急攻钓鱼城不克；第二季度四月又连遭数十天的雷雨，不得不中止攻城；五月攻城又不利；六月一天夜里，蒙古军总帅汪德臣指挥攻城，登上西门外城军马寨喊话，却被城上南宋军的炮弹击中，攻城云梯被轰击折断，蒙古军溃败，汪德臣也于此战中阵亡。

六月中旬，四川制置副使吕文德率军支援合州，从重庆逆嘉陵江上溯解救合州，打败蒙古的涪州守军，进入重庆，并增援钓鱼城。蒙古左丞相史天泽指挥，拦击增援钓鱼城的南宋吕文德军，吕文德军不得已退回重庆，两军相持不下。七月蒙古军缺粮，久旱酷热，瘟疫流行，士气极为衰落，战事又停顿。

七月二十一日清晨，蒙哥急不可耐，亲临东门外脑顶坪高台上，命士兵爬上桅杆瞭望宋营，又被城上发炮击中，在桅杆上的士兵被轰出百步之外，当场阵亡，蒙哥重伤。城上同时抛下上百的面饼和重达30斤的鲜鱼，还附有书信说："尔北兵可烹鲜食饼，再攻十年，亦不可得也。"城上的南宋人表现出如此充裕的战备和坚定的守城决心，还把蒙古军羞辱了一番。

蒙哥遭受重大挫折，痛感震惊和灰心，八月十一日，身受重伤的蒙哥魂断巴山，杳然逝世于温泉寺。临终遗诏说："我因为这座城而得病，我死去之后，如果攻下这座城，定要血洗城池杀尽他们。"直到临死，蒙哥也没有能够打下钓鱼城。蒙哥死后汗位空缺，正在追亡逐北的各路蒙古军纷纷撤军，回奔蒙古争夺汗位，横贯欧亚大陆的辽阔战场忽然一下子空寂下来，南宋小朝廷得以暂时苟安悬挂。

1278年正月，重庆沦陷，钓鱼城成为一座被元军围困的孤岛，守城的36名将军全部自杀殉国。1279年正月，钓鱼城最后一任守将王立以"不杀城内一人"为条件，打开了已坚守36年的钓鱼城城门。当然，这和一个叫熊耳夫人的女人有关——她本身是蒙古人，被俘虏后跟随了王立，是她联系说服当权者放弃了屠城。到今天，合川人依然还在纪念她。

钓鱼一城以弹丸之地，支持危亡河山，从1243年到1279年，与蒙古军周旋36年。钓鱼城之战，是战争史上罕见的奇迹。蒙哥大汗是真正马革裹尸、阵亡于战场上的皇帝。

皇族内战，忽必烈与阿里不哥之争

1259 年，蒙哥在合川钓鱼城下殒命，蒙古的军事扩张随之退潮。蒙哥的突然离世，来不及留下遗言选出下一任继承蒙古大汗的人，所以，在汗位虚悬的空档，拖雷家族内部发生了代表两种不同势力的大汗争夺战。蒙哥的两个弟弟，忽必烈和阿里不哥，都想继承汗位。当时，蒙哥的另一位同母弟旭烈兀已经在西亚建立了自己的帝国，故而没有参与这场汗位的争夺。虽然他并没有对竞争结果产生决定性的影响，但是他更希望哥哥忽必烈问鼎大汗宝座。

其实，忽必烈代表着巩固汗国统治意愿的番汉联合意志，而阿里不哥代表蒙古正统意志。两种不同势力的纷争，必然围绕蒙古在后蒙哥时代的发展走向而产生分歧，最终的结果必然是分裂。阿里不哥与忽必烈是同母兄弟，为何会有这样大的差距呢？其实，当时拖雷的众多儿子们已经深入到中国的南方和西方文明的中心，可是阿里不哥却留在了蒙古故乡。正因为没有出去历练的原因，使得阿里不哥的生活视野受到了限制，因而比较狭隘。

阿里不哥比较喜欢一望无际的大草原，而不喜欢依赖耕作维生的农业世界。他成了一位蒙古传统生活方式和价值观念的捍卫者，蒙古保守分子的一位领袖。面对越来越多的蒙古人喜欢定居生活方式，保守分子觉得无依无靠被孤立了，并觉得受到了威胁。这些人认为，忽必烈和旭烈兀属于叛逆分子，因为他们被征服地的文明所吸引，寻求属民的建议和帮助，把大部分时间花在中原或波斯，而不是蒙古本土。忽必烈和旭烈兀以及其他蒙古领袖所发生的变化令他们感到心惊胆战，于是这批愤愤不平的保守派转向阿里不哥，希望他成为他们的代表。

蒙哥的突然离世，使得戍守哈拉和林的阿里不哥看到了希望，他想要趁长兄忽必烈率军攻取鄂州，次兄旭烈兀率军攻叙利亚之机，谋夺汗位。他令左丞相阿兰答儿征兵漠北，燕京行省脱里赤征兵河朔，企图将忽必烈的领地控制在自己的手里。忽必烈闻讯后，立即率兵北归。

1260 年初，忽必烈从蒙、宋前线匆匆北返抵达燕京，他在燕京附近驻扎了将近三个月。在这段期间，阿里不哥竭力诱使忽必烈回到草地，好逼迫他离开经营多年的中原，夺取忽必烈的兵权，再名正言顺地登上大汗宝座。忽必烈清楚地意识到，在阿里不哥鞭长莫及的情况下，自己在控制和调动进入汉地的蒙古军及汉军方面拥有莫大的优势与便利；因此，他并没有像原来计划的那样，前往哈拉和林会丧、参加选汗大会，而是先发制人，拘禁了阿里不哥派往燕京的心腹脱里赤，并立即解散了脱里赤所召集的军队。同时，支持忽必烈的耶律铸和亲王末哥也逃离了哈拉和林，来到了新筑不久的开平城，投奔忽必烈。

拥戴忽必烈最积极的宗王是成吉思汗幼弟斡赤斤的孙子、在东道诸侯中居长的塔察儿，他曾因攻南宋无功而返，受到蒙哥的严厉训斥。早在事态还相当微妙时，忽必烈就派廉希宪到军前结欢于塔察儿，相约"若至开平，首当推戴，无为他人所先"。这为日后由塔察儿"率先"，从而诱逼在场的其他宗室"相继劝进"安排了最关键的一招。

同年三月初一，忽必烈率领蒙古劲旅抵达开平。西道诸王合丹以及东道诸王塔察儿等前来会合，忽必烈在这里召开了库里勒台大会。出席大会的有以亲王末哥为首的诸弟，以塔察儿、也松哥为首的东道诸王，以阿必失哈（察合台曾孙，不里长子、阿只吉长兄）、合丹、哈必赤（铁木真侄子、合撒儿子）为首的西道诸王共四十余人，还有以霸都鲁、兀良合台、失吉忽秃忽为首的蒙古大将，以按陈为首的几位驸马，以及刘秉忠、姚枢、郝经、王文统、廉希宪等各族谋臣，史天泽、张柔、张弘范、李瓛等汉军七大万户，以及吐蕃和大理的代表等。会议共进行了

24 天，诸王贵族一致同意拥立忽必烈为蒙古帝国大汗，并举行了隆重的即位仪式。

忽必烈即位后，立即派出一个百人使团，向阿里不哥"告即位"。他抢先在漠南即位，完全打乱了阿里不哥的阴谋；阿里不哥自然是不承认忽必烈的大汗地位，扣押了这个百人使团，并立即召集自己的支持者在哈拉和林举行库里勒台选汗大会，推举自己为蒙古大汗，随后派两支军队南下讨伐忽必烈。忽必烈只好御驾亲征，一场内战不可避免地爆发了。

蒙古帝国出现了两大汗相抗衡的局面，站在忽必烈一方的是有影响力的东道诸王，而阿里不哥则从西道诸王那里获得支持。尽管当时正在经营西亚的旭烈兀和立国于伏尔加河流域的拔都与别儿哥，态度都不无暧昧之处，然而替旭烈兀留守漠北分地的阿里不哥的次子药木忽儿，最初是支持阿里不哥的；而且别儿哥冲制的钱币上刻有阿里不哥的名字，更表明钦察汗国在阿里不哥失败前，一直认为只有阿里不哥才真正代表了蒙古大汗的世系。

成吉思汗直系各支宗王的政治态度对忽必烈颇为不利。为改变此种局面，忽必烈先派支持自己的察合台后王阿必失哈急驰西北，企图用他控制察合台兀鲁思（分地）的政局，使之与中原汉地势力互为犄角，钳制漠北。阿必失哈一行在途经河西时，被阿里不哥的军队截留，察合台兀鲁思落入阿里不哥派去的阿鲁忽（察合台之孙、拜答儿之子）之手。

不久，阿鲁忽和旭烈兀渐与阿里不哥生隙，忽必烈抓住时机，以明确承认二者在各自势力范围内的既有权益为条件，争取他们对自己的支持。他宣布自阿姆河西到马木鲁克疆界的塔吉克地当归旭烈兀统治守卫；自阿勒泰山到阿姆河之地则由阿鲁忽镇守。至此，除术赤后王早已分治于钦察草原之外，突厥斯坦西部及河中地区、波斯和呼罗珊也正式从大汗直接领有的国土中分立出来，成为中央汗廷的守藩之国。之后，忽必烈与西道诸王的关系基本和解，于是，他得以全力对付阿里不哥。

同年秋，阿里不哥兵分两路，大举南下。忽必烈与阿里不哥在哈拉和林的郊外摆下了战场。阿里不哥的左路军以宗王为帅，而且直接威胁汉地政治经济中心燕京，因此，忽必烈亲自领军逆之，而以移相哥（铁木真二弟拙赤合撒儿之子）、纳邻合丹（铁木真三弟合赤温之孙）为其前部。移相哥军击溃了药木忽儿和哈剌察儿（窝阔台第四子），阿里不哥难以继续立足于哈拉和林，匆匆退到由他继承的拖雷分地吉里吉思。忽必烈则循帖里干道，顺利进至哈拉和林。

当时哈拉和林城被破坏得相当严重，所以到达不久，忽必烈便南至汪吉河冬营地，做短期休整。阿里不哥很担心忽必烈会乘胜追击，派遣使者假意投降，并称待马力稍复，再赴阙谢罪。忽必烈则以汉地政局为念，留下移相哥镇守漠北，自己冒严寒逾漠南返。溃败远遁的阿里不哥，歇息于吉里吉思。

中统二年（1261 年）秋，忽必烈因贾似道背信弃义，扣押了蒙古帝国的议和使团郝经一行，准备南下伐宋，并颁发了一份讨宋檄文。阿里不哥元气稍有规复，又举兵东来。他事先遣使向移相哥伪称率众来归，使移相哥疏于防备，因而突袭成功；移相哥大军溃散，哈拉和林城再次失守。

同年十月，忽必烈率诸路汉军与蒙古诸王所部再度北征。两军相遇于昔木土脑儿（今内蒙古东乌珠穆沁旗西北）之西，阿里不哥先因所部军队溃败撤兵，等待阿速台率领的后继部队赶到后，回军再战。其右翼被击败，左、中两翼与忽必烈军鏖战至夜仍不分胜负，于是双方引军后退，相峙于大碛南缘。

同年冬末，忽必烈师还，"诏撤所在戍兵，放民间新签军"，形势似乎缓和下来。1262 年，据守哈拉和林的阿里不哥因粮饷不继，并由他派往察合台兀鲁思的阿鲁忽又拒绝听命，截留他征集的货物，因此愤而移兵西讨阿鲁忽。阿里不哥自知一旦挥兵西指，哈拉和林终将不守，所以临行前，指令哈拉和林城诸长老，许其举城归降忽必烈军。阿里不哥西徙后，忽必烈所部果然不战而收复哈拉和林。忽必烈直到1264年才战胜阿里不哥，随后迁都元大都（北京），以上都为陪都。

出兵征伐，浴血襄樊

襄樊之战是蒙古消灭南宋统一中国的一次重要战役，是中国历史上宋元封建王朝更迭的关键一战。这次战役从南宋咸淳三年（1267年）蒙古大将兀良哈·阿术（速不台之孙，兀良合台之子）进攻襄阳的安阳滩之战开始，又经南宋将领吕文焕反包围战，张贵、张顺援襄之战，龙尾洲之战和樊城之战，终因孤城无援，于咸淳九年（1273年）吕文焕力竭降元为止，历时近6年，以南宋襄樊失陷而告结束。

忽必烈时期，灭宋战争的进攻重点改为襄樊，实现了由川蜀战场向荆襄战场的转变。南宋襄樊地处南阳盆地南端，襄阳和樊城南北夹汉水互为依存，"跨连荆豫，控扼南北"，地势十分险要，自古以来为兵家必争之地，也是南宋抵抗蒙古军队的边陲重镇。咸淳三年（1267年），南宋降将刘整向忽必烈进献攻灭南宋策略，"先攻襄阳，撤其捍蔽"，他认为南宋"无襄则无淮，无淮则江南唾手可得也"。刘整"攻宋方略，宜先从事襄阳"的建议为忽必烈所采纳，宋元战争进入了元军对南宋战略进攻的新阶段。

忽必烈根据刘整的建议，开始实施对襄阳的战略包围。首先，建立陆路据点，作为攻宋的根据地。早在1261年夏，忽必烈就根据刘整的建议，遣使以玉带贿赂南宋荆湖制置使吕文德，以防止盗贼、保护货物为名，请求在襄樊城外置榷场，目光短浅的吕文德竟然同意；于是蒙古人在襄樊东南的鹿门山修筑土墙，内建堡垒，建立了包围襄樊的第一个据点。

咸淳三年（1267年）秋，兀良哈·阿术率军攻打襄阳，俘人略地而归。南宋军乘蒙古回军之际，在襄阳以西的安阳滩派水军扼其归路，然后派骑兵直冲其阵；蒙古军队大乱，都元帅阿术坠马，险些被南宋军活捉。蒙古著名将领斡鲁纳台·怀都（祖父阿术鲁是成吉思汗的将领）选了一些擅长水性的士卒泅水夺得南宋军战舰，其余将领奋勇拼杀，才将南宋军击退，转败为胜。

安阳滩之战，蒙古军队虽然打败了南宋军，但却暴露出蒙古军的水军实力不佳的缺陷。刘整与兀良哈·阿术谋议，"我精兵突骑，所当者破，惟水战不如宋耳。夺彼所长，造战舰，习水军，则事济矣"。忽必烈当即命刘整建造舰船，训练水军，以图进取襄阳。刘整于是造船5000艘，日夜操练水军，又得到四川行省所造战舰500艘，建立起一支颇具规模的水军，从而弥补了战术上的劣势，为战略进攻准备了必要条件。

咸淳三年（1267年）冬，南宋任命吕文焕知襄阳府，兼京西安抚副使。次年（1268年）十一月，兀良哈·阿术在襄樊东南鹿门堡和东北白河城修筑堡垒，切断了援襄宋军之路；吕文焕命襄阳守军进攻蒙古军，但被蒙古军打败，宋军伤亡惨重；咸淳五年（1269年）三月，南宋将张世杰率军与包围樊城的蒙古军作战，又被兀良哈·阿术打败；七月，沿江制置使夏贵率军救援襄阳，遭到蒙古军与汉军的联合伏击，兵败虎尾洲，损失2千余人，战舰50艘。

咸淳六年（1270年）春，吕文焕出兵襄阳，攻打万山堡，蒙古军诱敌深入，乘南宋军士气衰退，蒙古汉将张弘范、李庭反击，南宋军大败；九月，南宋殿前副都指挥使范文虎率水军增援襄阳，蒙古军水陆两军迎战，大败宋军，范文虎逃归。蒙古将领史天泽在襄阳西部的万山包百丈山筑长围，又在南面的岘山、虎头山筑城，连接诸堡，完全切断了襄阳与西北、东南的联系，襄阳成为一座孤城。这一时期蒙古军在襄阳外围修筑十余处城堡，建立起长期围困襄阳的据点，完成了对襄阳的战略包围。

从咸淳四年（1268 年）蒙古军筑鹿门堡、修白河城到咸淳六年（1270 年）完全包围襄阳，蒙古军已处于战略上的优势；南宋政府为挽救危局，进行了反包围战与援襄之战，从而揭开了襄阳之战的序幕。

咸淳七年（1271 年），范文虎再次援襄，兀良哈·阿术率诸将迎击，南宋军战败，损失战舰一百余艘。这一时期，宋蒙两军虽然在襄阳外围进行了长达三年的争夺战，但因蒙古军包围之势已经形成，不但南宋援襄未能成功，而且襄阳城中宋军反包围的战斗也不可能胜利，南宋军只好困守襄阳，败局已定。

咸淳八年（1272 年）春，元军对樊城发动总攻，三月，兀良哈·阿术、刘整、阿里海牙率蒙汉军队进攻樊城，攻破城郭，增筑重围，进一步缩小了包围圈，南宋军只好退至内城坚守。四月，南宋京湖制置大使李庭芝招募襄阳府（今湖北襄樊市）、郢州（今湖北钟祥县）等地民兵3000 余人，派总管张顺、路分钤辖张贵率领救援襄阳。张顺、张贵率轻舟百艘，士卒 3000 及大批物资出发，临行前张顺激励士卒说："这次救援襄阳的行动，任务十分艰巨，每个人都要有必死的决心和斗志，若你们当中的有些人并非出于自愿，那就赶快离去，不要影响这次救援大事。"当时 3000 水军群情振奋，斗志昂扬，表示坚决完成任务。

五月，救援战斗开始，张顺、张贵在高头港集结船队，把船连成方阵，每只船都安装火枪、火炮，准备强弓劲弩，张贵在前，张顺在后，突入蒙古军重围。船队到达磨洪滩，被布满江面的蒙古军船舰阻住，无法通过。张贵率军强攻，将士一鼓作气，先用强弩射向蒙古舰，然后用大斧短兵相接，冲破重重封锁，蒙古军被杀溺而死者不计其数，南宋军胜利抵达襄阳城中。当时襄阳被困已有五年之久，张顺、张贵入援成功，极大地鼓舞了城中军民的斗志。

然而这次战斗中南宋大将张顺阵亡，几天以后，襄阳军民在水中得到他的尸体，只见他披甲执弓，怒目圆睁，襄阳军民怀着沉痛敬佩的心情安葬了张顺，并立庙祭祀。张贵入援虽然给襄阳守军带来希望，但在元军严密封锁下，形势仍然很严峻。张贵联络郢州的殿帅范文虎，约定南北夹击，打通襄阳外围交通线，计划范文虎率精兵 5000 驻龙尾洲接应，张贵率军和范文虎会师。

张贵按约定日期辞别吕文焕，率兵 3000 顺汉水而下，检点士兵，发现少了一名因犯军令而被鞭笞的亲兵，张贵大惊，对士兵们说："我们的计划已经泄露，只有迅速出击，敌人或许还来不及得到消息。"他们果断地改变了秘密行动，乘夜放炮开船，杀出了重围。元军中兀良哈·阿术、刘整得知张贵突围，派数万人阻截，把江面堵死。张贵边战边行，接近龙尾洲，在灯火中远远望见龙尾洲方向战舰如云，旌旗招展，以为是范文虎接应部队，举火晓示，对方船只见灯火便迎面驶来。等到近前，张贵才发现来船全是元军，他们先占领了龙尾洲，以逸待劳。宋元两军在龙尾洲展开一场遭遇战，南宋军因极其疲惫，战斗中伤亡过大，张贵力不能支，被元军俘获，不屈被害。元军派四名南宋降卒抬着张贵的尸体晓示襄阳城中，迫使吕文焕投降，吕文焕杀掉降卒，把张贵与张顺合葬，立双庙祭祀。

咸淳八年（1272 年）秋，元军为尽快攻下襄阳和樊城，采取了分割围攻战术。元将阿里海牙认为："襄阳之有樊城，犹齿之有唇也。宜先攻樊城，樊城下则襄阳可不攻而得。"为切断襄阳的援助，元军对樊城发起总攻。咸淳九年（1273 年）初，元军分别从东北、西南方向进攻樊城，忽必烈又派遣回族炮匠至前线，造炮攻城。元军烧毁了樊城与襄阳之间的江上浮桥，使襄阳城中援兵无法救援，樊城又全孤立了。刘整率战舰抵达樊城下面，用回族炮打开樊城西南角，进入城内。南宋守将牛富率军巷战，终因寡不敌众，投火殉职，偏将王福赴火自焚，樊城陷落。

樊城失陷以后，襄阳形势更加危急。吕文焕多次派人到南宋朝廷告急，但终无援兵。襄阳城中军民拆屋作柴烧，陷入既无力固守，又没有援兵的绝境。咸淳九年（1273年）二月，阿里海牙由樊城攻打襄阳，炮轰襄阳城楼，城中军民人心动摇，将领纷纷出城投降。元军在攻城的同时，又对吕文焕劝降，吕文焕感到孤立无援，遂举城投降元朝，襄阳战役宣告结束。

宋元襄阳之战经过长期较量，终于以元胜宋败结束，元军的胜利，在于战略上处于主动地位，建立了包围襄阳的堡垒，以逸待劳；又注重弥补战术上的不足，制造战船，训练水军，在襄阳战役中发挥了巨大作用。宋朝统治者不重视边备，将帅软弱无能，吕文德见利忘义，使蒙古军队占据了襄阳有利地位，在反包围战过程中，因将帅不和，步调不一等原因，犯了一系列战术错误，战斗中基本上执行了消极防御策略，导致了被元军围困五年之久的不利地位，最后归于失败。张顺、张贵援襄的传奇式行动，气壮山河，留名青史，体现了南宋爱国军民保卫领土、抗敌御侮的智慧和勇气，为后人所传颂。

直取临安，南宋暮歌

伯颜攻取临安，是宋元鼎革之际的最后一次重大战役，自至元十二年（1275年）春，元军攻占建康（今江苏南京市），到至元十三年（1276年）春，进占临安（今浙江杭州市），历时一年，中经溧阳之战、独松关之战、常州之战、五牧之战等激战，以南宋朝廷投降元朝而告结束。

至元十年（1273年）元军攻陷襄阳后，右丞相伯颜率水陆大军沿长江顺流东下，势如破竹。至元十二年（1275年）元军攻打建康，南宋朝建康留守赵溍弃城而逃，都统制徐王荣等开城请降，元军兵不血刃，占领建康。元军进占建康后，伯颜派兵进攻建康周围的重要城镇，随即攻陷镇江，控制了江东地区，建立起稳固的南进基地。

与此同时，为防止两淮宋军南下救援，忽必烈命兀良哈·阿术率军渡江，进围扬州。兀良哈·阿术在扬州东南的瓜洲修造楼橹，缮治战具，又在扬州城外围树栅，修筑坚固的堡垒长围，截断了南宋军增援部队，又派水师堵截江面，控制了长江天险，断绝了南宋军渡江南救临安的通道。南宋朝廷立国，是以长江为防线，两淮为藩篱，"重兵皆住扬州，临安倚之为重"。元军占领建康，进围扬州，攻占两淮，南宋都城临安完全失去了屏障。元军在建康休整后，兵精粮足，战斗力更加强盛，随时准备攻取临安，处在进攻的有利地位。

在元军大兵压境的形势下，南宋朝廷内部矛盾重重，主战主和举棋不定。虽然朝廷屡次诏令各地宋军入卫临安，但因元军全面进攻，荆湖、川陕战场的宋军自顾不暇，两淮宋军被元军阻隔无法渡江赴援，只有郢州（今湖北钟祥县）张世杰、江西文天祥等将帅和两浙、福建部分厢禁兵到达临安守卫，但这些小规模增援根本无法扭转整个战争局面。

至元十二年（1275年）五月，宋廷命主战派张世杰率军出击元军外围防线，没能打通。六月，淮东制置使李庭芝命姜才等打通援救扬州的通道，两军在扬子桥激战，宋军死伤万余人，姜才只带数骑逃回扬州。为确保临安，宋廷组织焦山之战。张世杰约殿前都指挥使张彦率兵出镇江，以图控制长江南岸，扬州李庭芝出兵瓜洲，从江北配合，张世杰率水师陈兵镇江以东的焦山江面，约定三路俱进，与元军决战；但扬州宋军没有按时赶到，镇江张彦拒不发兵，使张世杰孤军深入。

元将兀良哈·阿术、阿塔海、张弘范等在石公山居高临下指挥战斗，命万户刘深沿长江北岸绕至南宋军背后，董文炳、刘国杰从焦山左右两边进击，万户忽剌直冲宋军大阵。元军乘风放火箭，宋船纷纷起火，阵势顿时大乱，宋师全军覆没，损失战舰七百余艘。焦山之败，宋朝军队损失殆尽，朝廷或主议和，或主南逃，分崩离析，一筹莫展，南宋灭亡指日可待了。

七月，忽必烈最后下定灭宋决心，命伯颜率领元军直逼临安。伯颜受命后，召集攻宋将帅部署方略，确定了"分诸军为三道，会于临安"的作战部署。这年十一月，伯颜分兵三路会攻临安，西路由参政阿剌罕、四万户总管奥鲁赤率领蒙古骑兵出建康，向溧阳、独松关（今浙江安吉县东南）进军；东路由参政董文炳、万户张弘范、都统范文虎率水师沿江入海，向海盐、澉浦（今浙江海盐县南）进军；中路伯颜带领诸军，率水陆两军出镇江，向常州、平江（今江苏苏州市）进军。

西路军主帅阿剌罕率军南下，直趋溧阳，遭到南宋守军的抵抗，结果宋军损兵折将，残部南撤。元军乘胜追击，在溧阳西南银林东坝再次打败宋军。元军在追击途中受到南宋援军的阻击，双方展开激战，后来元军派蒙古骑兵冲杀，宋军抵挡不住，突围南逃。溧阳之战，宋军损失将校七十余人，士卒近两万人，伤亡惨重。西路军于十一月下旬逼进建康通往临安的要隘独松关（今浙江安吉县东南），南宋守将张濡率兵北上阻击元军，与元军骑兵交战。宋军虽是精兵强将，但只有数千人，而且都是步兵，虽然奋勇冲杀，但却难以阻挡强大的蒙古骑兵，终于被击溃，主将张濡被杀，士兵死伤两千余人，元军控制了临安的北大门。

中路军伯颜率兵进攻常州，常州是拱卫临安的前阵，是元军整个攻取临安计划的关键，伯颜派兵击溃南宋增援部队后，亲自指挥攻城。元军在城南筑高台，把炮放在台上向城内猛轰，又用火箭射入城中，常州城内一片火海。伯颜命元军架云梯、绳桥攻城，元军攻入城内。常州守将姚岩率将士浴血奋战，终因寡不敌众，没有外援而失败；姚岩、王安节等阵亡，僧人万安、莫谦之长老率僧兵赴援，500名僧兵全部战死。

伯颜下令屠城，只有七人幸免于难。常州之战是宋元战争中最悲壮的一役，影响很大。

至元十二年（1275年）冬，正当常州军民艰苦抗敌之际，宋廷派张全率2000余人由淮入援常州，文天祥也派部将尹玉率兵偕同赴援。伯颜得报后，命斡鲁纳台·怀都、王良臣领兵在五牧（今江苏常州东南）阻击南宋军。战争开始后，文天祥部将麻士龙与元军交战，由于张全按兵不救，麻士龙战死。在元军攻击下，张全退到五牧，文天祥部将朱华奋起抗击，挡住了元军；尹玉指挥南宋军与元军决战，元军损失惨重。元将王良臣配斡鲁纳台·怀都水陆夹击南宋军，南宋将张全始终按兵不动；尹玉失败，溃军南逃，尹玉力战被俘，为元军所杀，所部将士大部分战死。张全见大势已去，率军逃离五牧，致使救援失败，没能解常州之围。伯颜攻破常州后，派都元帅阇里帖木儿，斡鲁纳台·怀都率兵攻无锡、平江，在元军大兵压境下，两地南宋军投降元军。

东路水军以范文虎为先锋，顺江东进，由于长江两岸已无南宋军把守，元军进军顺利。当时长江口活跃着一支由贫苦渔民组成的水军，由朱清、张瑄率领，不受宋朝管辖；元军主帅董文炳认为可以利用这支力量，便招降了这支海上武装。朱、张二人带领人马和海船随元军南下攻取临安，增强了元军海战能力。东路军出长江口后沿海而下，十二月逼近钱塘江口，从海道包围了临安。

至元十二年（1275年）十二月，元朝三路大军进逼临安，随时准备攻占临安。至元十三年（1276年）正月，东路军董文炳一部登陆，抵达盐官县（今浙江海宁市），宋守军投降。

董文炳率东路军与中路伯颜大军会师，西路军阿剌罕也率部与中路军会师。在大军压境形势下，南宋朝廷一片混乱，丞相陈宜中请太皇太后出海避敌，张世杰、文天祥主张决一死战。宋廷既没有兵力抵抗，求和又被元军拒绝，于是奉玺书向伯颜请降。伯颜遣董文炳、吕文焕、范文虎入城安抚百姓，禁止杀掠，封闭仓库，收缴宋廷衮冕、圭璧、仪仗、图籍以及大批财宝、器物，运往大都（今北京）。伯颜亲自入临安城安置宋廷人员，把宋帝赵显皇太后全氏以及其他朝官、宫廷人员监护起程，浩浩荡荡北上。至此，临安被元军攻取，南宋朝廷灭亡。

元灭南宋的临安之战，从建立建康基地到攻取临安，只用了一年时间。从战略来看，元朝采用围困逼降的策略，步步进逼，除武力进攻外，一直遣使招降，如忽必烈派礼部尚书廉希圣、工部侍郎严忠范到宋朝劝降，伯颜派张羽等人招降。在南宋朝廷举棋不定之际，伯颜屡次派人劝降，只不过是为稳住宋朝君臣；元军利用战抚并用策略，取得了整个战局的主动权。

在战术方面运用得当，如焦山之战使用两面夹攻，中央突破的方法，把过去蒙古骑兵惯用战法用于水战；五牧之战中打援战成功地阻截了南宋援军，保证了常州之战的胜利。南宋方面基本上是消极防御战略，战和不定，逐渐失去了抗击元军的有利形势，最后归于失败。

登顶汗位，建国定制

忽必烈被拥立为蒙古大汗后，一上台就依照汉族封建王朝的传统，"以即位昭告天下"，他不再自称为"大汗"，而是改称皇帝；其即位诏书开宗明义，表示要"建极体元，与民更始"。它表明了新政权采用中原王朝的传统体制以改变"文治多缺"局面的决心。几个月后，又建元中统，改变了蒙古国不建立年号的传统，更明确地强调新政权为中朝正统、"天下一家"的地位。

其中，郝经、王文统、刘秉忠、王鹗等是忽必烈夺权及政权建设的主要设计者。王鹗起草了即位诏书，宣布"祖述变通，正在今日"，表示要实行一条与蒙古族祖先不同的治国路线。

1271年，忽必烈正式建国号为"大元"，下诏说："诞膺景命，奄四海以宅尊；必有美名，经百王而继统。肇从隆古，匪独我家。""既成于大业，宜早定于鸿名"，"可建国号曰大元，盖取《易经》乾元之义"。自成吉思汗建国以来，蒙古帝国以族名为国名。忽必烈根据汉族的古书《易经》，改国号为"大元"，进一步表明他所统治的国家，已经不再是蒙古族一个民族的国家，而是中华民族多民族的统一国家了。

当元朝的政治制度被忽必烈基本确定下来后，他又根据汉族谋臣的建议，采用了唐宋以来中央集权的政治制度，并在原来的基础上有所改进和发展。元朝的中央机构有中书省、枢密院、御史台、宣政院等。中书省总理全国行政事务，由太子任中书令，下设右左丞相、平章政事等，下辖吏、户、礼、兵、刑、工六部，这也是对金朝尚书省的延续和改造。元初中书省、尚书省曾一度并存，尚书省专管财赋，不久并入中书省。

另外，元朝的地方行政机构也是对金制的继承和改造。金朝尚书省臣去地方直接统领军政，称"行尚书省事"；元朝建立后，忽必烈派中书省臣去地方执政，称为行中书省事。以后"行中书省"就变成固定的官府名称，又成为地方行政区划的名称，简称行省或省。行省制度是秦汉以来郡县制的发展，是我国政治制度的一项重大改革，它奠定了明清以来直到今天省区的规模，对于我国统一的多民族国家的巩固和发展具有十分重大的意义。

忽必烈建元之始，最早的新行政机构是统辖中原汉地政事的燕京路宣慰司。其后，他以王文统、赵璧为中书省平章政事，但这时候的"中书省"似乎还不像是国家正式的中枢机构，建制也极不完备；倒是燕京路宣慰司所属的各路宣抚司则渐次创置，不久就进一步完善为十路宣抚司的建制，主持各路宣抚司的官员，大多是汉人出身的政治家，少数是汉化程度很高的色目人如廉希宪、赛典赤等。

在少数民族地区和边疆地区也设有宣抚使司、宣慰使司、安抚使司或宣慰使司都元帅府，下设万户府、千户府等。吐蕃地区由中央的宣政院直接管理，宣政院还掌管全国佛教事务。同时设立了澎湖巡检司，负责管辖澎湖和台湾。吐蕃自古以来就是中国的领土，但正式成为我国行政区划的一部分，则是从元朝开始。

但在北方和东北地区，元朝还承认蒙古诸王的权力，中原各地的贵族食邑也可以照样世袭。蒙古原来的斡尔朵制、怯薛制和投下制在一定程度上被保留下来，只是形式和内容发生了一些变化。这样一来，就出现了诸王、封君和行省并立的局面。这是两种不同的政治制度的并立，它反映了蒙古统治者不得不服从中原地区的社会现实，又反映了他们对蒙古贵族不得不实行妥协。

中统四年（1263 年），忽必烈沿宋金旧制，设枢密院，负责全国军务。枢密院的设置，标志着元朝军事制度的逐步完善。至元五年（1268年），忽必烈为了纠正"任职者多非其材，政事废弛"的现状，根据汉人张雄飞、西夏儒生高智耀的建议，仿效前代，在中央设立御史台，"为天子耳目"，负责"纠察百官善恶"、谏言"政治得失"。

至元七年（1270 年），忽必烈在中央正式成立司农司，"专掌农桑水利。仍颁布劝农官及知水利者，巡行郡邑，察其勤惰。所在牧民长官提点农事，岁终第其成否，转申司农司及户部，秩满之日，注于解由，户部照之，以为殿最。又使提刑按察司加体察焉"。忽必烈不仅在中央和各地设立了专门负责农业生产的机构，而且专门派出了督促农业生产的官员，责成各级官吏、各有关部门甚至包括提刑按察司都要过问农业，并把农业生产的好坏作为官吏升降的主要标准。这是一种各级官吏督促农业，全国上下大办农业的政策，这种重农政策对元初农业生产的恢复和发展起了一定促进作用。

为了达到"田野辟""户口增"的目的，忽必烈还颁布了一系列命令，禁止蒙古军队的掠夺、屠杀及其他破坏农业生产的行为。1271 年，忽必烈颁布了《户口条画》，对全国户口进行了一次大清查，将诸王贵族、权豪世家非法占为"驱口"的百姓追查出来，让他们编籍为民。在采取以上措施的同时，还对各地灾民实施救济。自忽必烈上台以后，各种救济也是史不绝书，甚至还采取奖励生育的措施，如中统二年（1261年）九月，"河南民王四妻靳氏一产三男，命有司量给赡养"。

元朝统治者之所以重视商业，无非是为了解决"民生"与"国用"的问题，是为了满足统治阶级的需要，解决国家的财政问题。从成吉思汗时起，蒙古贵族为了满足自己的贪欲，在战争过程中主要进行掠夺，在平时则十分重视通商。畏兀儿及西域各国的商人对蒙古贵族的征服战争都曾经做出过很大贡献。到忽必烈掌权时，面对接连不断的战争以及迫切需要恢复的各项事业，财政问题成为新政权能否存在下去的关键。庞大的军费和财政开支只靠农业税收难于维持，因此发展商业、信用商人成为忽必烈解决财政问题的重要手段。正是在这种情况下，出身汉族的财政官员王文统、出身花剌子模的阿合马、吐蕃人桑哥以及汉族商人卢世荣等，先后以理财、经商爬上了高位。

在忽必烈掌权的35年中，有近30年都是利用这些人理财经商，他们发挥自己的专长为朝廷积聚财富，支持了忽必烈的征服战争，解决了国家的财政困难，却又得罪了其他官僚和汉族地主阶级，因此他们先后被杀，做了牺牲品。

第四章

大展宏图显龙威，整治朝纲定乾坤

　　忽必烈一统江山后，他决心整治朝纲，不断革除国内弊政，使得元朝的政治更加清明。他对各家优秀文化兼容并包，取其精华、去其糟粕，使其变成自己的新文化，为巩固元朝的统治，发展元朝的政治、经济和文化服务。然而，各种文化都有其内在的稳定性和排他性，当各种文化发生碰撞时，就会出现矛盾和斗争，元初的历史正是这样。因此，围绕着各种文化的不同认识、不同的统治方法和政策，矛盾和斗争便逐步展开了。

平定叛乱，稳定政局

　　忽必烈夺取汗位后，并不等于万事大吉了，是统一还是分裂，是行"汉法"还是反"汉法"，在统治集团内部发生了长期的斗争。这种斗争发展到一定程度时就出现了武装叛乱。对这些叛乱势力是坚决镇压还是妥协投降？这是摆在忽必烈面前的一个严峻问题。

　　忽必烈决心沿着"汉法"的道路继续前进。1260 年 5 月，忽必烈宣布用"中统"年号，这是忽必烈采用"汉法"的重要标志。在这之前，大蒙古国从来没有用过年号，到成吉思汗时，纪年用十二生肖，如鼠年、羊年等；窝阔台以后虽然进入中原地区，但没有用年号。忽必烈一上台就开始用中统作为年号，这是忽必烈按照中原封建王朝的规格改造元朝所跨出的第一步。

　　中统二年（1261 年），乘阿里不哥攻占哈拉和林、忽必烈亲征之机，汉军万户李璮在山东地区发动叛乱。李璮的父母本是山东义军红袄军的领袖李全和杨妙真。李全夫妇曾一度投降宋朝，成吉思汗南征时被打败，于是归附了蒙古帝国。窝阔台在位时，李全在一次与宋军作战中战死，李璮就承袭了父亲的职位，领益都行省三十多年。

　　三十年间，李璮的职位俨然一个军阀，积累了很多的人脉。而同是汉人的大臣王文统也投靠了李璮，并唆使李璮借南宋以自重，趁机扩充军事实力。李璮便以王文统为谋主，企图独霸山东。后来，李璮的儿子李彦简拜王文统为师，王文统又将女儿嫁给了李璮，从此，二人成为姻亲。李璮作为汉军世侯、地方大员，专制山东三十余年；不仅王文统的女儿嫁给了他，就连塔察儿亲王的妹妹也嫁给他作为妻室。李璮有心造反，表面上却依旧对蒙古皇族毕恭毕敬，这是为了给他自己增添更多的实力。

后来，忽必烈任命王文统为中书省平章政事，李璮更加猖狂，他不仅不上朝，而且私下招兵买马，企图与王文统里应外合，伺机造反。虽然李璮已经有了明显的叛乱迹象，但是忽必烈因为还有北方战事的困扰，根本没心思来治理李璮的问题，对李璮是一再的纵容。

就在忽必烈大军从哈拉和林往开平撤退时，李璮正式发布讨蒙檄文，军兵造反。他指挥自己的军队全歼了当地的蒙古守军，同时又派使者到临安，向南宋献涟、海等三城，还请南宋朝廷派兵配合支援。可是李璮在此次叛乱中的进展并没有他想象的那么顺利，他本来想着自己凭借着父亲的那一层关系，和当时的很多世族都有联系，在叛乱中会得到他们的支持，可结果却是仅有很少的人支持他。这是因为这些世族早已经和忽必烈有了利益关系，他们为了维护自己的利益是不会轻易选择和李璮一起叛乱的。

很快忽必烈就知道了李璮的叛乱，便问他的手下姚枢该怎么办。因为李璮在叛乱之前，曾分头写信给山东、河北世侯，企图得到大家的支持。此事牵涉面甚广，如处理不当，会引发天下大乱。最后忽必烈听取了刘秉忠、姚枢等人的建议，采取首恶必办、胁从不问的善后方针。除了王文统严惩外，山东、河北世侯与李璮有联系者，除举兵从叛者外，其他一概不问。

之后，右丞相史天泽出兵山东，完成了对李璮的包围。李璮几次冲出包围，又都被挡了回去。济南城中内无粮草、外无援兵，成为了一座死城。李璮陷入了孤立无援的境地，很快济南城被攻破，李璮被俘杀死，叛乱被镇压。

至元五年（1268 年），窝阔台之孙海都发动叛乱。海都曾支持阿里不哥与忽必烈争汗位。1251 年蒙哥的即位在黄金家族内部划下一道深深的裂纹。窝阔台即大汗位时，全体宗王曾立下"只要是从窝阔台合罕子孙中出来的，哪怕是一块肉，我们仍要接受他为汗"的誓言，贵由汗即位的库里勒台大会上，诸王也有类似的宣誓。因此，海都认定拖雷后人占据大汗之位是非法的，故而很早就萌生了反叛想法。

宪宗六年（1256 年），蒙哥大汗"遗天麟使海都，拘留久之"。拘禁大汗使者，其实已露叛意。他统辖叶密立（今新疆额敏东南）一带原为窝阔台和贵由的封地，于至元五年（1268 年）发动叛乱，并建窝阔台汗国。海都是窝阔台汗国的实际创立者。

至元六年（1269 年），当忽必烈南下灭宋的关键时刻，窝阔台之孙海都与察合台后王八剌、术赤后王忙哥帖木儿，大会于塔剌思河上，结成联盟，准备共同对付伊儿汗国（拖雷之子旭烈兀所建）。约定得手后，三分河中地区，三分之二归八剌，三分之一归海都和忙哥帖木儿。

其实，元朝会发生诸王之乱都是蒙古帝国诸王分封制度、幼子守灶制度以及库里勒台选汗制度遗留的恶果。每一个黄金家族的男人，只要有一定的能力，都可以根据分封制获得土地、百姓、财富和军队，但是忽必烈用汉人、行汉法，使得这些黄金家族诸王利益受到了威胁。

海都等人不仅约定造反，还派遣使者至上都，质问忽必烈："本朝旧俗与汉法异，今留汉地，建都邑城郭，仪文制度遵用汉法，其故何如？"甚至提出，忽必烈若不改弦更张，他们将联合起来对其进行讨伐。结果没等忽必烈对他们进行反攻倒算，他们自己却自相残杀起来。八剌进兵阿姆河，海都等却违约未至，致使八剌被伊儿汗国阿八哈（旭烈兀长子）可汗打败，含恨而死。海都乘机吞并了八剌的势力，从此成为雄踞漠北的一大势力，企图将蒙古帝国的大汗之位从拖雷系手中夺回到窝阔台系。

正是为了对付海都，忽必烈诏皇四子北平王那木罕驻军阿力麻里。那木罕打败了察合台汗的军队，海都乘机援立八剌之子笃哇为察合台汗国可汗，其力量进一步加强了。至元十二年（1275年）正月，朝廷下令追缴海都和八剌的金银符印，取消其宗王资格；但同时又派海都之弟昔班为使者，劝海都罢兵，海都不予理睬。不久，诸王火忽叛变，与海都联合，南疆一带，几乎尽为叛王所有；那木罕不断从阿力麻里派急使入朝，希望朝廷迅速调兵遣将，进行北征。

同年，马可波罗叔侄从西方的威尼斯来到元大都，他们经过海都占据的阿力麻里城，带来了那木罕的亲笔信件，还带来了更为可怕的消息。据马可波罗说："海都共有6万骑兵，其部众皆善战之士，训练有素，号令专一，赏罚信明，部队勇于作战。"年轻的那木罕根本不是海都的对手，建议忽必烈派老将前往。忽必烈认为，漠北是元朝的根本之地，不能落到叛王手中，于是采取先南后北的策略，命伯颜领兵迅速攻克临安，灭掉宋朝。同时派右丞相安童辅佐那木罕，共守北边。

至元十三年（1276年）夏，随从那木罕北征的蒙哥第四子昔里吉、阿里不哥长子明理贴木儿、次子药木忽儿以及曾经叛降过诸王的蒙古军将领脱里帖木儿等发动叛乱；他们奉昔里吉为主，还扣押了那木罕，抓捕安童（木华黎四世孙）送于海都处。忽必烈调南征军主力北上，汉军都元帅阔阔带、李庭，大将阿术、相威等大败叛军；伯颜、土土哈在鄂尔浑河畔大破昔里吉军，收复了哈拉和林。后来，叛王内部发生分裂，伯颜大军又加强攻势，从叛诸王无以自存，先后于至元二十年（1283年）归降朝廷。

跨海远行，二征日本

1259 年，忽必烈征服朝鲜半岛的高丽，其势力与日本隔海相望。当时，与元朝建立外交关系的国家遍及欧亚，只有日本不来修好。此时，南方的宋朝仍然存在，尚未被忽必烈所灭。日本一直尊崇宋朝为中国的正宗，目光远大的忽必烈当然不能容忍日本的这种选择。自忽必烈建立元朝以后，一改其祖辈大举西征的做法，开始把征讨的范围转向中国的东面、东南面和南面。

1273 年 4 月，忽必烈派驻守高丽的元军统帅忻都（《高丽史》中又称为忽敦）等人率军共打耽罗岛，在岛上设招讨司，从而控制了日本与南宋间的海上通道。1274 年 8 月，胡壁垒任命忻都为征东总统帅，统帅蒙汉及高丽军 3.2 万余人东征日本。在博多湾西部的百道原登陆的一部分元军上岸后，遭到日军前线指挥藤原经资率领的 500 名骑兵的抵抗。元军战鼓齐鸣，杀声震天。日本武士心惊胆战，战马惶恐不前，被元军分割包围，"伏尸如麻"。

在长崎方向登陆的元军击退日本守军的抵抗后，占领岸边松林，从背后突击在百道原同元军作战的日军。日军腹背受敌，抵挡不住选择撤退，而元军穷追不舍。由于将领受伤，追击势头减弱，加之天色已晚，元军于是停止进攻。

当晚，忻都召集将领讨论进止之策，经过一天的战斗，元军登陆成功，并占领了一些地城，但伤亡不少，兵疲矢尽，统帅受伤，对日军的作战能力产生惧意，于是决定全军撤回，班师回朝。可是撤回并不顺利，就在当夜，忽然狂风暴雨来袭，元军船只触礁甚多，忻都连夜冒风雨撤军回国。第一次东征日本就此结束。这次征战中，元军损失兵力共 1.3 万余人，主要死于风暴。

忽必烈第一次发兵东征，主要意图就是通过武力威胁，迫使日本臣服，并不想占领日本。而忻都返回元朝都城后轻描淡写地说，蒙古军已经攻入日本，并且打败了他们。于是忽必烈以为日本受到打击后，可能改弦更张，与元朝通好，于是派杜世忠等人持国书出使日本，以建立友好关系；不想日本政府拒不接受国书，反将元使一行三十余人全部处以斩刑。

由于当时两国来往不多，消息闭塞，忽必烈对于此事一无所知，直到元朝灭南宋之后，才忽然想起杜世忠去日本已经四年了，怎么杳无音信呢？于是再让南宋降臣范文虎派人出使日本，结果又遭杀害。这次，忽必烈及时知道消息了，于是定下了以武力征服日本的决心。

1281 年 5 月 3 日，东路军从合浦起航，开往巨济岛，5 月 21 日，直驶对马岛登陆。守岛日军顽强抵抗，全部战死。5 月 26 日，东路军攻入壹岐岛。按照作战部署，东路军应在此等候江南军前来会师，但忻都自恃有上次征日的经验，又想争夺头功，因而无视壹岐会师的计划，贸然率军从壹岐出发，驶向博多湾。由于日军顽强抵抗，战斗持续到 6 月 13 日，元军未能前进一步。

时值盛夏，蔬菜饮水供应困难，士兵长期在海上生活和战斗，疲惫不堪，疫病流行，病死者 3000 余人。在这种情况下，抢占博多湾的计划已难以实现。忻都军于是决定于 6 月 15 日从志贺岛撤退，驶向壹岐岛，与江南军会师。

7 月 27 日，元军在开往鹰岛途中，先头部队受到日本水军攻击。范文虎与忻都想要先攻大宰府，结果迟迟不开展反攻，只在海上漂荡。到了 8 月 1 日，海上一阵台风袭来，元军船毁人溺，丧失大半，范文虎也落入海中。当他被救起后，部将建议组织年轻力壮的剩余力量，背水一战，强行登陆，但范文虎贪生怕死，丢下部队，自己率先乘船逃回本土。

其他将士见指挥官已逃走，只好各自抢船逃回，结果丢下 10 余万名士兵无人问津。这些人后来大部分战死，投降者也全部被杀。元军第二次东征日本以更为惨重的失败而告终。

忽必烈的两次远征日本都遇上了台风，第二次远征日本失败后，忽必烈一直都在计划做第三次远征，但由于江南人民的起义反抗，直到 1294 年，忽必烈征伐日本的计划也没能成功，忽必烈逝世后也就再没人提及了。忽必烈时期虽然发动了征伐日本的战争，一时激化了两国矛盾，但双方的经济文化往来却始终没有间断。

繁荣昌盛的国际大都市——元大都

忽必烈完成了成吉思汗铁木真统一中原的遗愿，结束了自北宋末以来多年的封建分裂割据的状态，建立了中国历史上统一的多民族国家元朝。元朝不但是蒙古帝国的君主国家，也是中国第一个由少数民族执政的统一国家；元朝时期的"中国"，已经不再指原来的黄河流域，而是包括漠南漠北和现在中国故土和中亚、东亚的大片土地。元朝的贡献还有它的领土面积已经超越了之前中国的任何一个朝代。

元朝对横跨欧亚的四大汗国也有宗主权，在统治这样一个地域辽阔、民族众多的国家时，忽必烈清醒地意识到，必须要有一个政治中心。因此，1266 年，忽必烈决定在金中都东北部选新址营建元大都城。

忽必烈一直都是蒙古贵族中的革新派，他需要将政治中心南移，元大都的新址必须具备军事战略地位，还要有良好的自然条件，而燕都同时能够满足这两个条件：它"内跨中原，外控朔漠"，且具备"鱼盐枣果之饶"。但是，蒙古族保守势力却极力地阻挠和反对，忽必烈需要在社会的前进与倒退两者中选择：他具备帝王的长远眼光，选择了前者，旗帜鲜明地抗拒来自保守势力的威胁，营建了当时世界上最大、最繁华的都城——元大都。

元大都始建于元代至元四年（1267 年），以琼华岛（今北海）为中心兴建宫城、皇城、坛庙等。至元九年（1272 年）命名为大都，至至元二十一年（1284 年）才全部竣工，周长 28.6 公里。元大都不是旧城改造，而是在没有任何建筑物的金中都东北部选出的新址上筹建的。动工之前精密堪测，定出了城市中心点和中轴线，所以它的街道、市场、寺庙、衙署、居宅区，安排在南北中轴线两侧，整齐划一、泾渭分明。马可·波罗见到元大都之后写道："街道甚直，此端可见彼端，盖见布置，使此门可由街道远望彼门也。全城地面规划有如棋盘，其美善之极，未可言宣。"

如果将元大都分成三部分，它的前部分是皇城，也就是元帝国的中枢神经，周围是中书省、枢密院、御史台等重要衙署，并把优美的自然风景万岁山（琼华岛）、太液池纳入皇城范围之内和园囿、动植物园组成皇家御园，皇家宫殿的内部和外部设计都具有草原民族特色，宫殿外部是由蒙古族崇尚的红、黄、白、蓝、绿 5 种颜色搭配而成，显得高贵荣华。金碧辉煌的宫殿群，红色宫墙和绿色园囿与荡漾的湖水形成非常和谐的风景线，这是和蒙古族热爱大草原、山川森林、大自然的秉性有关，是一种独一无二的精湛设计。

元大都作为元朝当时最大的京城和世界闻名的商业贸易中心，商业店铺、戏馆酒楼林立，百货云集，当时有鼓楼、斜街、羊角、枢密院角四大市场，另外还有三十多处物流集散之地。所谓的斜街也就是今天的鼓楼西大街，当时作为元大都最为繁华的商业区，设有南北大运河的终点海子码头，南北货物都在这里被吞吐。无论是当时的皇亲国戚、中外巨商、达官贵人，所需要的高档商品，可以说是应有尽有；即便是普通百姓所需要的盐、粮、油等日常用品也是琳琅满目。

第四章
大展宏图显龙威，整治朝纲定乾坤
* * * * * * *

元大都不但是中国文化、宗教、经济中心，也是世界文化、商贸交流的汇合点。新兴的城市元大都在忽必烈的励精图治下，成为13世纪世界城市最辉煌的顶点，引起了全世界的注目。当时的外商以波斯、阿拉伯、高丽、欧洲和其他一些亚洲国家的商人为主，主要从中国输出布匹、绸缎、茶叶、糖、瓷器、皮货、中草药材、纸墨、马匹、铁制品和手工艺品；进口毛织品、珠宝、人参、香料、地毯、铜器、象牙以及稀奇古怪的高档奢侈品。

元大都还是当时元朝的中心驿站，无论是商业贸易还是海洋运输业，都蓬勃发展。我国伟大的科学四大发明，罗盘、火药、造纸、印刷术和元大都发行的纸币，也传入了欧洲，中统交钞的外传引起了一场改革沉重金属币的浪潮。从元大都到北京城的演变反映着中国封建时代元、明、清三个朝代传统文化的高度发展，也反映着中国各民族劳动人民的智慧和创造才能。

元大都奠定了今天北京城的基础，不但是当时中国最大、最繁华的城市，也是世界上所公认的最大城市。它规划科学，建筑规模、布局安排、建筑艺术等充分利用了地理条件和人才优势，不仅在中国都城建筑史上无比辉煌，而且在世界都城建筑史上也占有不可磨灭的重要位置。它的最大特点是规模宏伟，规划整齐，有高峻的城墙和角楼，融有多民族建筑风格的宫殿、寺庙；有美丽的万岁山和太液池，有皇家园囿和动物园，有宽敞整齐的街道和扬名中外的胡同。

元大都也是中国封建社会营建的最后一个都城，它是13至14世纪世界上最宏伟的城市之一，它在世界建都史上的历史地位是不可否认的。

忽必烈建立的元朝，和之前中国历朝历代的正统王朝大有不同，他是第一位成功地完成了从草原游牧征服者到定居社会君主过渡的蒙古大汗。元朝幅员辽阔，民族多样，由于长期的战乱，社会经济长期处于停滞状态。而且，进入中原的蒙古族统治者和汉族大地主阶级大量兼并土地，并把大量民田变为牧场，这更加深了民族矛盾。为了缓和民族矛盾、各民族各地区间在经济文化上的差异，忽必烈更多地吸纳了儒学的治国思想，以"汉法"治理汉地，文武兼修，重用儒臣，成就了元朝别具一格的文治武功，赢来了元朝的百年繁荣和文明。

忽必烈从小立下"思大有为于天下"的志向，"延藩府旧臣及四方文学之士，问以治道"，学习探索治国安民的经验办法。除了父母言传身教的道德熏陶之外，忽必烈从小就开始广泛接触满腹经纶的文人学士，其中既有耶律楚材等效力于蒙古帝国的老臣，更有后来"问以治道"而广聘来的赵壁、张德辉、王鹗、刘秉忠、姚枢、许衡、窦默等满腹经纶的文人学士。

这些人应忽必烈要求既给他讲述"治国、平天下"的办法和道理，又给予他除了父母言传身教以外的道德熏陶，还有"修身、齐家"的学问和伦理。在与汉族思想文化的接触过程中，他不断接收了汉族传统思想，尤其是伦理纲常的思想。这样，不但使忽必烈谙熟于中国传统的治国安民之道，而且也使他接受了中国传统的伦理思想，使他的道德观更加升华，为他日后成为"一代文治武功"的明君打下了基础。

另外，蒙古贵族征服中原地区的过程中，实行大破坏的政策，使中原地区的农业生产遭到一次极大的浩劫。忽必烈登上汗位之后，实行了大转变，他不但不破坏农业生产，而且确立了以农为本的经济方针。忽必烈在与臣子们讨论统治中原地区的方法时，刘秉忠上疏说："如今中原地区地广人稀，赋税繁重，民不聊生，为什么不发展农业？应当派遣官员带领百姓发展农业，促进增收，这才是对国家有益的。"忽必烈在这些地主阶级儒家知识分子的影响下，确立了以农为本的经济方针。

中统元年（1260年），忽必烈命各路宣抚司挑选通晓农事的人，充当随处劝农官。中统二年（1261年），设立劝农司。至元七年（1270年），设立司农司，以左垂张文谦为卿，设四道巡行劝农司；同年十二月，改司农司为大司农司。忽必烈很重视大司农司这个机构。

封建社会里，劳动力在农业生产中起着特别重要的作用，人口数量是农业生产发展水平的一个重要标志。为了提高人口数量，恢复和发展农业生产，忽必烈听从姚枢的意见，以裂帛为旗帜，并在上面写止杀令，分给平民百姓，使得无辜的群众能够保全性命。伯颜率军攻南宋时，忽必烈指示说："曹彬不以杀人为嗜好，所以能一举拿下江南。希望你能明白朕的心意，效仿曹彬，不要让无辜的子民惨死在锋利的刀刃下。"由于忽必烈禁止妄加杀戮，因此在元朝灭南宋过程中，南方没有出现户口大减的社会现象。

中原地区被蒙古贵族征服时，农田大量变为牧场，严重地破坏了农业生产。为了贯彻以农为本的经济方针，忽必烈统治时期，禁止以民田为牧场，保护了农民的耕地。另外，忽必烈还再三下诏禁止破坏禾稼桑枣，他在法律上规定，违反上述禁令者，需要治罪和赔偿。要恢复和发展农业生产，必须使农民有一个相对安定的环境，忽必烈确实把这一问题摆到一定的地位。

封建地主以及皇族强占民田是一种屡见不鲜的社会现象，尤其是元朝有着严格的等级制度，将所有人分为四个等级，所以，元朝蒙古贵族、色目地主、僧侣地主、汉族地主抢占民田的现象特别严重；地主对农民的耕地强取豪夺，严重破坏了农业生产。忽必烈统治时期，常因灾荒减免赋税。忽必烈不仅减免赋税，而且还命令地主减租。元朝政府一方面减免了宋朝时期一些苛捐杂税，另一方面又以新的名目增加对人民的剥削。但是，与南宋末年相比较，元朝初期对农民的赋税剥削还是轻了一点。

创建元朝初期，忽必烈为了稳固元朝的统治，做了很多努力，他提倡改进生产技术，普及农业知识；还令大司农汇集古今农桑典籍，撮其要者，编纂成《农桑辑要》一书，刊行四方。"用之则力省而功倍"，卓见明效。经过半个世纪的努力，蒙古贵族逐步地适应了中原地区先进的生产方式，放弃了传统的游牧经济及剥削方式，大力扶植汉族地主阶级，发展农桑生产，从而也使蒙古农奴主逐步地转化为封建大地主。封建经济的稳定增长为蒙古贵族在全国统治的巩固奠定了坚实的物质基础。

中央集权下的行省制度

元朝入主中原后，建立了一个中国历史上绝无仅有的庞大帝国，其疆域比以往任何朝代都辽阔，北到西伯利亚，南到南海，西南包括今西藏、云南，西北至今新疆，东北至鄂霍次克海。这样一个大国，如何对地方进行有效的管辖，加强中央集权制，是关系到政权能否巩固的大问题。

忽必烈即位后，接受了大臣们的建议，决定"帝中国当行中国事"，并在《即位诏》中明确宣布："朕惟祖宗肇造区宇，奄有四方，开功迭兴，文治多缺，五十余年于此矣。"指出父祖们靠强大的武功创立了帝国，但不能靠武功来治理它，而必须"行汉法"，即"新朝立纲陈纪，当以国朝之成法，据唐宋之故典，参辽金之遗制"。

元朝之前的宋朝，赵匡胤为了加强中央集权，极力从军、政、财、司等各方面削弱地方，造就强干弱枝的政治局面；元朝后面的明代也是把地方权一分为三，分别为承宣布政使司、提刑按察使司、都指挥使司，这也是通过分化地方之权来加强中央集权的制度；而处于宋代和明代之间的元朝却反其道而行之，实行行省制度，地方行省权力相当之大，以至于"军国重事，无不领之"。但是这种制度并没有造成国家分裂、军阀割据，反而使这个由草原游牧民族建立的大一统王朝，加强了中央集权，使空前广袤的疆域维持了近百年。

中统元年（1260 年）四月，忽必烈在开平设立中书省，作为中央最高行政机关。以后随着统一的进程，陆续在全国设立了十一个行省作为中书省的派出机构，它们是：岭北行省、辽阳行省、陕西行省、甘肃行省、河南江北行省、江浙行省、江西行省，湖广行省、四川行省、云南行省和征东行省。每个行省下辖路、府、州、县四级地方行政机构。

行省在元代经历了一个由临时办事机构到常设机构的演变。元代初，朝廷委派中央中书省官员分赴各地处理军政事务，行使中书省权力，但各行中书省也与金代一样，只是作为中央中书省的临时派出机构，事毕即撤；其后，又出现了"临时处理事务的行省"与"统治外地的行省"并存的局面，"统治外地的行省"逐渐形成定制，其职能也由只管军事的单位变为兼及民政、财政的地方最高行政单位。随着后期元朝的统一，行省制最终成为定制，中国历史上建立省一级地方行政机构的时代由此开始。

元朝的一个行省，其面积相当于今天的两到三个省，甚至更大。其经济实力、军事实力之大是可想而知的，但元代为什么没有出现唐末的藩镇割据的局面呢？这与其分权原则有关。元统治者其实制定了一套相当严密的政策，并将行省的权力规范在大而不专的模式里，实行分权。值得注意的是，一般行省中有权力者设置为两人，这样专权的可能性就较小；而且在分权以外，还实行群官圆署和种族变参制，从而达到了分权和相互牵制的作用。

很多重要官位上的人员选择皆由皇帝做主，即便是省宣慰司、路府州县、汉军万户府等官员仍接受朝廷的考核，任免权属于中央，也就是说元代的地方官须"受命于朝而后仕"。行省没有人事权，从而大大限制了行省的实际权力。元朝行省制的建立，一方面加强了对地方的控制，但另一方面也给地方保留了部分权力。

元朝创设的行省制度，是对秦朝以来郡县制度的发展，也是我国历史上政治制度和地方行政区域划分制度的一次重大改革。行省制度的建立，不仅加强了元朝的中央集权统治，巩固了我国多民族国家的统一，而且对明、清等朝代的政治制度和地方行政区域划分制度也产生了积极的影响。

知人善任，一代贤臣刘秉忠

刘秉忠（1216～1274年），初名侃，字仲晦，号藏春散人，因信佛教而改名为子聪，后来做官又改为秉忠。先祖是瑞州人（今辽宁省绥中县），世代为官族。曾祖父仕金，为邢州节度副使。从祖父开始，遂为邢州人。

刘秉忠（僧子聪）自幼聪颖，八岁入学就能日诵文数百言，在众多学生中位列首位。十三岁时，由于他的父亲刘润是录事（官职名），刘秉忠在何实（字诚卿）的元帅府做人质，何实以"此儿骨骼非常，他日必贵"为由，使刘秉忠能够不列入质子的队伍，还命令幕僚辅佐、教他文艺，并将刘秉忠留下做幕司。刘秉忠从此立志为学，诗文字书与日俱进，同辈诸生没有一个能够比得上他。

刘秉忠十七岁时，成为了邢州节度使赵瑨的幕僚。他选择做邢台节度使府令史，是为了便于就近奉养其亲。刘秉忠做令史时常闷闷不乐，一日感叹道："我家世代为官，难道我宁愿沦为书记小吏吗？大丈夫生不逢时，只有隐退以待时而起。"

太宗十年（1238 年）邢州元帅府赵瑨等官员推荐天宁寺洪泰法师邀请虚照禅师主持天宁寺。经过虚照禅师的刻意经营，天宁寺成为邢州著名佛寺。这年春天，刘秉忠遁居武安县之清化。后迁往滴水涧，与全真道道士一起生活，受其影响，打算前往全真道的发源地关陕地区。不久，受好友至温影响，与其一起参见西京宝胜明公，考虑加入佛教。天宁寺虚照禅师派遣其弟子颜仲复前去武安，招刘秉忠。从此，刘秉忠披剃出家，法号子聪，开始了长达二十七年的僧人生活。

同年七月，因邢州发生严重蝗灾，逃难的老百姓有很多。虚照禅师受到妹夫的邀请，前往云中一带，刘秉忠随同而去。次年秋，虚照禅师返还邢州，刘秉忠则留居南堂寺，潜心于天文、阴阳、三式六壬等学问的教习生涯。

乃马真后称制元年（1242 年），忽必烈遣使召海云禅师北上蒙古讲授佛法。海云禅师奉召，路过云中时听闻刘秉忠博学多才，于是，邀刘秉忠与其同行前往哈拉和林。面见忽必烈以后，刘秉忠因精通阴阳天文之书，受到忽必烈器重，得到了忽必烈的多次称赞和垂询。刘秉忠于书无所不读，尤其深入研究《易经》及北宋邵雍的《经世书》，至于天文、地理、律历、占卜无不精通，天下事了如指掌。忽必烈十分喜爱刘秉忠，留下他在身边供职，自此开始了陪伴忽必烈的政治生涯，人称"聪书记"。

蒙古定宗元年（1246 年），刘秉忠因父亲刘润去世，回家奔丧，忽必烈赐给他黄金百两作为治葬之用，并且遣使送他至邢州。海迷失后称制元年（1248 年）三月，元定宗贵由去世，海迷失后得到拔都的允许，得到了帝国摄政者的资格。受到拔都的影响，蒙古汗位出现由窝阔台家族向拖雷家族转移的迹象；同年十二月，忽必烈急召刘秉忠北上。

海迷失称制三年（1250 年）夏，刘秉忠在哈拉和林上书万言策。忽必烈对他的这番议论，甚为赞赏，均加采纳。刘秉忠又上言道："邢州户口原有万余，自兴兵以来都不满数百，若派真定的张耕、洺水（今邢台威县）的刘肃这样的良吏去治理，必定能恢复旧日盛况。"于是朝廷派张耕为邢州安抚使，刘肃为副使。因治理邢州，刘秉忠再次回到家乡，作《庚戌再还邢台》；不久流民复业，升邢州为顺德府。

刘秉忠还乡之际，从中山携带王恂。后至紫金山，与张文谦、张易、王恂、郭守敬等共同演习天文术数之学，是为以后"邢州术数家"群体的发端。刘秉忠与张文谦、张易、王恂、郭守敬并称为"紫金山五杰"，他们构成以刘秉忠为领袖的邢州学派。元初，邢州学派是一个有为且颇具影响力的学派，作为学派领袖人物的刘秉忠更是博学多才，尤善术数，儒释道皆通，享有"开凿三室，混为一家"的称誉。

蒙古宪宗二年（1252 年）五月初八，刘秉忠的恩师虚照禅师圆寂。七月，忽必烈奉命率师征云南，刘秉忠、张文谦等人跟随忽必烈南征。此时，因邢州安抚司断事官阿儿剌·脱兀脱（博尔术之弟）自恃为蒙古权贵，与李惟简、赵良弼等人的智力观念产生冲突。刘秉忠、张文谦建议由张耕、刘肃为邢州安抚司主要官员。忽必烈采纳了该项建议。这些官员择可劳而劳、因所利而利，邢州由此得以大治。

次年十二月，蒙古军队包围大理城。刘秉忠向忽必烈举荐王恂。忽必烈召见王恂于六盘山，命其以伴读的身份辅导真金（忽必列长子）。蒙古宪宗四年（1254 年）因大理国丞相高泰祥拒绝投降，斩杀蒙古信使后逃亡而去，忽必烈大怒，将屠其城。刘秉忠以"天地之好生，王者之神武不杀"为由，与张文谦、姚枢进谏："杀使拒命者高祥尔，非民之罪，请宥之。"于是，大理之民赖以全活。

蒙古宪宗九年（1259年）九月初一，因蒙哥死于前线，亲王末哥自合州钓鱼山遣使来告，且请忽必烈回归蒙古以继承汗位。忽必烈以"不可无功而返"为由断然加以拒绝。这一年，刘秉忠跟随蒙古大军伐宋，再次以云南大理所言称颂忽必烈，使民众全活者甚多。攻打鄂城时，因南宋贾似道作木栅环城，一夕而成，忽必烈大为感慨，环顾扈从诸臣是否可有类似贾似道的能人为我所有。刘秉忠、张易以"山东王文统，才智士也，今为李璮幕僚"应对。此举造成明年王文统成为中书省平章政事的结果。

元世祖中统三年（1262年）二月二十三日，山东汉军万户李璮叛乱，其岳父中书省平章政事王文统被牵连；再加上二人之间往来的书信被发现，忽必烈极为痛恨，召窦默、姚枢、王鹗、刘秉忠及张柔等大臣，征求他们对王文统的处置意见。刘秉忠等文臣皆言"人臣无将，将而必诛"，独张柔以"宜剐"应对。忽必烈要求他们一起回答。皆曰："当死。"王文统于是被诛杀。

元世祖中统五年（1264年）八月十二日，命刘秉忠同议枢密院事，翰林学士承旨王鹗上奏忽必烈为刘秉忠"正衣冠"，忽必烈下诏复其姓刘氏，易名秉忠，拜光禄大夫，位太保，参领中书省事。十五日，刘秉忠与王鹗、张文谦、商挺进言："燕王既署相衔，宜于省中别置幕位，每月一再至，判署朝政。"十六日，忽必烈以平定内乱为由，改中统五年为至元元年。

元世祖至元八年（1271年）十一月十五日，刘秉忠与王磐、徒单公履等人进言："元正、朝会、圣节、诏赦及百官宣敕，具公服迎拜行礼。"忽必烈准奏。按照刘秉忠的建议，取《易经》"乾元"之义，颁布诏书，建国号为大元，中都改为大都。

至元十年（1273年）九月初七，因许衡以病辞归，刘秉忠与姚枢、王磐、窦默、徒单公履等向忽必烈建议由太子赞善（官名）王恂主持国子监，并请求增置生员，以许衡弟子耶律有尚、苏郁、白栋为助教，以守衡规矩，忽必烈准奏。刘秉忠等还奏请设置东宫宫师府詹事以次官属三十八人。至元十一年（1274 年）八月十九日夜里，刘秉忠告诫侍者：欲静坐，不召勿来；是夜，唱歌至鸡鸣。次日，端坐而薨。

刘秉忠虽然一生在庙堂之上操劳尽心，但其内心一直超然于庙堂之外；内心独立自由，游离于功利和物欲之外，这与道教和道家对他的影响紧密相连。通过修身养性，规避官场的风风雨雨，寻求内心的安慰，平缓内心的挣扎痛苦，追求闲适自乐、随缘任运、自然而然，就是逍遥的状态。如其诗《自然》所言：

名利场中散诞仙，只将吟乐度流年。

酒逢知己心方醉，诗到收功意更圆。

碧水悠悠入东海，白云曳曳上宾天。

但能直往无凝滞，不自然时也自然。

刘秉忠一生成就非凡，在学术思想上，将处处参禅、随缘悟道的佛学思想、虚静散淡、闲适自乐的道家思想和以夏变夷、倡导礼法的儒家思想融会贯通，指引自身行举，自成一家风格；在政治上，建元纪岁，定官制，举朝仪为一代成宪；在建筑设计上，营建两都，为草原城市典范；在文学艺术上，萧散自然，文风别具一格。

揭开神秘的东方面纱——《马可·波罗游记》

《马可·波罗游记》是根据意大利人马可·波罗自述关于中国的经历的一本游记，记述了他在东方最富有的国家——中国的见闻，激起了

第四章
大展宏图显龙威，整治朝纲定乾坤

欧洲人对东方的热烈向往，对以后新航路的开辟产生了巨大的影响。尽管马可·波罗的游记中存有一些漏洞和谬误，以至于有些人借此草率地认为其口述的《马可·波罗游记》为纯粹的杜撰，并推测马可·波罗根本没有到过中国，但是任何人都不能否认这个传奇人物及其作品在史学界、文学界以及中西文化交流中所产生的积极意义。

十三世纪，随着蒙古帝国版图的扩大和蒙古大军的第三次西征，整个欧洲都被震惊了，欧洲人急需了解蒙古帝国的内幕以及国情民情。当时一些来访的欧洲传教士、外交使者、商人，看到和了解到中国的许多情况后，就撰写了一批游记类书籍在欧洲出版，由此，有关中国的情况开始向欧洲传播，为欧洲人了解中国提供了有益的情报。

元朝时期，由来中国的欧洲人写作的有关中国情况的游记，主要有意大利传教士柏朗嘉宾的《蒙古史录》（又名《柏朗嘉宾行记》，以及法国使节卢白鲁克（又名《卢白鲁克东行记》），还有意大利商人马可·波罗的《马克·波罗游记》。这批书籍开创了欧洲人专意用文献介绍中国古代文明的先河，其中以《马克·波罗游记》最为著名。

《马可·波罗游记》是由马可·波罗口述，比萨人鲁斯梯切诺（鲁思梯谦）笔录而成。马可·波罗因他的《游记》而闻名。1254 年，马可·波罗生于威尼斯一个商人家庭。他的父亲尼科洛和叔叔马泰奥都是威尼斯商人。在马可·波罗小时候，他的父亲和叔叔曾到东方经商，来到元大都（今天的北京）并朝见过蒙古帝国的忽必烈大汗，还带回了大汗给罗马教皇的信。他们回家后，马可·波罗天天缠着他们讲东方旅行的故事。这些故事引起了马可·波罗的浓厚兴趣，使他下定决心要跟父亲和叔叔到中国去。

1271 年，马可·波罗 17 岁时，父亲和叔叔拿着教皇的复信和礼品，带领马可·波罗与十几位旅伴一起向东方进发了。他们从威尼斯进入地中海，然后横渡黑海，经过两河流域来到中东古城巴格达，从这里到波斯湾的出海口霍尔木兹就可以乘船直驶中国了。然而，这时却发生了意外事件。当他们在一个镇上掏钱买东西时，被强盗盯上了，这伙强盗乘他们晚上睡觉时抓住了他们，并把他们分别关押起来。

半夜里，马可·波罗和父亲逃了出来。当他们找来救兵时，强盗早已离开，除了叔叔之外，别的旅伴都不知去向了。

马可·波罗跟随父亲和叔叔历时约四年，于1275年才到达元朝的首都。他在中国整整侨居了17年，曾受到元世祖忽必烈的热情欢迎，参加过元朝的内政外务活动。1292年春天，马可·波罗和父亲、叔叔受忽必烈大汗委托，护送一位名叫阔阔真的蒙古公主从泉州出海到波斯成婚。他们趁机向忽必烈提出回国的请求；忽必烈答应他们，在完成使命后，可以转路回国。

1295年末，他们三人终于回到了阔别二十四载的亲人身边。他们从中国回来的消息迅速传遍了整个威尼斯，他们的见闻引起了人们的极大兴趣；他们从东方带回的奇珍异宝，一夜之间使他们成了威尼斯的巨富。1298年，马可·波罗参加了威尼斯与热那亚的战争，9月7日不幸被俘。在狱中，他遇到了作家鲁思梯谦，于是便有了马可·波罗口述、鲁思梯谦记录的《马可·波罗游记》。

《马可·波罗游记》分四卷和一篇序言。详细介绍了马可·波罗在中国的所见所闻和沿途经历，在欧洲被誉为"世界一大奇书"。此书问世后，在欧洲被翻译成多种文字，在中西文献交流史上占有十分重要的地位。在很多想了解中国却又无法来到中国的欧洲人眼中，《马可·波罗游记》几乎成了当时西方了解中国最方便、最明晰、信息量最大的文献。

作为中西文献交流史上的一部重要文献，主要对欧洲有以下方面的影响。首先，为欧洲人了解中国提供了许多欲知而又未知的信息；其次，为欧洲人提供了一幅元代中国的社会生活画面；最后，唤起了西方一批冒险家、航海家的热情，成为新航路开辟的精神动力和其后所谓"地理大发现"的重要契机。

"贤内助"察必皇后

中国古代历史中，凡是明君，背后大多有一位知书达理、善解人意、知大局、懂谦让的睿智女子做皇后，比如唐太宗李世民的长孙皇后、明太祖朱元璋的马皇后，她们都是历史上杰出的帝王"贤内助"。元世祖忽必烈也不例外，他的背后也有一个"贤内助"，就是察必皇后。

说起察必皇后，她的身份不简单，她名叫弘吉剌·察必，是弘吉剌部人。察必皇后家族是元代的外戚家族，父亲是济宁忠武王弘吉剌·按陈（特薛禅之子），爷爷是特薛禅，姑姑是弘吉剌·孛儿帖（成吉思汗的皇后）。察必容貌漂亮，在忽必烈未继位之前，她便侍奉在忽必烈的左右，同时，她在忽必烈众多妻妾中也最受宠爱，并为忽必烈生下长子真金。

察必节俭贤德，且善解人意。有一次，察必在太府监支用了丝绸，忽必烈知道后说："这些东西均为军国所需，非私有之物，皇后怎可任意支取？"从此以后，察必便亲率宫女进行纺织，将宣徽院废置的羊前腿皮收集起来缝为地毯，又带宫人把废弓弦加工编织成布匹。有一次忽必烈打猎回来，抱怨太阳刺眼，察必皇后便将传统的帽子加上前檐以遮阳。她还创制了一种有裳无衽无领无袖，前短后长的上衣，以便骑射穿着，这种衣服被称为"比甲"。

翰林学士王思廉曾经为忽必烈读讲《资治通鉴》，读到唐太宗怒魏征，长孙皇后朝服拜贺得贤臣的事，忽必烈命内官带王思廉到皇后察必殿阁前重新读讲。察必听后说："是诚有益圣德，复有类此者。汝宜以时进读。"察必皇后禀性聪明，善于把握事业成败的契机，所以在元朝建立之初，成为忽必烈的左右助手。

察必对忽必烈的继位大汗立下过汗马功劳。元宪宗九年（1259 年），忽必烈征伐南宋时，渡江围攻鄂州，这个时候蒙古大汗蒙哥在合州突然去世，一直与忽必烈意志不和的弟弟阿里不哥留守哈拉和林，其党羽阿兰答儿等人劝阿里不哥自立为大汗，并企图将忽必烈的领地控制在自己的手里。在这个紧急的时刻，察必派人责问阿兰答儿："发兵是大事，太祖的曾孙真金在此，你们难道不知道吗？"阿兰答儿听到此话，内心很是沮丧。阿里不哥派脱里齿出行省燕京调动民兵，察必听说后，秘密派人快速报告给忽必烈，并让忽必烈迅速撤军，于是忽必烈继位之事才得以确定。

忽必烈和阿里不哥争夺汗位的斗争，实质上是蒙古统治集团内部新旧两种势力的矛盾和斗争。而察必在这场斗争中姿态坚决、果断，策略灵活，方法对头，从而帮助了忽必烈扭转危局，所以她的历史功劳是不可否认的。

忽必烈是蒙古人，马背上的英雄，尤其酷爱打猎。可京城从上都开平迁到大都燕京后，游猎一直不便，因此，忽必烈让他的禁卫军长官在京城郊区开辟游猎场。接到命令的人立马抓紧照办，并将圈定的征收土地绘成图给忽必烈看。当时察必皇后也在场，她认为此事不妥，因为只要忽必烈御笔一挥，那片区域内的居民就要被从这片土地上赶走，流离失所。察必皇后不忍，但也知道不能强行劝谏。所以，她先打发走禁卫军长官，然而扶忽必烈进内室休息。

这时，太保刘秉忠有事奏报忽必烈，察必皇后看时机成熟，便将刘秉忠拦在外室，又故意提高嗓门对刘秉忠说："陛下要征收京郊的农田为游猎场，像这样的大事，你作为国家重臣，怎么不知道呢？土地在国都没迁来之前，已经分配了。如今新征收游猎场，土地的主人岂不要迁往他乡，这样做会引起百姓的怨气，造成混乱。皇上事多，日理万机，像这样的小事想不到也是有的，你们做臣子的应及时提醒。若陷陛下于不仁不义之中，可怎么得了。"刘秉忠会意地笑了笑说："我马上带图亲自查看，然后再作禀报"。察必皇后说："这么做就对了！"察必皇后与刘秉忠对话，忽必烈听得一清二楚，后来划农田为牧场的事情便不了了之了。

察必皇后也经常在不同场合，以不同方式劝谏忽必烈，给他提醒。至元十三年（1276年），元朝灭掉南宋，并将幼主恭帝与全太后（宋度宗皇后）全都掳到大都，然后忽必烈举行了盛大的庆祝典礼。大家都非常高兴，饮酒作乐，唯有察必皇后闷闷不乐。忽必烈问道："我终于征服了江南，以后不用再打仗了，大家都很高兴，为什么唯独你不快呢？"察必皇后意味深长地回答道："从古至今，我从来没有听说过千年帝国，将来我和你的子孙们不要搞到像宋朝的这步田地就是万幸了。"忽必烈为了讨得皇后欢心，便将从南宋宫里抢来的珍宝玩物堆在殿前，请皇后来看，察必匆匆看了一遍就走了。忽必烈叫太监追问她想要什么，察必说："宋朝皇帝积蓄了这么多财宝留给子孙，可子孙没有守住而归了我们，我怎么忍心拿呢！"说完头也不回地走了。

当时，南宋的全太后母子在大都，因为水土不服，不习惯北方风俗；察必皇后善心大发，请求忽必烈放她回江南，忽必烈不肯答应，一直求了三次，忽必烈才说："尔妇人无远虑，若使之南还，或浮言一动，即废其家，非所以爱之也。"然后要求皇后多做全太后母子的思想工作，多加体恤，使其心安。察必皇后兰心蕙质，一点即透，以后不再提放还之事，而是配合夫君的指示，大搞怀柔政策。后来，南宋全太后母子二人觉得南归无望，便出了家，察必皇后还特此拨了三百六十公顷免除租税的土地作为二人的生活费。全太后母子对自己的家国仇人心生感激，

这都拜察必皇后的安抚工作做得好。

至元十八年（1281 年）二月，察必皇后去世，忽必烈陷入无尽的孤独和痛苦之中。察必皇后从许多小事上面劝谏忽必烈，为维护国家的兴亡长远利益立下汗马功劳，她体恤民间疾苦，带领宫人勤俭节约，可以说是中国历史上少有的贤明皇后。察必去世后，忽必烈将她的牌位放在太庙中供奉，察必也是忽必烈妻子当中唯一在太庙中立有牌位的人。

忽必烈最喜爱的儿子真金去世，破坏了他的皇位继承安排。面对这场突如其来的变故，忽必烈的所有梦想几乎被击碎了。当时整个元帝国笼上了一股沉闷的气氛。忽必烈统治后期，兵事无岁不兴，好大喜功。为了抵制东北诸王的势力，罢去北辽东道等宣慰司，在东北置行省进行统治。于是引发了东北宗王乃颜以及以海都为首的西北诸王的叛乱，元帝国的根基开始动摇了，煌煌帝国江河日下。

第五章

众王之王陨落，煌煌帝国江河日下

忽必烈的贪官理财师——阿合马

阿合马，生卒年不详，回族人，元世祖忽必烈时期的近臣之一，出生于费纳喀忒（今乌兹别克斯坦境内）。他是察必皇后的陪嫁奴隶，由于为人聪慧精明，办事干练利索，而且很有商业头脑，理财能力出色。很快他就从臣子中脱颖而出，受到了忽必烈的赏识。

中统元年（1260 年），阿合马任开平同知兼太仓使。任职不久之后，他就开始负责燕京亿万库，审理清算钱谷的事宜。当时中书省被设立为最高的行政机关，中书令由皇太子真金担任，但只是名誉头衔，而左、右丞相之位又常空缺，平章政事实际上就是真正的中书省主管。阿合马上任后"举贤不避亲"，转年就把儿子忽辛任命为大都路总管兼大兴府尹。

阿合马这种任人唯亲的做法引得很多人不满，而且平时由于行事过于擅权，右丞相安童多次向忽必烈进言，但忽必烈却一心向着这个能为他敛财的"栋梁"。于是，阿合马又派人奏请皇帝请求任忽辛为"同金枢密院事"。枢密院的最高官员是"枢密使"，也是真金太子挂名，所以，如果忽辛得以兼任"同金枢密院事"，等于阿合马让儿子掌握了元朝的军权。那样一来，忽必烈、真金父子的"家天下"，就会成为阿合马、忽辛父子的"家天下"了。阿合马的行事作风得罪了不少人，为他以后悲惨的结局埋下了伏笔。

忽必烈刚上任时期，朝廷的各级官吏没有俸禄，没有工资就无法生存，这个政策的严重弊端就是迫使各级官吏对底层的人民进行压榨。民众苦不堪言，层层剥削形成的不良风气严重影响了元代正常的统治秩序，亟待解决。阿合马为了改变这种恶劣的状况，制定条例，要求减少并严格规定官吏人数，按照官员的品阶等级发放俸禄和颁发公田，并且定期对官员进行审查考核，但并没有施行起来。

税收对于一个国家而言，具有极其重要的地位，它是国家的重要财政收入，也是国家发展的重要支柱，税收中有很大一部分来自盐税，因此，阿合马严禁买卖私盐并增加盐税。中统三年（1262 年），阿合马升职成为中书左右部的总负责人，兼任诸路都转运使，掌管钱谷的征收、转运和仓库出纳。

中统四年（1263 年），因为河南钧州、徐州等州都有炼铁设备，请朝廷授予宣牌，以振兴冶炼的利益。忽必烈把开平府升格为上都，又任命阿合马为同知开平府事，兼管中书左右部照旧不变。阿合马比较重视矿冶生产，在河南钧、徐等州兴办冶铁，颇有成效。他又用输出的铁铸造了 20 万件农器，与农户交换粮食 4 万石，在一定程度上促进了元朝农业及矿业生产的发展。

元朝时期对外交流频繁，商品经济发达，在此基础上统治者建立以钞为主的货币制度。钞，即元朝的纸币，行使钞的制度则为钞法，钞法是世界上最早的纯纸币流通制度。所以，这年阿合马在各路设平准库，钞一万二千锭，作为钞本。阿合马通过买卖金银的方式，维持物价平衡和保证纸币的信用。初期钞法施行谨慎严密，盐、茶等税收都规定使用纸钞，以此确保纸钞的价值和雄厚的物质基础。但是这么费尽心思用纸钞的方式加强理财都挡不住流水般的花钱。连年用兵，开销甚大，中央采取的方式却是不断增加纸钞的印发，因此导致通货膨胀，纸币贬值，物价飞涨。

中统五年（1264 年），中书左右部并入中书省，阿合马又升一官，任中书平章政事，进升为荣禄大夫。此后阿合马开始推行食盐国家专卖制度，增设巡逻队对私盐贩卖严厉打击。私盐的价格比官盐便宜不少，一旦私盐在市场上猖獗，将会大大减少国家的税收。所以，禁止食盐走私，就是惩治与国争利之徒。

在保障元帝国利益的同时，阿合马还采取措施扩大税源，他将过去豁免赋税的僧道军匠等作为征税对象。除此之外，阿合马还打击那些仰仗自己有权有势便偷税漏税的人。元代蒙古贵族与富商一起从事商贸已经成为常态，但他们依仗自己的地位和权势，经商却拒不交税，公然违法。阿合马要扩大税收，维护元帝国利益，理好财，必然要和他们作斗争，因此也就触犯了他们的利益，自然引起了他们的反对。

阿合马任职期间，推行专卖制度等理财手段，为元朝的中央财政增加了多项收入，同时也为元朝在理财方面做出了非常大的成就。忽必烈非常信任他，也十分欣赏他，一直重用他，并且曾经高兴地表示，阿合马的才能可以担任宰相一职。

至元三年（1266年），元朝设立了专门管理朝廷财政税收的制国用使司，忽必烈指名由阿合马兼任。阿合马任中书平章兼任制国用使司的时候，再次确定各级官吏的俸禄和职田；同时，阿合马还建议采冶石绒（石棉），扩大采冶范围，并成立专门管理机构，负责各地矿产采冶事宜。他掌权理财时期，推行过钩考制度：钩考即探求考核，中央派遣官员到各地清算钱谷等项，防止官吏豪强勾结出现贪污侵占的现象，损害民众及国家利益。

至元七年（1270年），尚书省替换了原有的制国用使司，阿合马任尚书省平章政事。尚书省的一项任务，就是调查全国户口，颁布条例，目的是为了杜绝逃避赋税、隐报户口。由于长期征战和皇室贵族的奢靡之风，国库空虚，国家财政赤字巨大，入不敷出。为了增加财政收入，满足忽必烈穷兵黩武的需要，阿合马提出的钩考钱谷制度被作为一种弥补财政亏空、搜刮财富的手段频繁进行。但是，阿合马制定的30分取1

的税制，将纳税制度进行规范，使纳税有章可循，通过合理规范的纳税制度能够防止贪官污吏随心所欲地征税，保障了元代商业的正常发展。

这一年，阿合马又规定了军官的俸禄。之后的时间里，虽然也出现过暂停发放或者减少俸禄的事，但是官俸制度，作为一项重要制度从此确定了下来。这项制度的确定，大大地减少了官僚对百姓的勒索，对国家的稳定发展起到了很大的积极作用。对于盗用官钱的，阿合马也是给予严厉处罚，如至元四年（1267 年），总管张弘范等盗用官钱，就被罢免官职。

至元九年（1272 年），尚书省与中书省合并，阿合马又改任中书平章政事，成为这一新设机构的最高行政长官，并且在这一重要职位上长达十年之久。

至元二十四年（1287 年），物价飞涨，通货膨胀的问题亟待解决。忽必烈不得不召开中书省臣、集贤大学士会议，讨论钞法问题，但结果却是徒劳，并没有太大的意义，因而这一根本性问题没有得到解决。

阿合马作为忽必烈的理财重臣，凭借其出色的理财能力和手段，使元代国家的财政收入大大增加，稳定了财政收支的平衡；他还提出了不少有利于财政税收的积极策略，对元朝做出了杰出贡献。除此之外，阿合马能言善辩，才智过人，在朝堂议会时，与旁人争辩时常占据上风，在臣子中脱颖而出，因此得到了元世祖忽必烈的信任和重用。

但为什么阿合马在制定了很多有利的理财政策之后还落得了一世骂名？因为权力越大，欲望也会逐渐膨胀，阿合马在愈发受到忽必烈的重用和信任时却经不住权力、金钱的诱惑，最终成为万人唾弃的贪官佞臣。他依仗着忽必烈的信任，滥用权力为自己谋求利益，拉拢贪官污吏，无故占据百姓良田，导致百姓对他怨恨之极。

阿合马之前的任人唯亲得罪了太子真金，还有他制定的许多政策都损害了权臣贵族的利益，在朝中树敌颇多。然而因为阿合马是忽必烈身边的"红人"，真金太子他们只能干着急，并不能对阿合马采取什么措施。树大招风，有个名叫王著的千户，对阿合马的所作所为看不惯。后来，趁忽必烈和真金太子外出之时，与一个被称为高和尚的妖僧合谋用铜锤砸碎了阿合马的头部，阿合马当即毙命。

阿合马死后，忽必烈了解到他种种恶行之后，怒气冲天，不仅下令斩戮他的尸体，而且任凭野狗啃食。阿合马悲惨的下场并没有换来众人的同情或怜悯，官员们和百姓反而一起拍手称快。

归根结底，元朝初期阿合马为经济发展积极施展自己的聪明才智，并为国家统一起了很大作用。但他采取的措施和制定的政策，严重损害和打击了官僚、贵族、富商的私人利益，堵塞了他们把国家和百姓的钱粮纳入囊中的漏洞；加之阿合马获得宠信后，骄横跋扈，以权谋私，引起朝中勋旧大臣及与之有密切关系的富商大贾们的反对，最后落得如此悲惨的结局。

敛财贼子——卢世荣

阿合马的死让元朝廷之臣讳言财利事，后总制院使桑哥"荐卢世荣有才术，谓能救钞法、增课额，上可裕国，下不损民"，卢世荣便接替了阿合马原来的"职位"。

卢世荣，名懋，字世荣，以字行，大名人。史料对卢世荣的记载都是大加贬斥，其臭名昭著的程度不亚于阿合马。阿合马专政期间，曾在江西为卢世荣安排了一个管理茶叶贸易的官职，但是阿合马的丑事暴露惨遭忽必烈戮尸后，卢世荣却侥幸活了下来。阿合马死后，为了杜绝滥权的行为再次发生，元廷将中书省的职位分为两人承担。蒙古人安童被任命为中书省右丞相，而卢世荣则被任命为中书省左丞相，其权力范围很大，几乎涵盖了忽必烈管辖下的大部分地区。

虽然历史对卢世荣的评价很糟糕，但他也为元朝的百姓做过一些好事。他允许金银买卖自由贸易，取消"竹监"（不再以怀州、孟州一带的竹货为政府的专利品）；驿使饮食改由政府供给；设立盐局调控盐价；制造"至元"铜钱与至元绫券，与纸钞同时流通，减缓纸钞贬值的速度，但是此举在后期也引起了通货膨胀；铁器专卖，筹出买粟的钱，买粟充实谷仓；在各郡（州府）成立"市易司"，抽取商货税，按四十取一（千分之二十五），以此项税收的十分之六来用来提高地方官吏的薪俸；由政府出钱，帮助江淮一带失业的人，买回他们所卖去的妻子儿女；命令江南的田主，向他们的佃户减收田租一成；增加中央与地方所有的官吏的薪俸二成，这样有助于减少官吏对地方百姓的剥削，并且加强中央集权统治。

身为敛财能手，为了增加政府的收入，卢世荣建议政府专卖酒，形成商业垄断并增加盐商的经营税收。

与阿合马滥权贪污相比，卢世荣的罪属于擅权一类。其中有一项记载，他未向右丞相安童报告，在库钞支取二十万锭。虽然控告他的人说他支取了这二十万锭，但也没有指责卢世荣贪污，可以猜想这笔钱财是用在明处，只是手续不合而已；另一项罪状，是为了成立牙行，（牙行是中国古代和近代市场中为买卖双方介绍交易、评定商品质量、价格的居间行商）以便抽取商货税，而动用了政府的钞八十六万余锭，这笔巨款最终未能及时归还。

卢世荣更大的罪名是右丞相安童的指控，说卢世荣曾经向忽必烈上奏称：无须增加人民的负担，而是减少权势的利益，便可以每年增加税收二百万锭。其实，事情远不如料想得那么美好，安童说："如今已四个月，卢世荣所说的与实际情况不相符合，并且当前是入不敷出的局面。"这也最终触怒了忽必烈。于是，卢世荣在"面质"以后被捕下狱。"面质"，是在忽必烈的面前，对控告他的监察御史陈天祥辩论，当时有

第五章
众王之王陨落，煌煌帝国江河日下
• • • • • •

御史中丞阿刺帖木儿在场。

卢世荣制定的众多经济策略和他的上一任敛财重臣阿合马一样触及了很多人的利益，因此招致了敌意，他所受到的批评也和阿合马一样。汉文史料指卢世荣在政府内部发展同党，所以与阿合马一样，他也被指曾迫害、追杀、处死他的政治对手和潜在的政敌。但是这些罪名还有待商榷，因为这些史料只记载了与卢世荣敌对一方的言词，而根本没有记载卢世荣自己对这些事件的说法。

卢世荣和阿合马一样，他只不过试图为陷入财政危机的元廷筹措尽量多的资金而已。阿合马的财政政策在汉文史料中受到了严厉批评。当忽必烈之子真金开始反对他时，他失败的齿轮已经开始转动。真金曾是阿合马的主要对手之一，他也反对卢世荣剥削汉人。有太子真金的撑腰，反对卢世荣的势力逐渐壮大，这其中有大部分自身利益受到损害的权势贵族，还有受压迫的百姓。因此，忽必烈不得不在至元二十二年（1285年）五月把卢世荣解职，并且逮捕。

控告卢世荣的人指斥他投机，盘剥百姓，以及谋杀政治对手等。卢世荣在被关七个月以后，忽必烈才想起，问近侍忽剌出："你对于卢世荣有什么意见？"忽剌出说："中书省新来的汉人说，卢世荣的罪已经确定，还关在牢里，天天用囚粮养他，太浪费了。"忽必烈听了之后，就吩咐把卢世荣杀死，刳割其肉以饲禽獭。卢世荣的命运与阿合马一样悲惨，曾经君王身边的大红人最后落得这样的结局。卢世荣的死亡对于权势贵族来说少了一个前进路上的绊脚石，对百姓而言除掉了一个剥削者。不过，他的死亡对缓解元廷日益严重的财政问题毫无用处。

桑哥专擅国政，自树"功德碑"

忽必烈时期出现了三位敛财"奸臣"，桑哥是最后一位。桑哥，生年不详，卒于1291年。桑哥之名，源于梵文的藏语名，意为狮子。桑哥的出身有些争议，《史集》记载，他是畏兀儿人，但《汉藏史集》则推断他是吐蕃人。桑哥通晓蒙古、汉、畏兀儿、藏等多种语言，所以曾担任西域吐蕃的翻译官，是个有语言天赋的"高级翻译"。桑哥之所以能接近帝室，最主要原因在于他是蒙古国师胆巴（庆喜称）的弟子。

胆巴的名声仅次于元朝第一帝师八思巴。胆巴中统年间由八思巴推荐，得以面见忽必烈，并受到他的重用和信任。胆巴奉诏居住在五台山主持佛教事务。由于受到帝王的青睐，胆巴声名远扬，而且他常往来京城间，为蒙古王公们授法灌顶，加上他擅长药理，治病救人、造福百姓，很受器重。胆巴的相貌很特别，长有两颗大而长的暴牙，露于齿外。胆巴虽然相貌奇异，却心怀天下苍生，为人正直善良。

其实，阿合马、卢世荣被诛后，忽必烈也意识到儒臣的重要性，任命程文海为侍御史，行御史台事，派他到江南招募汉族名儒。元朝行御史台的长官因为此事上奏忽必烈，表示说程文海是汉人，年纪轻轻，没有经验，"不可用"。忽必烈龙颜大怒，呵斥道："你没用任用过汉人，怎么知道汉人不可任用！从现在起省、部、台、院，必须开始任用南人。"

程文海受到重用，内心跃跃欲试，预备大展身手。他的此次江南之行也是收获颇丰，为元朝网罗了叶李、赵孟等二十多位名儒，其中还有坚守名节，绝不愿意归入元朝帐下的南宋旧臣谢枋。汉人儒臣被任用，

第五章
众王之王陨落，煌煌帝国江河日下
. . . .

对汉人的压迫和经济剥削也需要减免，但元朝战事不休，没钱万万不行。于是，吐蕃人桑哥被忽必烈当做新一位"财神爷"。

至元二十四年初（1287 年），桑哥被任命为平章政事，同时更新制定钞法，在元朝的境内颁布使用"至元宝钞"。桑哥首先检核中书省账目，查出中书省"亏欠钞四千七百七十锭"，时任尚书省平章的麦术丁自认倒霉，只能甘心伏法。其实桑哥能成为理财大臣，还是因为麦术丁的举荐。桑哥雷厉风行，在省部及各地大行"钩考"，当众命人殴打汉族大臣，杀了不少与自己政治不和的人，借此杀鸡儆猴，树立威信。

桑哥诡诈圆滑，与师父胆巴的性情截然不同，所以胆巴对这个徒弟日益生出反感，斥责他并与之疏远。但是，桑哥巧言令色，善言财力事务，他积极敛财，在短时间内为国家增加了不少收入；汉人左丞相叶李等人，纷纷上奏请求忽必烈任桑哥为"右丞相"。国家的收入增加了，忽必烈自然也高兴，所以，同年十一月，元廷就诏任桑哥为"尚书右丞相兼总制院使，领功德使司事，进阶金紫光禄大夫"。而"总制院使"，使桑哥的地位越来越高。

升官晋爵的桑哥，擢升了好几个私人党羽。一直对师父不满的他，入相后向忽必烈进谗言，把胆巴国师外贬，一会儿是临洮，一会儿又流放潮州，想把自己的师父累死在途中。正所谓：一日为师，终身为父。桑哥如此对待自己情意深重的师父，可见其人品的卑劣。不过，也许是因果循环，胆巴平日行善积德，桑哥被诛后，胆巴终于活着回到了大都。

桑哥时期，前两任财政大臣留下的历史遗存——通货膨胀已非常严重。为了展示他消除通货膨胀的决心，桑哥当众毁掉了印制中统钞的钞版。强制规定市面上的东西不准涨价，完全逆市场规律而行。除此之外他发行新的纸钞来兑换中统钞，但是兑换比例很低，仅为1：5。元朝战争频繁，元朝统治阶层又花钱如流水，丝毫不在意国库空虚的残酷现实，还要经常赏赐大量金钱给部下，就是打肿脸充胖子。为了解决这个棘手的问题桑哥只好沿用阿合马的老手艺，增发纸币。前车之鉴，阿合马因为得罪强权下场惨不忍睹，所以桑哥对强权特别好，万万不敢得罪，因此元廷受贿现象特别严重。

为相两年后，桑哥差使手下谄谀小人上"万民书"，要求元廷为他立一块石头歌颂他的功德。忽必烈知晓后，对这个能为他敛财的重臣很支持，并说："百姓希望立就立吧，把这件事情告诉桑哥，让他高兴高兴。"为此，翰林院蒙汉高手奋笔疾书，详列桑哥功德，在中书省府院前坚立一巨石，大石头外面又盖了色彩鲜艳的宏丽阁子，雕镂精细，唯恐内外不知桑哥的"政绩"。

桑哥这么折腾了四年，百姓不得安生，由于他只手遮天独得圣宠，众人都是敢怒不敢言。最后，赵孟对忽必烈的高级侍卫彻里进行了一番言辞恳切的激励，希望他能够挺身而出，在忽必烈面前进献忠言，不能再让桑哥这样的奸臣误国。于是，彻里趁忽必烈在柳林打猎心情好的机会，进献忠言，说明桑哥误国害民，其"词语激烈"。起初，忽必烈一心向着为自己敛财的桑哥，听到这番话大怒，并且严厉斥责彻里"诋毁大臣"，还命令左右卫士猛扇彻里嘴巴，血从彻里的口腔鼻子中喷涌而出，他跪倒在地。

之后忽必烈又问彻里是否知罪，彻里大声说道："我与桑哥无任何私怨，现不顾生死揭发他的罪状，实在是出于对国家的忠心。如果我害怕皇上震怒而不敢谏，奸臣何得而除，万民何得而息！"听到近侍这番恳切的言论，看到彻里坚定的行为，忽必烈沉吟不语。此时，随同忽必烈一并外出的蒙古贵族也里审班、也先帖儿等人见状，也一同跪下，劾责桑哥专权黩货等罪。

即便如此，忽必烈还是不大相信自己信任的桑哥会做出这样大逆不道的事情。于是急召出使在外的翰林学士不忽木来问实情。不忽木在行宫营帐里见到忽必烈，痛心疾首地说："桑哥欺上瞒下，壅蔽聪明，紊乱政事，对他有不满的人都以别的罪被他处死。如今百姓失业，盗贼蜂起，国家危在旦夕。如果不诛罚桑哥，恐怕此人将为陛下带来长远的忧虑！"在场的贺伯颜等人也力证桑哥奸邪。见这么多蒙古贵族都将矛头指向桑哥，忽必烈当然害怕有人危及元朝的统治，于是就下决心对桑哥严惩不贷，并下诏御史台及中书省辩论桑哥之罪，同时命人毁弃"桑哥辅政碑"。

忽必烈对桑哥心灰意冷，而失去了皇帝这座靠山，桑哥也没法作威作福。抄家时，桑哥的家财竟然"半于大内"，皇帝是首富，他是第二。

琴师泣血南归路——汪元量

汪元量（1241～1317年后），字大有，号水云，亦自号水云子、楚狂、江南倦客，南宋末诗人、词人、宫廷琴师，钱塘（今浙江杭州）人。汪元量出生在一个琴而儒的大家庭中。年轻时，因精于弹琴作画、写诗填词，在宋度宗时，"以词章给事宫掖"，成为供奉内廷的琴师，侍谢太后（理宗之后）和王昭仪（度宗之嫔），并与柴望（著有《秋堂集》）、马廷鸾（著有《碧梧玩芳集》）等有交往。

德祐二年（1276年），是汪元量生活中的一条重要的分界线。在此之前，他一直过着一种平静的生活；而从这一年开始，汪元量开始了他生命中的漂泊之旅。这一年蒙古铁骑直捣杭州，由于宋室国弱君幼，宋皇室不战而降。在元军的押解下，汪元量随宋三宫北徙大都北京。汪元量此后从江南到大都，从大都到天山，从天山再到大都，再从大都到江南，进而入湘蜀，他的足迹几乎踏遍了整个神州。也正是这段颠沛流离的漂泊生涯，成就了汪元量这样一位"诗史"般的诗人。

汪元量随宋三宫北去漂泊的过程中，创作了大量的诗歌，将沿途所闻所见与内心感受做了真实的记录，从而为我们今天留下了珍贵的史料。比如，看到宋室遗民哭倒在路旁，他的精神也受到了刺激。在这种刺激之下，他将自己的所见所闻和内心的感受记录下来，写出了《北征》诗。

《北征》这首诗详细地记录下那一刻的情景：

北诗有严程，挽我投燕京。

挟此万卷书，明发万里行。

出门隔山月，未知死与生。

三宫锦帆张，粉阵吹莺笙。

遗氓拜路旁，号哭皆失声。

吴山何青青，吴水何怜怜。

山水岂有极，天地终无情。

回首叫重华，苍梧云正横。

在北去的路途中，汪元量尤为突出的就是他的大型组诗《湖州歌》九十八首。从元军南下，直逼临安，到宋室投降，再到被俘大都，受到款待，汪元量用自己的诗歌将这整个过程做了真实的再现。这一系列的创作，不仅体现出他的人格特点，而且也奠定了他在中国古代文学中的重要地位。

汪元量伴随宋三宫在北方生活了十三年，期间常出席忽必烈举行的各种筵席，并以琴艺闻名于大都，受到忽必烈的特别恩遇。但是，忽必烈的赏识并不能抚平汪元量内心的亡国之痛，他一直陪伴在宋三宫身边。由于忽必烈对宋王室的疑忌，他们曾在天山度过了一段比较艰难的日子。这十三年的生活对汪元量来说是一种历练，伤感多于欢乐，寂寞常常相伴。他曾在许多诗中表达了此种情感，比如，"砚笔寂寥空洒泪，管弦呜咽自生哀。雪寒门户宾朋少，且拨红炉守泰来"。

在文天祥被抓到大都之后，汪元量曾多次到狱中看望他，彼此弹琴赠诗，从而传递出对宋室的忠贞不渝。但是，历史前进的步伐不会因他们的这份挚情而停止下来。文天祥被杀于菜市口，谢太后在忧郁中死去，全太后、王昭仪遁入空门，碱国公作为皇室成员也是如履薄冰。在这种情况下，汪元量心灰意冷，日思夜想希望回到江南。

第五章
众王之王陨落，煌煌帝国江河日下

至元二十五年（1288 年）以后，太皇太后谢道清、王昭仪仙逝，十八岁的瀛国公赵显入吐蕃学佛法，其母全太后入正智寺为尼，汪元量守候的宋室王族分崩离析，此时他毅然决然地上疏忽必烈请求南归，元世祖忽必烈许可他出家为道士南归。

南归后，他组诗社，过潇湘，入蜀川，访旧友，后于钱塘筑"湖山隐处"，自称"野水闲云一钓蓑"。据传他行踪飘忽，被时人称为"神仙"，终老山水。

汪元量是南宋朝廷的一位宫廷琴师，他的职责就是弹琴，以供宫廷主人享乐之用，国家政事对汪元量来说似乎非常遥远。如果没有蒙古的入侵，汪元量将会在宫廷的轻歌曼舞中了此一生。然而，蒙古铁骑的到来，击碎了他的梦。

从汪元量的这种人生选择上来看，他的人格特质也就凸现出了对宋室忠贞不渝的爱国情怀，和对中国古代优秀文人精神的传承。今天没有留下关于汪元量生命终结的确切记录，也许他在一个人所不知的地方，也许是自己结束了自己的漂泊生活，也许是自己结束了自己的生命旅程。但是他的文学价值被后世所承认，让后世人看到了南宋文人的不屈精神。

郭守敬与《授时历》

郭守敬（1231～1316 年），字若思，汉族，顺德府邢台县（今河北邢台市邢台县）人。元朝著名的天文学家、数学家、水利工程专家。他是由祖父郭荣抚养成人的。郭荣是金、元之际一位颇有名望的学者，郭守敬幼承祖父郭荣家学，精通五经，熟知天文、算学，擅长水利技术。在郭荣的教养下，郭守敬从小勤奋好学，在少年时代就养成了很强的动手能力。

郭荣与忽必烈的重要谋士、著名学者刘秉忠交好。蒙古定宗元年（1246年），刘秉忠因父亲刘润去世，回家奔丧；居父丧时期，在邢台西南的紫金山中结庐读书，从学的有著名学者张文谦、张易、王恂等人。郭守敬从小对自然现象就很感兴趣，特别爱好天文学，郭荣就将少年的郭守敬送到刘秉忠门下深造。刘秉忠精通经学和天文学，郭守敬在他那儿获得了颇多的教益。

在邢台西紫金山跟刘秉忠上学时，十五六岁的郭守敬曾创造过一些天文仪器的模型。比如，根据书上的一幅插图，用竹篾扎制出一架测天用的浑仪，而且还堆土做了一个土台阶，把竹制浑仪放在上面，进行天文观测。他还曾根据北宋燕肃一幅拓印的石刻莲花漏图，弄清了这种可以保持漏壶水面稳定的、在当时颇为先进的计时仪器的工作原理。

蒙哥汗八年（1251年），刘秉忠被当时总领漠南汉地事务的忽必烈召入幕下。刘秉忠离开邢台后，把郭守敬介绍给了张文谦。当时，受命来安抚邢台一带地方的阿儿剌·脱兀脱和刘肃等，发起了整治开挖水流河道的工作，二十多岁的郭守敬就勇敢地承担了邢台五里的流通淤塞河道修建石桥的任务。

郭守敬承担工程的规划设计，并根据家传学问，再加上认真的调查勘测，很快就弄清了因战乱而破坏了的河道系统；随后的疏浚整治工程，使蔓延的水泽各归故道，并且一举挖出已被埋没了近三十年的石桥遗物。这项工程用了四十五天就胜利地完成了，当地人民都很佩服他。著名文学家元好问曾专门为此写了一篇《邢州新石桥记》，文中的郭生指的就是年轻的郭守敬。

中统元年（1260年），忽必烈在开平府（后称上都）即位，命张文谦到大名路（今河北省大名县一带）等地担任宣抚司的长官，郭守敬也跟随张文谦一同前往学习。忽必烈统一北方后，为了发展农业生产，决定整治水利，征求这方面的人才；张文谦便把郭守敬推荐给忽必烈，忽必烈很快就在开平召见了他。郭守敬对北方水利情况十分熟悉，当时就提出六条整治水利的措施。忽必烈听后十分满意，于是派郭守敬担任提举各路河渠的职务，经办河道水利的事。

1264 年，郭守敬又被派到西夏一带去整治水利。那里经过多年战乱，河道淤塞，土地荒芜，生产遭到严重的破坏。郭守敬到西夏后，沿黄河两岸勘察地势水情，走访百姓，绘制地图，并提出"因旧谋新、更立闸堰"既快又省的方案。忽必烈审批后付诸实施。郭守敬率领民工，开挖疏浚原有河道，修堤建坝，在不到一年的时间里，修复了长达四百余里的唐来渠和长达二百五十余里的汉延渠以及正渠十余条、大小支渠六十八条，同时更立闸坝，以有效控制进渠水量，圆满完成了疏浚修复河渠的任务。

郭守敬所到之处，做了许多河道水利的调查勘测工作。他还在大名召集匠人，鼓铸了一套他少年时所探究的莲花漏。大概他把作为装饰性的莲花做了改动，因此改称为宝山漏。为了加强大都到江南的交通运输，忽必烈又派郭守敬去勘测水路交通情况。经过郭守敬的勘测、设计，不但修通了原来的运河，还新开凿了一条从大都到通州的通惠河。这样，从江南到大都的水路运输，就畅通无阻了。

忽必烈灭南宋以后，开始重视农业生产的恢复。农业生产要利用历法，过去蒙古一直使用金朝颁布的历法，这种历法误差很大，连农业上常常使用的节气也算不准。于是，忽必烈决定制订一个新历法。他下令成立了一个编订历法的机构，名叫"太史局"，并安排王恂负责。而郭守敬因为精通天文、历法，也被朝廷从水利部门调到太史局，和王恂一起主办改历工作。至元十三年（1276 年）起，郭守敬奉命修订新历法，历时四年，制订出了通行三百六十多年的《授时历》，成为当时世界上最先进的一种历法。为修订历法，郭守敬还改制、发明了简仪、高表等十二种新仪器。

《元史·郭守敬传》记载，郭守敬首先提出了"历之本在于测验，而测验之器，莫先于仪表"的革新主张。他认为只有打破陈规，根据天象观察、实验，才能定出比较准确的历法。于是，在1279年，郭守敬向忽必烈提出，要在太史院里建造一座新的司天台，同时在全国范围进行大规模的天文测量。忽必烈接受了郭守敬的建议，派监侯官十四人分道而出，分别在二十七个地方进行天文观测，后世称之为"四海测验"。

郭守敬从上都（多伦）、大都（北京）开始历经河南转抵南海跋涉数千里，亲自参加了这一路的重要测验，最北到达了西伯利亚，最南则到达了南海诸岛。郭守敬根据"四海测验"的结果，并参考了一千多年的天文资料，七十多种历法，互相印正对比，排除了子午线日月五星和人间吉凶相连的迷信色彩，按照日月五星在太空运行的自然规律，在至元十七年（1280年），编制成了新历法——《授时历》。

《授时历》原著及史书均称其为《授时历经》，和现在世界上通用的《格里高利历》，即俗称的阳历的周期一样，但《格里高利历》是1582年（即明朝万历十年）开始使用的，比郭守敬的《授时历》晚三百多年，《授时历》在国际上产生了一定的影响。在编制过程中，郭守敬所创立的"三差内插公式"和"球面三角公式"，是具有世界意义的杰出成就。

按照《授时历》的推断，1299年八月己酉朔巳时，应有日食，"日食二分有奇"。但到了那一天，"至期不食"。根据现代天文学推算，那天确实有日食发生，是一次路线经过西伯利亚极东部的日环食。只是食分太小，加之时近中午，阳光很亮，肉眼没能观察到罢了。《授时历》经受住了时间的考验，它在我国沿用了三百多年，产生了重大影响。朝鲜、越南都曾采用过《授时历》。

郭守敬晚年转向水利工作，1291年春，任督水监，他建议北京至通县开挖一条新运河和大运河相连，以解决从南方至北京的水路运粮问题。此建议很快就被忽必烈采纳，并下令马上动工，郭守敬担任了总工程负责人。郭守敬根据北京地势西北高的特点，把昌平县北的白浮村神仙泉的水导入昆明湖，再引进城里的什刹海，然后流入运河；在这段运河中设置一些堤坝和可以升降闸门来调节水量，使大船通行。这是郭守敬在水利工程上的创造性的设计，全部工程一年完成，定名通惠河。

1303 年，郭守敬已经七十二岁，成宗发布命令："凡七十二岁的官员都去职返里，唯独郭守敬以纯德实学，为世师法继续留任。"1316 年，郭守敬因病去世，享年 85 岁，他是中国最伟大的天文学家。

德才兼备的真金太子英年早逝

忽必烈很重视培养接班人，他的培养对象就是元朝历史上赫赫有名的真金太子。真金是中国历史上比较特殊的蒙古族皇太子，他的处境反映了元朝内部亲汉族势力的努力；他聪明、干练、胸怀治国大志，但其理想始终未能实现。

真金，1243 年生于漠北，元世祖忽必烈次子，由于忽必烈长子朵儿只早卒且未婚无嗣，所以，蒙古人习惯上将真金视为忽必烈长子。真金的名字是海云禅师取的，海云禅师在 1242 年被忽必烈从中原召到漠北，本来忽必烈打算询问佛法大意，但此时忽必烈的妻子察必生了儿子，忽必烈就请海云为其摩顶命名，海云以世间万物唯真金最贵，故取汉名真金。

真金少年时，忽必烈对他的教育做了精心的安排。当时正是忽必烈受蒙哥汗之命，总领漠南汉地事务之时；忽必烈开幕金莲川，广泛招集人才，搜罗了一大批汉人儒士，一时北方精英之士尽会聚于他的左右。他深知学习各民族先进文化的重要性，于是把真金的教育交给汉儒姚枢，并命勋臣后代土木各儿等为伴读。佛教喇嘛八思巴教真金读《彰所知论》，姚枢等对真金"日以三纲五常、先哲格言熏陶德性"，并以《孝经》作为启蒙课本教授真金。

另外，据可靠史料，忽必烈还给真金请来一位道士，向他传授道家思想。通过对不同文化的认识和比较，真金对儒学产生了浓厚的兴趣。他刻苦自励，一次，宗室子弟及鹰房人等携鹰犬至真金窗前，邀他打猎；真金无动于衷，尽逐之去。忽必烈对真金学习儒学大力支持，在真金读完《孝经》时，忽必烈设宴招待姚枢等人。

　　1253 年夏，姚枢随忽必烈南征大理，改命窦默接任师职，窦默成为真金第二位老师。忽必烈出征前，将玉带钩赐给窦默，对他说："这东西是内府故物，你是老人，应当佩戴，并且让我儿子见了这个如同见我。"同时命刘秉忠的弟子王恂作为真金的伴读。王恂长期侍奉真金，经常灌输给他三纲五常、为学之道及历代治乱的道理，真金深受其影响。

　　中统元年（1260 年），忽必烈即位。中统二年（1261 年），年仅 18 岁的真金受封为燕王，领中书省事，任命为中书令。中书省为元代最高的行政机构，中书令即中书省之首脑，秩正一品，地位很高。此时真金还年轻，忽必烈并未让他参与国政，只是让他"守中书"。

　　中统四年（1263 年）五月，建枢密院，以真金守中书令，兼判枢密院事。中统五年（1264 年），真金开始到中书省署敕（办公），临行前乳母给他做新衣服穿，他笑而却之曰："我怎么能追求外观之美呢？"说是到中书省做事，但实际上真金只是每月两次至中书省署敕，对必要的公文签字画押，中书省和枢密院的事务都交给了王恂。据史料记载，这期间真金亲自参加的政治活动有两次，一次是跟随世祖巡视宜兴，另一次为 1270 年受世祖之命巡抚称海。

　　至元七年（1270 年）秋，真金受命巡抚漠北的称海。在此期间，曾与诸王札剌忽及从官伯颜等谈论立身处世之道，于是撒里蛮、伯颜、札剌忽等各陈己见，真金表示："父汗有训诫，不要有傲慢自大之心。只要怀有傲慢自大之心，就会坏事。我看孔子的话，就和父汗的话意思吻合。"这表明了真金对儒家经典训条的认识水平及其思维方法。这个时候虽然他还没有正式参与朝政，但表现出对治理国家的强烈兴趣。他对

第五章
众王之王陨落，煌煌帝国江河日下
‧‧‧‧‧‧

丞相史天泽说："我还年轻，不熟悉祖宗法则，但我执政以后，定要靠你们这些元勋老臣扶持呢！"显示出他"笼络"大臣的才能。他巡抚称海时，也经常在闲暇时，与同行诸王札剌忽以及从官伯颜等讲论治国修身之道。

可以说，元朝初年，忽必烈在汉族儒臣的帮助下，相继打败了争夺汗位的阿里不哥，平定了叛乱的李璮、海都、乃颜等人，从而稳定了自己的统治地位。所以，忽必烈对儒学也有了新的认识。见真金聪明好学，心中欢喜，产生了立为继承人的想法，也恰在此时，一些儒臣向忽必烈提出立太子的建议。

1265 年，儒人张雄飞向忽必烈建议："太子天下本，愿早定以系人心。"1268 年，陈佑也上疏，表达了类似的看法。至元十年（1273 年），在真金三十岁时，忽必烈将真金立为太子，仍兼中书令、判枢密院事，以汉制观之，真金被立为太子符合传统中原王朝的通常做法。所以，朝中汉臣对真金寄予厚望，认为他已是储君，儒治的时代就要到来。

汉族官员对真金太子的期望很高，因为真金太子即位，意味着在元王朝中汉人的地位会提高。虽然忽必烈在册封诏书中以成吉思汗的遗训作为册封太子的根据，但这种确立储君的方式并不符合蒙古习俗。按照蒙古习俗，新大汗确立，必须经过宗亲聚议的库里勒台大会通过，才能成为合法大汗。因此，真金的太子之位至少在蒙古贵族中间曾经引起过强烈的争议。

蒙古的习俗是"幼子守灶"，幼子在继承父亲财产、地位方面居于优越地位。忽必烈的嫡子有四个，真金排在第二位，北平王那木罕为幼，1271 年忽必烈派他进攻海都，结果兵败被俘。十年后，当他回到大都，对忽必烈封太子一事大为不满，他曾质问忽必烈："彼若为合罕（合罕是蒙古大汗的另一种称呼，元代的皇帝有着中原皇帝与蒙古大汗的双重身份），不知彼等将称陛下云何？"忽必烈听后大怒，训斥了那木罕，并把他赶了出去。

真金作为精通蒙古语、汉语和藏语的蒙古太子，一生都在忠实地践行汉法，在日常生活和平时言行，厉行儒治之道，以身作则。有一次，真金有一件上衣被墨汁弄脏，他命侍臣重新染色后再穿，侍臣请求扔掉这件衣裳，再做新的。真金郑重地说："我想做新衣并不难，但这件衣服还没坏，不能丢。"还有一次，他跟忽必烈视察宜兴，忽闻母亲得风疾，当即悲泣，衣不及带而行。

真金初为太子之时，忽必烈对他是非常的满意。史料记载，真金太子有一次生病，忽必烈亲自来探视，并亲自和药以赐之。还拨出侍卫亲兵一万人让真金统领，以护东宫。真金此时也踌躇满志，为以后掌权做准备。他命心腹王庆瑞、董士亨统侍卫军并选其勇者教以兵法，时而阅试。他还注意招揽人才，召何玮于易州，徐琰于东平，再加上王恂、白栋、李谦、郭佑、马绍、杨居宽、何荣祖、杨仁风等逐渐形成了自己的幕府班子。为了显示他的崇儒重道，真金在言行上尽量符合儒家道德规范。

忽必烈拨款建造东宫的香殿，建筑师请凿石为池，如曲水流觞故事，真金不同意，他说："古有肉林酒池，我怎么能效法商纣王呢？"每当与诸王近臣习射之暇，真金就与他们讨论治国修身之道。

江西行省以岁课羡余钞四十七万缗献给真金，真金怒而拒之，训斥说："汝等安治百姓，百姓安，钱粮何患不足；百姓不安，钱粮虽多，安能自奉乎？"参政刘思敬以新掠民六十户献给真金，真金放之回原籍，并告诫刘思敬"毋失人心"。同时，真金对言利加税之臣必大加申斥和贬抑。卢世荣曾以言利进言于真金，真金斥之曰："财非天降，安得岁收赢乎，恐生民膏血竭于此也，这不光害民还将要害国。"对于有才德的儒人，真金则不论其地位高低，皆礼待之。

忽必烈继位以来，由于连年用兵及大规模封赐亲王，财政紧张。当时北方刚经历战乱，百姓贫困，许衡、姚枢等为代表的儒臣极力地主张轻徭薄赋，藏富于民；但是这种观点与忽必烈的扩张财政的愿望是相悖的。忽必烈重用阿合马，勋旧儒臣受到排挤，儒臣们希望通过太子真金

170

来限制阿合马。最后，"回法"与"汉法"之争，就演变成太子真金和阿合马之争。

有一次，真金用弓打了阿合马的头，导致阿合马的脸部受了伤。忽必烈见到阿合马，看到他的脸受伤了，就问："何故而伤其面？"阿合马回答说："马踢使然。"真金当时也在座，愤然起身说："汝岂耻于自言邪？此真金之所殴也。"此后，真金数次当着忽必烈的面，拳击阿合马，所以，阿合马非常惧怕真金。

1282 年，真金随忽必烈至上都，千户王著与高和尚合谋，借太子真金之名将阿合马杀死。虽然当时真金和忽必烈一同在上都，但却被认为和这起事件有关系。事后，忽必烈极为震怒，下令将王著、高和尚留守大都的中书省平章政事兼枢密副使张易通通处死；在真金的支持与疏通下，忽必烈同意将张易之罪改为"应变不审"，免于传首四方。阿合马死后，真金荐举支持汉法的和礼霍孙出任右丞相，并对他说："阿合马被杀之后，你做了中书右丞相，如果真有便国利民的事，不要害怕改变，大胆去做；如果有人阻挠，我力挺你。"

虽然阿合马被杀，但是忽必烈对理财派仍然念念不忘。于是，在至元二十一年（1284 年），任用汉族商人卢世荣理财，新任正宫南必皇后颇有干政的迹象，这又为真金与汉臣所不满。真金曾指斥卢世荣说："钱财不是从天上掉下来的，怎么能每年榨取赢利呢？我只怕老百姓的膏血因此枯竭，不止是害民而已，实在是国家的大蛀虫啊！"卢世荣被起用数月后就被真金领导的"汉法派"弹劾下台并下狱处死，"理财派"要人桑哥虽然祖护卢世荣，却因害怕真金而不敢相救。

至元二十二年（1285 年）春，江南行台御史上疏请年事已高的忽必烈禅位于皇太子，并请南必皇后勿再干政。其实，这种观点符合中原王朝的传统，但并不符合蒙古的习俗。按蒙古习俗，皇帝死后须经宗亲库里勒台大会的通过才能成为大汗；新大汗选出以前，太后摄政，也有先例。所以江南行台御史的这个建议，在忽必烈及蒙古贵族看来是非常荒

谬的，更会引起忽必烈对真金的猜忌，而给他带来杀身之祸，所以真金得知后非常恐惧。

当时担任都事的尚文偷偷地把这份奏章隐匿下来，然而此事被阿合马余党答即古阿散（又作答即归阿散）等得知，感觉搞垮真金的时机已到，于是向忽必烈上奏说："海内财谷，省、院、台内外监守，里魁什长率有欺蚀，请收内外百司吏案，大索天下埋没钱粮。"名为大索天下埋没钱粮，实为揭露此奏章。忽必烈批准了他的请求，并下令御史台配合。于是答即古阿散全部封存了御史台档案，逐项排查，一时官吏、庶民罹陷日众，人情危骇。

尚文深知关系重大，急忙将秘章之事报告给当时右丞相安童及御史大夫玉昔帖木儿，他们拒不交出秘章。答即古阿散于是报忽必烈，忽必烈大怒，命令大宗正薛尺索取该奏章。形势万分危急，真金则更加恐惧，安童和玉昔帖木儿也束手无策。尚文从阿合马旧案中搜集到答即古阿散党羽的数十条罪状，便请玉昔帖木儿亲往中书省与安童商量对策。尚文献计说："皇太子为天下本，如果奏章被揭发出来，将倾覆太子，动摇国本，祸不可言，只有先发制人，变被告为原告。"

于是安童和玉昔帖木儿抢先以答即古阿散的罪状入奏，陈述事情经过。忽必烈听到有人要他退位，果然怒不可遏，厉声责问道："你们没罪吗？"丞相安童带头认罪说："臣等不会逃避罪行，但是答即古阿散等人的罪名是在刑律上写得清清楚楚的；他们又不是什么好东西，如果贸然动他们必定会危害生灵，所以应该选重臣作为这个案子的主管，差不多能平息纷扰。"忽必烈怒气稍解，形势遂趋缓和。

后来，答即古阿散等阿合马余党被判奸赃罪而处死。虽然如此，真金竟因此而忧惧成疾，于同年（1285年）十二月初十病死，享年四十二岁。

真金是中国历史上比较特殊的蒙古族皇太子，作为太子，他广泛地参与了忽必烈时期的政治活动，在青年时期逐渐接受了儒家思想及治国理念，以及忠孝、节俭、爱民等观念，但始终未能实现其理想，真金之死，给后人留下了诸多的叹息和遗憾。

深得帝心的儿媳——阔阔真

弘吉剌·伯蓝也怯赤，生年不详，又名阔阔真，是元世祖忽必烈的太子真金的妃子，生长子晋王甘麻剌、次子元顺宗答剌麻八剌和三子元成宗铁穆耳。

出身于豪门家族的阔阔真聪明贤惠，知书识礼，其父母视她为掌上明珠。据说有一次，忽必烈外出狩猎，口渴后走近一家牧人帐房讨马奶喝，阔阔真正好在帐房外搓毛线，见客人来到便很有礼貌地迎接，并向忽必烈表示歉意说：“家里虽然有马奶，可是父母兄长都不在家，我一个女子不便接待客人。”忽必烈听后觉得很有道理，便转身上马。阔阔真连忙叫住他说，家人很快就能回来，让客人稍等。果然不久，其家人回来并热情地接待了忽必烈，这件事给忽必烈留下深刻印象。

后来，忽必烈与皇后察必所生的儿子真金长大成人，忽必烈与大臣们商议，要给他选妃。然而，看了很多的候选人，忽必烈皆不满意。此时，知道内情的大臣便派人前去打听阔阔真是否婚配。得到的回报是还未出嫁，大臣连忙向忽必烈禀报，此举正中忽必烈下怀，就这样，阔阔真被纳为真金的长妃。

阔阔真性情孝顺，言行谨慎，嫁入皇族后，接人待物应对言谈皆非常得体，忽必烈经常夸赞她是个贤德的媳妇。阔阔真侍奉婆婆察必不离左右，无微不至，甚至上厕所用的手纸，也先揉软之后再呈进备用。

中统四年（1263 年），阔阔真为真金生下长子甘麻剌；第二年

（1264 年），又生下次子答剌麻八剌；第三年（1265 年）九月，又生下第三子铁穆耳。至元十年（1273 年），真金被册立为皇太子。他虽有雄才大志，但却体弱多病。每当他生病时，忽必烈都会亲自前来探视。

有一次，太子真金又卧床不起，阔阔真日夜不离其左右，并将煎好的药送到太子床前。当忽必烈来探望时，发现太子床上铺了一条织金的卧褥，于是不高兴地对阔阔真说："我还以为你贤德节俭，没想到你竟然这般奢侈！"阔阔真听此，慌忙跪下解释："父王息怒，孩儿怎敢奢侈，这条织金褥我们从未动过，如今太子病卧在床，才拿此金褥，是为了隔湿防潮，以免潮气浸入太子肌肤，加重病情！"忽必烈听了她的解释后，觉得她这样做甚是有理，于是转怒为喜。

阔阔真起身要将金褥撤去时，忽必烈制止道："这亦非是铺什么褥子的问题，太子是我看着长大的，你是我选中的儿媳妇，我无非是提醒你们，要简朴生活，体贴天下百姓之苦，日后才好安邦治国。"忽必烈走后，阔阔真与太子商议，还是将金褥撤去，不复再用。

至元二十二年（1285 年），时年四十二岁的太子真金病卒。阔阔真不愿让皇位归属别人，她所生的三个儿子中，阔阔真最偏爱小儿子铁穆耳，因此，她一而再再而三地托付重臣伯颜和阿鲁浑萨里等人，在忽必烈面前为铁穆耳美言。

至元三十年（1293 年），本来就对阔阔真母子印象极好的忽必烈，确定铁穆耳为皇太孙。然而，皇帝自选继承人毕竟是从来未有之事，忽必烈死后，铁穆耳并没能立即继位，因为宗王们为究竟让谁继位而争执不休，因为他们心目中的合适人选是阔阔真的长子甘麻剌。在宗王大臣们的吵闹中，皇位空置了三个多月，直到出征在外的铁穆耳与甘麻剌赶回上都后，还没能讨论出个结果。

为了让心爱的儿子继位，阔阔真又想出个好办法。原来，御史中丞崔彧曾经偶然间得到了一枚玉玺，上刻有"受命于天，既寿永昌"八个大字。惊喜交集的崔彧认定这就是著名的秦玺，于是将此玺进献给了阔阔真。如今阔阔真眼看着事情将陷入僵局，便将这枚玉玺拿出来，声称是忽必烈留给铁穆耳的。与此同时，重臣伯颜和玉昔贴木儿也站在阔阔真这一边，甘麻剌和宗王们不得不承认铁穆耳的继承权。就这样，铁穆耳在母亲的帮助下，坐上了皇位，是为元成宗。

元成宗铁穆耳即位后，追尊父亲真金为皇帝，尊奉母亲阔阔真为皇太后。五月二十日，元成宗将阔阔真所住的旧太子府改为隆福宫，将詹事院改为徽政院，司议称为中议，府正称为宫正，家令称为内宰，典医署称为掌医，典宝称为掌谒，典设称为掌仪，典膳称为掌膳，并将宿卫的近侍增加到三百人。

后来，徽政院的官员私受浙西献田七百顷而登记在阔阔真名下，阔阔真说："我寡居一人，衣食有余。况江南土地皆是国家所有，我怎敢据为私产？"于是命中书省把徽政院中私受田地的官员，一律撤换。阔阔真的弟弟来找她求官，阔阔真说："你想做官吗？那你自己去求吧，不要连累我。"后来其弟被罢官，时人皆佩服阔阔真有先见之明。

元成宗大德四年（1300 年）二月，阔阔真病逝，被追谥为"裕圣皇后"元武宗至大三年（1310 年），后又被追尊为"徽仁裕圣皇后"。

众王之王陨落，"大一统"凋零

至元十八年（1281 年），忽必烈最宠爱的妻子察必去世，爱妻的离世使得步入晚年的忽必烈陷入孤独和痛苦之中。然而，就在察必逝世四年之后，至元二十二年（1285 年），颇受忽必烈喜爱的儿子真金太子也去世了。爱子的离世不仅令作为父亲的忽必烈心碎不已，而且还破坏了他的皇位继承大计。在权力斗争中死去的真金当时正值壮年，他文武双全、大智大勇；他的死对于国家、人民都是极大的损失，因而整个大元帝国都被沉重阴郁的气氛笼罩。

此时的忽必烈已经年过 70 岁的高龄，但是他却迟迟没有再立太子，其中自有他的为难之处。当时的元朝统治已经出现了危机，西北诸王海都的叛乱还未平定，忽必烈又将北辽东道等宣慰司的职位罢免，以此削弱东北诸王的势力。忽必烈此举严重损害了东北诸王的利益，至元二十三年（1286 年），西北诸王海都、笃哇进攻按台山，元朝以重兵防御西境。乃颜见有机可乘，自恃军队众多，封土广大，预谋起兵接应海都，对忽必烈进行东西夹击。

乃颜本是成吉思汗幼弟铁木哥斡赤斤的玄孙，东道诸王首领塔察儿的孙子。塔察儿曾以东道诸王之长率先拥戴忽必烈为汗，因而特受尊崇。乃颜继承了其父阿木鲁手中铁木哥斡赤斤、诃额仑夫人分地以及塔察儿的封地，占据了东北大部分地区。乃颜的国土占东道诸王领地的十分之九，军队号称 12 万，军力强盛。

中统元年（1260 年），塔察儿国王对忽必烈的支持在当时的政局中有着举足轻重的作用。而乃颜国土面积大，一直不肯向忽必烈称臣，一心想要自立为大汗。忽必烈得到辽东道宣慰使关于乃颜"有异志，必反"的报告，为了抑制东北诸王，特别是乃颜的专擅，即设立东京行省于辽阳，借以震慑诸王；这一措施更加招致乃颜的不满。

至元二十四年（1287 年）四月，与其他东道诸王合赤温后人胜纳合儿、哈丹，以及失都儿（成吉思汗弟合撒儿后王）、也不干（成吉思汗庶子阔列坚后王）等宗王起兵反元。忽必烈得到乃颜的反讯，先命伯颜亲自去乃颜军中察看虚实，命土土哈肃清驻军在上拉河上的也不干等叛王；并遣伯颜进据哈拉和林，切断乃颜与海都的联系。

尽管这样，胜纳合儿、也不干等蒙古宗王仍然与乃颜联兵，结成共守同盟。不过，他们还是小瞧了忽必烈。当时，忽必烈不顾 70 余岁高龄，决定御驾亲征。他先派钦察名将土土哈进军土拉河畔，肃清了也不

第五章
众王之王陨落，煌煌帝国江河日下
* * * * * * *

干等叛王；又派伯颜进驻哈拉和林，切断乃颜与海都的联系；同时派出使者做东道诸王的工作，劝说他们与乃颜解除联盟。

同年五月，忽必烈自上都出发，亲率40万蒙汉大军，带病亲征乃颜。乃颜听说忽必烈御驾亲征，急忙命令军队退至撒儿都鲁一带，在那里集结兵力，准备与忽必烈决战。由于蒙古军将多是乃颜的将校或戚属，两军对阵时往往"立马相响语，辄释杖不战"，也就是说，由于元朝蒙古军中高级将领均与乃颜部有关系，交阵之时，不打不杀，双方还交谈叙旧。忽必烈听闻，深感忧虑，最后还是大臣叶李出主意，让女真将领李庭、董士选两个人统率汉人军队冲在最前面，与乃颜部队开战，而让大军切断他们的后路，让他们认识到后退必死无疑，只有往前冲。这有种破釜沉舟的感觉！忽必烈依策而行。

李、董二人率领的汉人军队，曾经参加过大大小小百余场战斗，与乃颜蒙古人没有任何瓜葛；又被别人切断了退路，故而勇气百倍，无不以一当十，在火炮掩护下，高声呐喊，杀向乃颜蒙军。忽必烈以步卒持长矛，在火炮掩护下进攻。

马可波罗在记述这次战役时写道："由是双方部众执弓弩骨朵刀矛而战，其迅捷可谓奇观。人们只见双方发矢蔽天，有如暴雨。双方骑卒坠马而死者为数甚众，陈尸满地。死伤之中，各处声起，有如雷震。"乃颜抵挡不住，最后被抓住。

七月，失都儿北犯咸平，兵败，哈丹及其余党北逃，忽必烈留玉昔帖木儿辅佐皇孙铁穆耳进讨。1288年，铁穆耳、土土哈、李庭等进击哈丹在呼伦贝尔地区的据点；哈丹流窜辽东、辽西及高丽之间，1291年，被最后击破。1292年，宗王明理贴木儿附海都叛。伯颜奉诏出兵，明理贴木儿败降。

至元三十年（1293年），蒙古宗王又一次进逼哈拉和林。已经快八十岁的忽必烈强拖病躯，又一次亲征，命御史大夫月律鲁代伯颜统军。六月，皇孙铁穆耳镇抚北边，大将土土哈奉诏进攻吉里吉思，尽收益、兰州等五部，进至谦河，屯兵防守。海都引兵来战，败走。海都失谦河诸部地，如断左臂，元朝西北得以暂时免于骚扰。

其实，忽必烈统治的后期，蒙古诸汗国：伊儿汗国、察合台汗国、钦察汗国、窝阔台汗国，已经处于独立状态，中央政府无力管辖。再加上这些汗国统治者认为忽必烈违背草原蒙古族精神，不能再接受膜拜；而对于汉人来讲，忽必烈根本就不再重用汉人，因为他觉得对汉儒的利用已经完毕。汉人成为元帝国的最低等民众，民族歧视到了不可调和的程度。

个人的不幸加上国内外决策的失败，使忽必烈感到沉重的压力，也使他越来越转向穷奢极欲，寻求安慰和满足。忽必烈晚年的饮食多为蒙古菜，以煮羊肉和烤全羊为主，且蒙古可汗历来都酗酒，而此时忽必烈也养成了这种恶习。他的饮食习惯带来了健康问题，在他最后十年的生活中，他一直被肥胖所带来的疾病所困扰。1280年刘贯道为他画的像已经显露出他的肥胖体态，在13世纪80年代末，他的饮食习惯真正使他陷入了麻烦：他胖得不成样子，并开始遭受痛风和其他疾病的折磨。

衰老、倦怠、失望和酗酒无度终于敲响了他的丧钟。至元三十一年（1294年）春正月二十二（2月18日），忽必烈崩于上都紫檀殿。在位三十五年，时年八十岁。亲王和高官纷纷来到元廷表示哀悼，向忽必烈的孙子和继承人铁穆耳即后来的成宗问安。蒙古汗廷接着召开了库里勒台选举继承人，但它实际上只不过认可了忽必烈的选择而已。库里勒台开始逐渐被中国式的选立皇位继承人的方法所取代，再次显示出忽必烈逐渐适应汉族习惯的努力。

忽必烈的时代"辉煌"，其实是下一个动荡时代的暂时休止期；帝国无数灾祸与动乱的祸根，皆于忽必烈时代深深种下。忽必烈驾崩几天之后，一辆带篷大车向肯特山进发，忽必烈将葬在那里。他的确切埋葬地点未见记录，而且至今仍未发现。

不忍细读的元朝史

第六章

江山易打不易守，且施仁政得民心

元成宗铁穆耳在位时期，朝廷内政以奉行忽必烈成规为务，国家相对安定，因而铁穆耳被称为守成之君。铁穆耳尊孔崇儒，争取蒙汉儒臣的拥戴，同时又任用色目官员管理财赋。在他统治的十二年间，暂时稳定了朝廷的政局。但是他死后却后继无子，导致了元朝又一次激烈的皇位之争，最终他的侄子元武宗海山继承皇位，也使得朝政再次成为多头政治，带来了更为混乱的朝政。

第六章
江山易打不易守，且施仁政得民心
* * * * * *

"子凭父贵，有母神助" 的铁穆耳

说起守成之君，常被后世所忽略。相比于创业之君，守成者没有足以振聋发聩的赫赫大名，足以光耀千古的雄才大略，和足以名垂后世的千秋伟业，但是他们却相对更容易得到当时治下百姓的衷心爱戴和拥护，更能为天下苍生创造一个安定幸福的美好环境。如果说创业之君最需要雄才的话，那守成之君主要依赖的就是仁德。

真金太子去世时，忽必烈已经年过 70 岁高龄，但他却没有再立太子。他的为难之处在于，当时有资格被确定为皇位继承人的主要有四人：一是忽必烈幼子那木罕；二是真金太子的长子甘麻剌；三是真金太子的次子答剌麻八剌；四是真金太子的第三子铁穆耳。根据蒙古族"幼子守灶"的传统，那木罕作为忽必烈的幼子，有资格继承皇位，所以他也曾经寄希望于继位，但是却受到了忽必烈的尖锐批评，而被忽必烈疏远了。

汉法派的大臣们都比较倾向于从真金太子的三个皇子中选择继承人，忽必烈对自己的这三个皇孙都很满意，一时间无法决定到底由谁来继位。真金的三个儿子能力都很强，长子甘麻剌在至元二十七年（1290 年）被封为梁王，两年后又被封为晋王，率兵镇守北边，统领成吉思汗四大斡尔朵与达达的军马、国土，在蒙古诸王贵族中很有影响；次子答剌麻八剌一直被留在真金和忽必烈的身边，直到至元二十八年（1291 年）才受命出镇怀州（今河南沁阳），可惜还不曾到任就患了病，后来在大都去世。

三子铁穆耳曾经随从忽必烈讨伐东北叛王乃颜，作战勇猛，立有战功；乃颜败亡后，同党合丹继续与朝廷作对，铁穆耳受命征讨，合丹败亡。至元三十年（1293年）六月，忽必烈派铁穆耳镇守蒙古汗国故都哈拉和林，掌管北方防务，防御海都，同时派开国四杰之一博尔术之孙、御史大夫玉昔贴木儿做他的助手。在玉昔贴木儿请求之下，忽必烈将原来属于真金的印玺皇太子宝授给铁穆耳，间接地表明了传位给他的意图。此外，在忽必烈的督促下，铁穆耳戒了酒。铁穆耳在东北与哈拉和林的经历，使他与精锐的北方驻军结下了特殊关系，这一关系成为他和他的后裔登上帝位的重要保证。

据《不忽木传》记载，忽必烈病危时，只有不忽木、太傅伯颜与御史大夫月鲁那颜三个人侍疾，而丞相完泽却是不得入内。忽必烈这样安排，导致南必皇后在忽必烈死后将不能再摄政，因为她不会知道忽必烈的临终遗旨。丞相完泽对自己无法受顾命也很不高兴，他曾对伯颜和月鲁那颜报怨："我年纪职位均在不忽木之上，国家面临如此大事而不得预闻，真让人郁闷！"伯颜一句话就把完泽噎了回去："假如丞相您识虑与不忽木相当，又何至于把我辈劳累成这个样子！"完泽向"准太后"阔阔真告状，惹得她大怒，召三人前来质问，因为她本人同婆婆南必一样，心里根本不清楚也不知道临死的忽必烈立自己哪个儿子当皇帝。

御史大夫月鲁那颜理直气壮地说："臣受顾命，太后但观臣等为之。臣若误国，即日伏诛。宗社大事，非宫中所当预知也。"话说得有理有据，阔阔真"然其言，遂定大策"。这一大策，当然就是立铁穆耳为帝。为此，不忽木、伯颜、月鲁那颜实际上与阔阔真不谋而合。丞相完泽虽因不受顾命而气恼，但他本人是真金太子的老部下，只要真金的儿子为帝，无论立哪个，他肯定百分百支持。所以，立储之事，完全是几个大臣和准太后阔阔真导演，"太皇太后"南必反倒没什么事儿了。

第六章
江山易打不易守，且施仁政得民心
· · · · · · ·

至元三十一年（1294 年）正月二十二（2 月 18 日），忽必烈崩于上都紫檀殿。忽必烈去世时，铁穆耳的母亲阔阔真主持了一切重要的国事。她在大异密们的赞同下，立即派遣伯颜（此处指赛典赤伯颜）去追铁穆耳，通知他关于祖父的情况并让他返回，以便让他登临帝位。在铁穆耳顺利到达以后，召开了库里勒台大会，诸王贵族、朝中大臣出席了此次大会；大会由阔阔真主持，进行了 12 天还没有结果。

会议主要是讨论铁穆耳与长他几岁的兄长甘麻剌之间，到底由谁来继承帝位。《元史·成宗本纪》中记载，太子妃阔阔真倾向于立铁穆耳为帝，因此才派人催促他早日回上都继位。但是，甘麻剌也没有主动让位的意思，所以，聪明能干的阔阔真便在选汗大会上进行了一次有利于铁穆耳、不利于甘麻剌的临场测试，在这种情况下铁穆耳才占了绝对优势。

阔阔真对诸王贵族、朝中大臣说道："薛禅合罕（即忽必烈）曾经盼咐，让精通成吉思汗必里克（法律训言）的人登位，现在就让他们每人来讲他的必里克，让在场的达官贵人们看看，谁更为精通必里克。"因为铁穆耳口才极好，是一个很好的讲述者，所以他以美妙的声音很好地讲述了必里克；而甘麻剌则由于稍患口吃和没有完善地掌握辞令，无力与他争辩。全体与会者一致宣称，铁穆耳精通必里克，他较漂亮地讲述了必里克，他应取得皇冠和宝座。于是铁穆耳"顺利地被扶上合罕之位"。

其实，《元史》中的这段记载说明，在库里勒台选举大汗之时，铁穆耳及其大哥晋王甘麻剌有一次较量，其母阔阔真明显地倾向于铁穆耳，不仅事前做了准备，而且在选汗大会上也让铁穆耳占了绝对优势。《伯颜传》中对此事记载称："世祖崩，伯颜总百官以听。""成宗即位于上都之大安阁，亲王有讳言，伯颜提剑立殿陛，陈祖宗宝训，宣扬顾命，述所以立成宗之意，辞色俱厉，诸王股栗，趋殿下拜"。也就是说伯颜提剑站在大殿上，这代表朝廷军事力量的权威，但是《元史》里没有记载伯颜的提剑而立，可见，太子妃与诸位大臣事前已经形成默契，并在会上操纵会场。

至元三十一年（1294年）四月十四，阔阔真亲手将玉玺授予了铁穆耳，而后铁穆耳即皇帝位，受诸王宗亲、文武百官朝于大安阁。铁穆耳终得以继位为帝，并于四月十六日正式登基，定于次年改年号元贞，是为成宗。他即位后，追尊父亲真金为皇帝，是为元裕宗，尊太母元妃阔阔真为皇太后。

同年五月，上大行皇帝尊谥曰圣德神功文武皇帝，庙号世祖。改皇太后以前居住的太子府为隆福宫，詹事院为徽政院，司议为中议，府正为宫正，家令为内宰，典医署为掌医，典宝为掌谒，典设为掌仪，典膳为掌膳。并且封皇姑高丽王王昛妃忽都鲁揭里迷失为安平公主。

铁穆耳"守成时代"的蹉跎

铁穆耳刚刚即位，就在即位诏书中宣布自己将奉行先朝的成规，但实际上还是对忽必烈晚年的一些政策做了调整。而在守成方面，中书右司员外郎王约的一些实际建议成为元朝前期的施政大纲。

王约建议在经济上实行轻徭薄赋，停止所有非急需必需的土木工程，免除历年积欠的赋税，重新核实纳税的民户，以减轻民众负担，与民休息；同时设立义仓，赈济贫苦孤独之人，开放打猎等禁令，实行有利于农业的措施，以安抚民众，发展生产。

在政治上，整顿吏治，打击贪污受贿，革除多年的积弊；慎重地选择官吏，尤其要慎重地选择直接治理民众的府、州、县长官；重新修订律令，严明赏罚；裁减多余的官吏，精简机构；减省烦琐的条文，改革不合理的制度，以提高办事效率。在对待周围邻国关系上，不要斤斤计较于要求别人朝贡，甚至为此动武，应该以恩德招抚远方之人。此外，王约还主张办好学校，以培养人才，以及朝廷上下都应该了解民情等等。

另外，铁穆耳即位后，对中央人事没有做大调整，仍然任用中书右丞相完泽、平章不忽木等执政，继续实行世祖末年的减免赋役、赈济灾民等宽大的政策。刚刚即位，根基不稳，铁穆耳还下诏减免所在本年包银、俸钞，以及内郡地税和江淮以南州县当年的一半夏税。后来又多次下诏减免赋税，同时下诏停止一切非急需的工程营建，免除本年五月以前积欠的钱粮；又要求权贵豪绅交纳所隐匿的江南田租，以减轻小民负担。

为了保障社会经济的正常发展，铁穆耳一即位就下诏罢征安南（越南中北部古国），宽宥其抗命之罪，释放了扣押的安南使节，开始着手缓和与周边各国的关系，放弃了忽必烈动辄征战，继续扩张的政策。对待贵族官僚则采取恩威并施的方针。铁穆耳在经济、政治上的措施基本能够贯彻到底。

虽然铁穆耳被称为"守成之君"，但是整顿吏治，轻徭薄赋也只是针对一些忽必烈后期出现的问题进行纠正，对于蒙古贵族的贪婪腐化并没有做多大的改变，这也导致了他的守成出现了一些严重的问题。比如，对蒙古诸王贵族毫无节制的赏赐，导致了国家"向之所储，散之殆尽"的局面。

新大汗继位之后，对诸王贵族进行大规模赏赐，这是蒙古帝国的一个传统。成吉思汗时就有统一分配战利品的规定，窝阔台分封诸王贵族时采纳了耶律楚材的建议，规定诸王贵族的份地要由朝廷派遣达鲁花赤（掌印者）进行管理，不允许他们直接征收赋税，要由朝廷官吏统一征收，"年终颁之"，这是统治阶级内部进行财产再分配的一种形式。

由于铁穆耳继位不是一帆风顺，所以通过赏赐酬报功臣和支持者，安抚反对派自然也是缓和内部矛盾、争取天下安定的一项重要措施。尤其是除年终颁赐之外，新的大汗继位、诸王朝见照例都有赏赐，曾经忽必烈继位时由于无物可赏，还专门责令王文统、阿合马筹集钱物，在与阿里不哥对峙的情况下进行了一次大规模的赏赐，包括海都和察合台汗国的叛王们也在受赏之列。

据史料记载，就在铁穆耳即位的第一个月，也就是至元三十一年（1294 年）四月，中书省臣言："陛下新即大位，诸王驸马赐予，宜依往年大会之例，赐金一者加四为五，银一者加二为三。"即赏赐金银分别为原来的 5 倍与 3 倍。根据这一原则，铁穆耳分三批赏赐了驸马、功臣以及宗主国的国王等。

六月，中书省臣上言："朝会赐予之外，余钞止有二十七万锭。凡请钱粮者，乞量给之。"接到这份上疏之后，铁穆耳不仅没有控制赏赐的数量，反而立即制定了西平王奥鲁赤、宁远王阔阔出、镇南王脱欢及也先帖木儿等人的赏赐标准，都远远超过了原来的规定。

后来，毫无节制的赏赐导致了国库空虚，铁穆耳还下令动用钞本，引起了货币贬值。铁穆耳饮鸩止渴的行为，导致了货币一再贬值，最后使得经济崩溃。中书省臣不断上疏，并不厌其烦地列举了大量具体数字提醒铁穆耳，但在他掌权的 13 年中，对诸王贵族的赏赐并没有得到控制。尽管中书省臣几乎年年谏诤，铁穆耳每次都虚心接受，但一直没有采取切实可行的改进措施；直到铁穆耳去世，各种赐予还是史不绝书。他这种挥金如土式的赏赐，刺激了诸王贵族贪得无厌的本性，也导致了国家"向之所储，散之殆尽"的局面，实际上已经出现了"理财失宜，钞法亦坏"的现象。

"八百媳妇国" 挫败元军

铁穆耳坐稳了皇帝之位后，几年之内没有大事发生，也没有像之前蒙古大汗那样对外扩张，反而拒绝了大臣对日本用兵的请求。同时，在大德三年（1299年）派江浙释教总统僧人宁一山出使日本，恢复了两国间的正常贸易和文化往来。但是，元朝廷的南边却不是很安生，从至元二十九年（1292年）八月至元贞二年（1296年）期间，由于大、小车里与"八百媳妇国"、时而联络起兵，时而互相征战，云南行省每年出兵，都不得安定，而"八百媳妇国"寇扰车里（土司名），为患尤甚。

上面所说的"八百媳妇国"位于今天的泰国北部、缅甸东北部，泰国清迈周边。据说是因国王有八百多个媳妇，每个媳妇各领1个寨子而得名，所以号称"八百媳妇"。

大德四年（1300年），身在云南的行省左丞刘深好利生事，上奏铁穆耳道："世祖以神武混壹海内，功盖万世。皇帝继位以来，未有武功以彰显神武天资，西南夷有'八百媳妇国'未奉大元正朔，请允许为臣我为陛下征之。"刘深的建议遭到了当时一部分元廷大臣的反对，左丞相哈剌哈孙反对说："山峤小夷，连绝千里，可谕之使来，不必远勤用兵。"御史中丞董士选等人认为刘深提出的出兵是"以有用之民而取无用之地"，可丞相完泽支持刘深的这一建议，况且铁穆耳也正想"开边"，因而"用兵意甚坚"，谁劝也没有用。

年底，铁穆耳调集湖广、江西、河南、山西、浙江五省兵二万余人征"八百媳妇国"，又于大德五年（1301年）正月，发钞近十万锭，作为军费支持对"八百媳妇国"用兵。元军部队到达贵州水东、水西，却因苛扰人民，遭到民众的反抗，元军损失严重，主将遂罢出兵，而"八百媳妇国"与车里仍然争杀不已。

同年四月，铁穆耳又征调云南军征讨"八百媳妇国"，刘深率大兵自云南出发，"取道顺元（今贵州贵阳），远冒烟瘴，未战，士卒死者已十七八"。也就是说元军数万人，连"八百媳妇国"的影子都没见着一个，就已经因疾疫和行军危路摔死等原因死掉百分之七八十。同时，刘深又驱民夫负粮食辎重辗转于西南热带丛林，"死者亦数十万人"。不仅如此，刘深又强令水西（今黔西）土司阿那之妻蛇节出马三千、银三千助军。蛇节惜钱，就与云南当地另外一个土司宋隆济联手，起兵反抗元朝。

这几个土司联合在一起以后，由于对当地熟门熟路，很快便攻克了元军的据点杨黄寨，接着猛攻贵州，杀掉了元朝贵州知州，并把刘深所率领的元军包围在深山穷谷之间。当时，幸亏有元朝的宗王阔阔出相救，刘深才没有被土人杀掉喂蚂蚁。

大乱之前，元军在大德四年（1300年）征缅甸的远征军回军途中，被金齿部（今镇西）土著遮杀，战死数千人。"金齿地连八百媳妇（国），诸蛮相效，不输税赋，贼杀官吏"，西南一片动荡。大德七年（1303年）三月，因征伐"八百媳妇国"失败，作战不力，志大才疏的刘深率数千残兵往后撤退，被宋隆济所率的土蛮军一路邀击，毒箭陷阱一起上，"（元军）士卒伤殆尽"。消息传至大都，南台御史中丞陈天祥上疏，痛陈对"八百媳妇国"的用兵之失。

铁穆耳深恨刘深无能败军，想要下旨罢免刘深、答哈剌带、郑佑等人官职，罢云南征缅行省，收缴符印。而有司商议，想要为刘深的罪责说情，遭到了哈剌哈孙的反对："欲名酋，丧师辱国，非常罪必不诛无以谢天下。"于是，便将刘深杀掉。同时，派出能将刘国杰率军征讨宋隆济和蛇节等人。刘国杰百战良将，在先战失利的情况下，诱敌深入，大败土蛮军，蛇节被迫投降。

成宗以德服人，诸王罢兵"通一家之好"

自从蒙哥继位之后，以海都为代表的窝阔台系后王就一直与蒙古汗廷对立。忽必烈继位后，海都等人先是参加了阿里不哥反对忽必烈的战争，在阿里不哥战败投降后，海都等宗王仍然与元朝廷处于战争状态，一直持续到忽必烈去世。铁穆耳即位以后，北方叛王的问题并没有得到最后的解决，这些叛乱的宗王仍然不奉元朝为正朔，也就是不承认铁穆耳的正统地位。

铁穆耳即位，先后将长兄甘麻剌、安西王阿难答（忽必烈第三子忙哥剌之子）、宁远王阔阔出（忽必烈第八子）、驸马阔里吉思（忽必烈的外孙，爱不花的长子）以及名将、名臣土土哈床兀儿父子、玉昔帖木儿、月赤察儿（博尔忽曾孙）等派往北方，正是为了对付海都等北方叛王。

元贞二年（1296年），海都、笃哇内部分裂。年底阿里不哥之子玉木忽儿以及兀鲁思不花、大将朵儿朵哈等率领12000人投归元朝廷。为此，铁穆耳于第二年（1297年）二月改元"大德"，并特意颁发《大德改元诏》，还在诏书中说："朕荷天地之洪禧，承祖宗之丕祚，仰尊成宪，庶格和平。比者玉木忽儿、兀鲁思不花、朵儿朵哈等去逆效顺，率众来附，毕会宗亲，释其罪戾。适星芒之垂象，岂天意之儆予。宜规一视之仁，诞布更新之政，可改元贞三年为大德元年。"铁穆耳欢迎"去

逆效顺，率众来附"，希望能够早日达到天下"和平"，这也是他改元
"大德"，并布告天下的深意。

就在铁穆耳改元大德不久，钦察名将土土哈病死，他的儿子床兀儿
承袭父职，领兵西逾金山，进攻海都占有的八邻部之地，打败了海都。
大德三年（1299 年）笃哇实行偶然袭击，宁远王阔阔出失于防备，致使
驸马阔里吉思孤军应战，求援不及战败被俘。铁穆耳以阔阔出驭军失律
将其撤换，改令二哥甘麻剌的次子海山总领漠北诸军，在老臣月赤察儿
和床兀儿的协助下，讨伐北方诸王，同时责令玉木忽儿等领兵自效。笃
哇在撤军的途中与玉木忽儿相遇，被玉木忽儿打败。

大德五年（1301 年），海都率领窝阔台、察合台系后王 40 余人大举
东犯，海山与月赤察儿等率大军与海都等决战，海都在哈拉和林北迭怯
里吉之地被打败，两个月后，海都又与海山"大战与合剌合塔之地"，
海山亲自出战，尽获海都军辎重，海都不得志，在撤军回去的路上病死，
他的儿子察八儿继承了他的地位。

大德七年（1303 年），叛王笃哇、察八儿、明理帖木儿等聚在一起
说："昔我太祖艰难以成帝业，奄有天下，我子孙乃弗克靖恭，以安享
其成，连年构兵，以相残杀，是自隳祖宗之业也。今抚军镇边者，皆吾
世祖之嫡孙，吾与谁争哉？且前与土土哈战既弗能胜，今与其子床兀儿
战又无功，惟天惟祖宗意可见矣。不若遣使请命罢兵，通一家之好，使
吾士民老者得以养，少者得以长，伤残疲惫者得以休息，则亦无负太祖
之所望于我子孙者矣。"笃哇等人的使者于是去往海山军中请求臣附，
月赤察儿对海山及诸将说："笃哇请降，为我大利，固当待命于上，然
往返再阅月，必失事机。事机一失，为国大患，人民困于转输，将士疲
于讨伐，无有已时矣"，应"许其臣附"。海山及诸将采纳了月赤察儿的
意见，先接受了笃哇等人的投降，然后派人上报朝廷。

铁穆耳充分肯定了月赤察儿的这一做法，并对大臣们说："月赤察儿

第六章
江山易打不易守，且施仁政得民心
· · · · · ·

深识事机……"之后，同意与叛王讲和，此后叛乱者"相率来降，于是北边始宁"。其实，铁穆耳当时也是因出征八百媳妇国，元军损失惨重，才决心不再对西南用兵的。

大德九年（1305年）六月，铁穆耳立唯一的嫡子德寿为皇太子。七月，以大司徒段贞、中书右丞八都马辛同为中书平章政事，参知政事合剌蛮子为右丞，参知政事迷而火者为左丞，参议中书省事也先伯为参知政事。十月，铁穆耳患病，不能视朝，由于弘吉剌·失怜答里皇后在铁穆耳登位之前便去世，所以，由第二任皇后伯岳吾·卜鲁罕执政。朝中大事委于右丞相哈剌哈孙。十二月，皇太子病逝。

大德十年（1306年），笃哇与察八儿发生内讧，海山乘机率军越过阿尔泰山，打败察八儿。察八儿无路可走，无奈降附于笃哇；笃哇乘机兼并了窝阔台汗国的领地，窝阔台汗国从此不再存在。不可一世的笃哇也在这一年死去，铁穆耳下令其子宽彻承袭汗位，作为元朝藩臣。铁穆耳与笃哇、察八儿等西北诸王的和解，使得延续几十年的西北战乱得以平息。北方叛王同意罢兵，同意与铁穆耳"通一家之好"，这是铁穆耳"以战求和"政策的胜利，也是铁穆耳鼓励叛王"去逆效顺"、强调以德服人政策的胜利，同时也是铁穆耳守成政治的一个重大成果。

大德十一年（1307年）正月初八，铁穆耳病死，享年42岁。庙号成宗，谥号为钦明广孝皇帝，蒙古语称号完泽笃皇帝。铁穆耳后继无人，唯一的太子德寿早卒，储位虚悬，埋下了元朝中期统治集团皇位争夺的隐患。针对铁穆耳史书惯称"成宗守成"，其实，铁穆耳并非只是守成者，他在位期间，推陈出新居上，且政绩与功德卓然，算得上一位不错的皇帝。

"至大新政" 欲改颓势

海山继位后，追尊父亲答剌麻八剌为顺宗皇帝，尊母亲弘吉剌·答己为皇太后，加哈剌哈孙、朵儿朵哈为太傅，阿沙不花为太尉，以月赤察儿之子塔剌海为丞相，床兀儿等为平章政事。海山在即位的第二个月，就册封弟弟爱育黎拔力八达为皇太子，并授以金宝。同年（1307 年）十二月二十九下诏改元为"至大"，也就是 1308 年为至大元年，正式开启了武宗一朝的统治。

海山继位时，接管的是一个貌似强大安定、实则弊端丛生的帝国。他的前一任皇帝是元成宗铁穆耳，一直奉行"持盈守成"的政策，使忽必烈时代汉化不彻底及汉法与回族法冲突等遗留问题继续恶化，困扰着元王朝的统治者。当时海山面临的问题可谓是非常棘手的，因此他不得不调整"守成"之策，对统治加以调整。武宗在位时间虽短，却在各方面进行了不少改革，以巩固元朝的统治。

当时最严峻的问题是经济上的钞法开始崩溃，至元钞大幅贬值，导致物价飞涨、通货膨胀，影响财政收入；再加上武宗滥赏滥封，中书省一再以"国用不给"告急，财政危机十分严重。为此，海山没有采取减少开支和裁撤冗员的策略，而是在至大二年（1309 年）八月，再设尚书省，一个重要目的就是理财。

同年九月，诏行"至大银钞"，以新币一两准至元钞五贯、白银一两、赤金一钱。按官方原定的兑换价格，以至元钞二贯准花银入库价一两、赤金入库价一钱；因此新币的发行，实际上是通过由政府明令宣布至元钞贬值一倍半的方法，把通货膨胀的患害转嫁到私人用户身上。

另外，厘钞因为流通过于频繁，易朽烂，既不便于民，印刷和发行也不经济。所以，海山又下诏行铜钱，发行"大元通宝"和"至大通宝"，并以历代铜钱与至大钱相参行用。在币制改革的敏感时期，以行用信誉稳定的金属辅币来平抑小额零售商业领域内物价的过分波动，是一项具有积极意义的经济措施。

为了调控物价，武宗还整顿海运，以增加政府掌握的物资数量。自从至元二十年（1283 年）由朱清、张瑄创通漕粮北运的海路以后，七八年之内，从江南海运到北方的漕粮就由不到 10 万石剧增至 150 万石。至大二年（1309 年）尚书省理财的重要措施之一，就是让海运粮数量再创新高。海漕的运输成本比陆运节省十之七八，比之河漕也节省十之五六。对京畿地区粮食供应的明显增加，使政府能够通过控制粮价保持市面的基本稳定，从而缓解币制改革对社会发生的冲击。

在文化上，进一步推行尊儒政策。他登基两个月后，就下诏将在孔子的封号"至圣文宣王"前加"大成"二字，是为"大成至圣文宣王"，并遣使祭祀，以表尊崇。此外武宗还在至大二年（1309 年）豁免儒户差役，以示对儒生的优待。

另外，海山一般被称为"多立战功"的皇帝，这个评价不错，因为他的确是在边疆战场上成长起来的，而且多年的军事生涯铸成了他粗犷、豪迈、好大喜功的性格特点。他即位十天，就开始大兴土木，兴建中都城。中都位于今河北省张家口市张北县境内，紧邻当时的抚州（今河北张北），在大都（今北京）与上都（今内蒙古正蓝旗东）之间的交通线上，是保证上都政治军事等各种所需物资的一个理想支撑点。

关于兴建中都的原因，被归纳为个人权威说、交通要道说、战略地位说、纪念先辈说、自然风貌说、政治因素说和综合因素说这七种说法。无论哪一种说法，都因为武宗驾崩而导致了中都的建设被叫停。

另外，武宗还在五台山为皇太后兴建佛寺，先后投入工程的军人和工匠也有数千人之多。此外，武宗还为太后兴建兴圣宫，为一些官员兴建宅第，又建国子监学，浚会通河等，短短三四年时间里，花费了大量的人力、物力。与此同时，滥赏贵族亲信，给国家财政造成了极大困难；为此，中书省官员曾多次提出异议甚至警告。

虽然，武宗海山的至大新政最终失败了，但是现代的历史学者对他的评价仍很高，认为武宗海山并不是头脑简单的一介武夫：他重构的以尚书省为代表的臣僚也并非"保守""落后""反汉化"的人物；其所采取的措施是针对前朝积弊作出的改良，只是因时间短暂而未能得到充分贯彻实施；并认为他是元史上除成吉思汗、忽必烈之外最具影响力的一代帝王。

复设尚书省，分理财用

元世祖时期，为了解决财政问题，曾于至元三年（1266年），设立了专门管理朝廷财政税收的制国用使司，并指名阿合马任中书平章兼任制国用使司，专掌财政。至元七年（1270年），尚书省替换了原有的制国用使司，阿合马任尚书省平章政事。至元九年（1272年），尚书省与中书省合并，阿合马又改任中书平章政事，成为这一新设机构的最高行政长官，仍然掌管财政。

至元二十四年（1287年）初，复立尚书省，桑哥被任命为平章政事，同时更新制定钞法，在元朝的境内颁布使用"至元宝钞"。至元二十九年（1292年），再罢尚书省，桑哥被杀。可以说，在元朝尚书省几乎是专门为财政收入而设立的，而尚书省的存在也让阿合马与桑哥这些人权倾天下，造成了一些负面影响。

大德十一年（1307 年）九月，为了挽救日益严重的财政危机，即位不到四个月的海山就采纳了脱虎脱、教化、法忽鲁丁等人的建议，下诏设立尚书省，颁发诏书，"立尚书省，分理财用。命塔剌海、塔思不花仍领中书。以脱虎脱、教化、法忽鲁丁任尚书省，仍俾其自举官属，命铸尚书省印"。此举立即遭到了御史台、中书省官员的强烈反对，御史台官员上疏说："至元中阿合马综理财用，立尚书省，三载并入中书。其后桑哥用事，复立尚书省，事败又并入中书……顷又闻立尚书省，必增置所司，滥设官吏，殆非益民之事也。且理财在从，若止命中书整饬，未见不可。臣等隐而不言，惧将获罪。"海山回答说："卿言良是，脱虎脱等愿任其事，姑听之。"也就是说，海山一方面肯定了御史台的意见是正确的，另一方面又表示允许脱虎脱等人去试行一下。但是，当时并没有试行，而是被中止了。

海山没有成功复立尚书省，自然不肯善罢甘休，特别是皇太子爱育黎拔力八达兼领中书省后，更需要另设机构对其加以牵制。两年后，海山的权力已经巩固，而且出身高丽、曾任山东宣慰使司、因盗库钞被解职的乐实进言钞法大坏，请更钞法，图新钞式以进，又与中书右丞"保八议立尚书省，诏乞台普济、塔思不花、赤斤铁木儿、脱虎脱集议以闻"。

至大二年（1309 年）八月，海山第二次设尚书省，以乞台普济为右丞相、脱虎脱为左丞相、三宝奴、乐实为平章政事，保八为右丞，忙哥帖木儿为左丞，王罴为参知政事。此次设省无人反对，至大三年（1310 年）六月，更是令其"总治百司庶务，并从尚书省奏行"，结果"中书之署仅同闲局，居其职者俯焉食禄而已"。随即尚书省也开始启动一系列改革措施。虽然海山的尚书省只存在了一年多的时间，但还是为了缓解朝廷策财政危机而颁行了至大银钞、铸造铜钱、更定税课法等措施。

如何评价元武宗海山复设尚书省之举？其实，这是一种"分理财用"名义下的权力之争，从元世祖忽必烈时期，设立了尚书省，由阿合马、桑哥、脱虎脱等人管理，这些人掌握着全国的最高执行权，甚至为了个人的私力，与中书省的老臣、勋旧进行较量。其实这也可以直接理解为汉法派内部的义理派与功利派以及汉法派与代表蒙古贵族利益的国法派之争。

"七聘堂主"张养浩的《时政万言书》

从忽必烈的真金太子开始起，蒙古的皇太子就和汉族的王朝皇太子不一样，皇太子不再是作为"储君""潜龙"，而是出任中书令和枢密院使，成为皇帝之下的最高行政和军事长官，协助皇帝执政，并进行当皇帝前的实习和锻炼。虽然这样做可以防止大权旁落，能够让皇太子较早地熟悉朝廷政事，但是这样也很容易引起皇权与太子党的冲突，增加统治阶级的矛盾。

另外，皇太后虽然不像太子的东宫拥有众多官署和人员，但是皇太后的权利并不亚于太子。所以，这种现象最后就引发了这样一场局面：皇帝主皇宫，太子主东宫，皇太后主兴圣宫，号称"三宫协和"，实际上是三个相对独立的政治中心，皇帝的圣旨、皇太后的懿旨以及太子的令旨同时颁行，几乎具有相同的效力，因此造成了武宗朝时期的"多头政治"，而多头政治带来的必然是朝政的混乱。

至大三年（1310 年），时任监察御史的张养浩上《时政万言书》，针对元武宗海山时期，朝政混乱的局面提出了尖锐的批评，列举了"十谬九异"，其中"十谬"是指元武宗海山政策的十大失误，"九异"则是比较元武宗政策与元世祖政策九个方面的不同。

其中，"十谬"是指："一曰赏赐太侈，二曰禁网太疏，三曰名爵太轻，四曰台纲太弱，五曰土木太盛，六曰号令太浮，七曰幸门太多，八曰风俗太靡，九曰异端太横，十曰取相之术太宽。"也就是说，张养浩认为元武宗时指定的制度政策已经全面脱离了元世祖时期的轨道，这正是当时朝政混乱的重要原因。由于切中时弊，击中官僚阶层的要害，触犯到了当权者的利益，不久张养浩被罢官。

很多人对于张养浩的了解，都是从"兴，百姓苦；亡，百姓苦"开始的，其实，张养浩的家族也曾显赫一时。元世祖至元七年（1270年）寒食节前后，张养浩生于济南历城县一户富裕人家。其曾祖以上的事迹已无可考，所知的就是其曾祖曾做过武略将军和章丘燕镇酒监；其祖父张山曾经从戎，可惜家道中落，沦为平民；其父张郁16岁时便弃儒从商，完全挑起家庭生活重担，靠四处经商维持生计，所以积攒了一定的资产。母亲许氏，张养浩有两个哥哥，都相继夭折，张养浩便成了父母唯一的寄托。父亲经商积累的资产为幼年张养浩的就学创造了经济基础。

至元十三年（1276年），张养浩的外祖父许氏一家从济南迁徙至江南；6岁的张养浩随母亲送行到城西，在路上捡到别人丢失的财物，失主已经走远了，张养浩又追上去交给失主。

至元十六年（1279年），9岁的张养浩，酷爱读书，常常手不释卷，废寝忘食。父母心疼他，担心他因为忘我的读书而伤了身体，便嘱他多休息。懂事的张养浩就佯装听从，通常白天默默背诵读过的书籍，到了夜间，就关上房门，在灯下偷偷苦读。

至元二十三年（1286年），16岁的张养浩游济南舜祠作《过舜祠》一诗。《过舜祠》为张养浩诗文作品中可考的第一文。

至元二十五年（1288年），18岁的张养浩登上位于珍珠泉畔的白云楼，极目远眺，只见远近所在水波荡漾，天际之间，苍茫开阔。他怦然为之心动，激情震荡，当即挥笔写下了荡气回肠的《白云楼赋》。这篇文章写成后，一时"洛阳纸贵"人们争相传抄。文章传到山东按察使焦遂那里，焦遂的眼睛为之一亮，破例接见了张养浩，并推荐他做了东平学正。

至元二十九年（1292 年），22 岁的张养浩遵从父亲的意愿离开东平，到京城大都求仕。当时的平章政事不忽木看过张养浩的文章后，大为欣赏，便力荐他做了礼部令史。后来又推举他进了御史台。此后十多年官宦生涯中，张养浩一直为官公正清廉，不谋一己之私。

至元三十年（1293 年），张养浩经不忽木推荐为御史台掾吏。有一次，张养浩生病了，不忽木听说后前去探望他。当他看到这位堂堂的御史台家中竟朴实无华，别无长物。禁不住脱口赞叹道："此真台掾也！

武宗海山继位以后，于至大二年（1309 年），设立尚书省，张养浩上疏说不支持设立；尚书省设立之后，张养浩又上疏说这是变法乱政，将祸害天下，而御史台大臣压制了这些奏章装作没有收到。

至大三年（1310 年），张养浩将万言书进献给皇帝，直陈时政"十害"，因为"言皆切直"，结果为"当国者不能容"，先是被免除了翰林待制，后又编织罪名，将他贬为平民，永不复用。张养浩深知后果严重，遂改换姓名，出走大都。

至大四年（1311 年）正月，武宗海山驾崩，仁宗爱育黎拔力八达即位，旋即罢尚书省及之前的一系列变法。仁宗爱惜张养浩之才，召其出任中书省右司都事，随后为翰林待制；同时，元明善亦为翰林待制。

延祐二年（1315），元朝举办了第一次科举考试，张养浩以礼部侍郎的身份，与元明善、程钜夫等一起主持。为广纳人才，激励后学，张养浩建议这次考试不宜过严，即使对落榜考生也应给予一定照顾。他的主张得到了朝廷认可，由此网罗了诸如张起岩、许有壬、欧阳玄、

第六章
江山易打不易守，且施仁政得民心

黄溍等许多元代名士。恢复科举开启了读书人入仕的大门，登科的士子非常感激，纷纷要登门拜谢，却被张养浩婉拒，只是告诫他们说："只要想着怎么用才学报效国家就好了，不必谢我，我也不敢受诸公之谢。"

元英宗时期，至治元年（1321年）正月初七，适逢元宵节，皇帝打算在宫禁之内张挂花灯做成鳌山，张养浩上奏给左丞相拜住。拜住将奏疏藏在袖子里入宫谏阻，奏疏说："世祖执政三十多年，每当元宵佳节，民间尚且禁灯；威严的宫廷中更应当谨慎。皇帝打算在宫禁之内张挂花灯，我认为玩乐事小，影响很大；快乐得少，忧患很多。我希望（皇上）把崇尚节俭思虑深远作为准则，把喜好奢侈及时行乐作为警戒。"英宗看过奏疏大怒，之后又高兴地说："不是张希孟（张养浩的字）不敢这样说。"于是取消了点燃花灯的计划。下令赐给张养浩钱财布匹，来表彰他的正直。

同年六月，时任参议中书省事的张养浩突然辞职，理由是父亲年迈，需要奉养，遂还乡。后朝廷召出任礼部尚书，张养浩不拜。十二月二十八，张养浩父亲张郁去世，享年八十岁；其子张强，也在这一年去世。

元泰定帝泰定元年（1324年），朝廷以太子詹事丞兼经筵说书之职，召张养浩赴大都任职。张养浩准备赴任，到通州后又称病请辞。泰定二年（1325年），朝廷以淮东廉访使之职召张养浩，张养浩依旧不赴。至治元年（1321年）至天历二年（1329年），八年间张养浩居故乡筑云庄（今济南市天桥区张公坟村），多与士人，文人，故人交往游玩，收集金石，著作有多部诗文曲赋游记碑铭等作品。居家八年间，朝廷六召拒绝。

天历二年（1329年）正月，陕西大旱，朝廷以"关中大旱，饥民相食"，召张养浩为陕西行台中丞前往赈灾时，他却不顾高龄体弱，随即"散其家之所有"登车就道，星夜奔赴任所。"无多惭，此心非为官。"

到陕西做官四个月，从没有回到家里住过，一直住在官府，晚上便向上天祈祷，白天就出外救济灾民，没有丝毫的懈怠。

当时一斗米值十三贯钱，百姓拿着钞票出去买米，钞票稍有不慎或破损就不能用，拿到府库中去调换，那些奸刁之徒营私舞弊，百姓换十贯只给五贯，而且等好几天还是换不到，老百姓处境非常困难。于是张养浩检查府库中那些没有损毁、图纹可以看得清的钞票，得到一千八百五十多万贯，全部在它的背面盖上印记，又刻十贯和五贯的小额钞票发给穷人，命令米商凭钞票上的印记把米卖给他们，到府库验明数目便可换取银两，从此那些奸商污吏再也不敢营私舞弊。

张养浩又率领富人家出卖粮食，为此又向朝廷上奏章请求实行纳粮补官的法令。张养浩听到民间有人为了奉养母亲而杀死自己儿子的事，为此大哭了一场，并拿出自己的钱救济了这户人家。七月二十七，张养浩"得疾不起"，病逝于任上，享年59岁。

张养浩一生经历了一个朝代的八位皇帝，七次受到朝廷征召，其中六次都被他回绝。这在历史上，大概也是绝无仅有的，后人也因此而称他为"七聘堂主"。他为官清正，屡抨时政，为当时的权贵所不容。朝廷对他七次下诏征用，前六次他都不为所动；第七次时，因当时发生灾害，张养浩为救灾重返仕途，为百姓服务，最终累死在救灾岗位上。朝廷追封他为滨国公，谥文忠，令他的次子张引袭其官，扶柩归葬家乡，还建了祠堂，初名"张公祠"，后为纪念他曾七聘而后起，改名为"七聘堂"。

诚信有为却嗜酒如命的元武宗

当爱育黎拔力八达和母亲弘吉剌·答己诛杀了左丞相阿忽台、平章政事八都马辛、赛典赤伯颜等人之后，元朝大局得以稳定。当时诸王阔阔出、牙忽都（拖雷第八子拨绰之子）建议说："今罪人斯得，太子实世祖之孙，宜早正天位。"诸王建议爱育黎拔力八达即皇帝位，被他拒绝，说："王何为出此言也！彼恶人潜结宫壸（kǔn），构乱我家，故诛之，岂欲作威觊望神器耶？怀宁王吾兄也，正位为宜。"于是，自任监国，遣使迎海山于北边。

可以说，海山继位，其弟爱育黎拔力八达的功劳最大。所以，为了酬报爱育黎拔力八达的盖世之功，海山在即位的第二个月，就册封弟弟爱育黎拔力八达为皇太子，并授以金宝。帝王传子，将相传贤，这是中国封建社会皇权、王权和官吏任免的基本原则，但海山兄弟二人相约兄终弟及，叔侄相传，两家轮流据有帝位。这在中国历史上是一种别具特色的皇太子制。

汉族的王权自周朝以来，嫡长子继承制是皇位的基本原则，只有在先帝无后的情况下，才可能出现兄终弟及或者叔侄相传的情况。元武宗海山有长子和世㻋和次子图帖睦尔，根据嫡长子继承制的原则，也可以立和世㻋为皇太子。于是，左丞相三宝奴也曾劝海山立和世㻋为太子，海山召康里脱脱来和三宝奴辩论这件事，康里脱脱认为："太弟定宗社，居东宫已久，兄弟叔侄世世相承，孰敢紊其序乎。"三宝奴说："今日兄已授弟，异日能保叔授其侄乎？"康里脱脱说："在我不可谕，彼失其信，天实鉴之。"

其实，康里脱脱的意见自然也反映了当时大部分朝臣的意见，于是，海山确定了其弟爱育黎拔力八达为皇位继承人。本应该立为皇太弟，但是由于蒙古皇帝和大臣对汉制都不是很了解，于是，海山称呼自己的弟弟为皇太子，这在中国历史上也是一个特例。

历史上对于元武宗海山的评价，总是少不了"嗜酒如命"这一条。其实嗜酒如命固然是海山的缺点，但是他讲诚信，即便是有三宝奴那样的忠臣劝谏，他仍然将弟弟爱育黎拔力八达立为皇太子。而且，海山继位之初，也是有一番作为的：他励精图治，颁布了一些新的政法，赈济灾民、减轻赋税、整改弊端，可以说是干劲十足；而且提倡尊崇孔教，派官员往孔庙祭祀，又封孔子为"大成至圣文宣王"，还将《孝经》翻译成蒙古文，刻版印刷，赏赐给当时的蒙古族王公贵族、文官武将，人手一册。一时之间，朝野礼教之风大盛。

但是，海山这股"新官上任三把火"的新鲜劲很快就过去了，他开始放纵自己性子中喜欢享乐的一面。作为豪爽的蒙古皇帝，喜欢饮酒可以说再正常不过了，可是海山后来沉溺于酒色，经常彻夜召集妃嫔狂欢宴饮；除此之外，他还参加蹴鞠、摔跤以及管弦乐演奏等活动。他不仅自己享受酒色，还给群臣颁发赏赐。《元史》评价他"封爵太盛，而遥授之官众；锡赉太隆，而泛赏之恩溥"。

海山的把酒言欢让阿沙不花看不下去了，于是痛心疾首地劝谏道："皇上，您的身体健康十分重要，怎么能留恋酒色，作践自己呢？酒是穿肠毒药，色是断头尖刀，你的身体日渐消瘦，想想祖宗的基业吧！"听了阿沙不花的直谏，海山不仅没有生气，还和颜悦色地对阿沙不花道："您说得太好了！这样忠贞的直言，也只有您这样的忠臣才能对我说啊。不过您也来尝尝这酒，味道真的不错呢。"

听完皇帝的话，阿沙不花十分失望，袖子一甩，大声喝道："陛下！

微臣劝谏陛下不要饮酒，陛下却反过来邀请微臣饮酒，看样子您是不愿意接受我的谏言了。你这样的命令，请恕我不能遵从！"强硬的阿沙不花不给海山面子，海山脾气虽好，也有些变了脸色，刚斟好准备递给阿沙不花的一杯酒，也僵硬在手里。

当时的大臣们看在眼里，纷纷出来打圆场，他们齐声欢呼："古人说过，主上圣明，臣下才会忠直。如今正是因为陛下圣明，所以才得了阿沙不花大人这样的直臣啊！"海山看到众臣叩头祝贺，笑得合不拢嘴，立刻宣布，晋升阿沙不花为右丞相，行御史大夫事。阿沙不花原本是抱着触怒皇帝的准备来进谏的，哪知道会是这样的结果，只得坚持道："陛下要采纳微臣的谏言，停止饮酒，微臣才敢接受升官的任命。"海山笑着点头："这个是毫无疑问的，你只管放心好了。"

看到忠直的阿沙不花离开，海山也有心戒酒了，但是一些佞臣却说，戒酒就从明日开始吧。于是海山便在数不清的"明日"之下，再也没有断过美酒。酒色伤身，名不虚传，海山宠幸众妃，由于沉耽淫乐，酗酒过度，身染重病，身体终于垮了。至大四年（1311 年）正月，海山病倒，七天后庚辰日病死于大都宫中玉德殿，终年 31 岁，葬于先祖安息处起辇谷。如他所愿，被封为"皇太子"的弟弟得以继位，就是后来的元仁宗。

谦虚谨慎，敢于直谏的太监——李邦宁

宦官是一个特殊群体，不仅仅是因为身份和身体的特殊，更是因为大部分掌权的宦官在中国古代政治史上的特殊地位，所以，太监成为了

中国历史上一个不容忽视的群体。

历史上很多太监都是以负面形象出现在舞台之上，比如秦朝的赵高、嫪毐、东汉的十常侍，明朝的刘谨、魏忠贤等等，他们也确实是腐败、反动、祸国殃民之类的代表。但是，作为存在了几千年的一个很大的群体，他们中一定也有一些好人，一些对当时政治稳定和社会经济发展起到推动作用的人。李邦宁就是其中的佼佼者。

李邦宁，初名保宁，字叔固，生卒年不详，杭州钱塘人，原为南宋皇宫太监。宋恭帝投降后，他随宋室入大都，因为有医术并熟悉宫殿礼仪，于是便留在元朝的内廷供职。李邦宁为人机敏，同时又是语言天才，皇帝命令他学习蒙古语及诸蕃语，他很快就能说得一口流利的蒙古语和诸蕃语，深得忽必烈欢心，所以，在宫内官职越做越高。

忽必烈死前，李邦宁已是"礼部尚书"，并"提点太医院事"。元成宗继位后，李邦宁因忠于所事，仍受重用，进昭文馆大学士。元成宗铁穆耳生命中最后十个多月缠绵病榻，李邦宁终日医护，须臾不离左右，全尽人臣忠心之意。所以，元武宗夺得帝位后，对历事元世祖、元成宗两代皇帝的这位老太监十分敬重，并授他为"江浙行省平章政事"这样的实官。

李邦宁听到海山的任命，极力推辞说："我是个宦官，没有想到自己还有什么作用。世祖赦免我又起用我，使我得以为亲近之臣，爵高而禄厚，荣宠过甚。现在，皇帝您又要安排我为辅政大臣，我怎么敢当？所谓宰辅，就是辅佐天子而共治天下的人，为何找一个已被阉割的人充当？即使皇上允许我接受，宠信于我，将来天下、后世又如何评价您呢？所以，我实在不敢应诏。"一个太监，能讲出这样的话，不得不让人另眼相待。所以，海山听了很高兴，便让大臣把李邦宁的话说给太后答己和皇太子爱育黎拔力八达听，以表彰李邦宁的一片忠心与善意。

还有一次，海山在大安阁侍奉皇太后，看到大安阁中有个旧的竹箱子，便问："这是什么箱子?"李邦宁回答说："此乃世祖皇帝贮存裘带（皮袄）所用，想让后代子孙想见他在世时的俭朴，使追求奢侈的人引以为戒。"海山听后命人打开箱子，然后叹息说："不是你说，我怎么会知道啊!"

当时有宗王在身边，突然说："世祖虽然神圣过人，就是在钱财方面过于小气。"李邦宁不怕武宗不高兴，马上反驳说："不对，世祖一言一行皆为天下后世榜样。天下所入虽富，如滥用不节，必致匮乏。自成宗皇帝以来，岁赋已不足用，又广赐宗王，资费无算。长此以往，必将厚敛百姓，那可不是什么好事。"这些话要是别人说出口，说不定会立刻掉脑袋，但是由李邦宁这么一个宫中"老人"说出，"太后及帝（武宗）深然其言"；不久便加封他为大司徒、尚服院使，授左丞相，行大司农，领太医院事，官阶金紫光禄大夫。

李邦宁在武宗朝可以说是尊荣已极，他没有做过任何坏事，也不是武宗海山贴身太监引他做坏事的那种人，而是一直以长辈身份要海山学好。海山爱酒爱色，连祭祀太庙都不亲自去。过去祭祀太庙，就有皇帝不亲自主持，而是遣大臣代为进行，这次海山想要援例照办，李邦宁便规劝海山说："先朝皇帝不是不想亲自祭祀祖先，实在是因疾病而废礼。如今皇帝在即位之初，正应大规模地表彰孝道，以为天下表率，亲自到太庙去祭祀，以成一代的典范。如果循习过去的皇帝不亲临祭典的弊病，为臣的不敢苟同。"海山认为他说得好，即日便备车，住宿斋宫，并命李邦宁为大礼使。礼毕，加恩于李邦宁的三代。

当爱育黎拔力八达还在当皇太子时，丞相三宝奴等当权，他们害怕仁宗的英明，心里想除掉仁宗。李邦宁揣度三宝奴的意图，便出面对武宗说："你年事已高，皇子已渐长大，应立为太子，这是自古以来天经地义的道理，从没听说皇帝自己有儿子还立弟弟的。"武宗海山很不高兴地说："我的主意已定，你要说就自己向东宫（皇太子爱育黎拔力八达）说去。"李邦宁愧惧而退。

其实，史书上讲李邦宁"惭惧而退"，并不一定是他感觉"惭惧"，他只是尽了人臣之责而已。本来他就是宋室太监遗臣，深谙儒家道义，知悉"父子家天下"的古意，进谏忠言，并不是什么奸邪行为。等到了爱育黎拔力八达即位，近臣都建议诛杀李邦宁。仁宗却说："帝王的命运，是上天决定的，何必把李邦宁的话放在心上。"后来，加封李邦宁为开府仪同三司、集贤院大学士，直到他因病去世。

李邦宁很低调，元仁宗爱育黎拔力八达即位时，以李邦宁为旧臣，赐钞千锭，他辞谢不受。不久，李邦宁获派去代替皇帝祭奠孔圣人。行礼时，忽然遇大风突临，庑烛尽灭，致祭礼品皆被吹落。为此，李邦宁以为是圣人降谴，悚息伏地不敢起身，惭悔累日，最终竟然因此忧虑成疾，一病不起。从此事也可以看出，李邦宁内心中的道德感与儒士大臣无异，绝非恶人。

不忍细读的元朝史

第七章

久乱思治，一度『回光返照』

　　元仁宗爱育黎拔力八达号称忽必烈之后元代唯一的一位贤君，重用儒臣，尊孔读经，恢复科举，他一系列的兴利除弊的改革，使得衰弱的元朝廷一度"回光返照"。但是仁宗以及后面的英宗的新政与改革，皆触犯了蒙古贵族保守派的利益，引发了他们的抵制和不满，双方的矛盾一触即发，导致了元朝廷走马灯似地换皇帝。

成在李孟，败在弘吉剌·答己

　　弘吉剌氏答己，生年不详，其名又译塔济，是忽必烈之孙答剌麻八剌（元顺宗）的正妃，按陈之孙浑都贴木儿之女。在真金太子的次子答剌麻八剌年纪稍长些时，元世祖忽必烈赐侍女郭氏作为答剌麻八剌的偏房，郭氏为他生下了长子阿木哥。

　　至元十八年（1281年）七月，作为正妻的答己为答剌麻八剌生下次子海山，之后又为答剌麻八剌生下女儿祥哥剌吉；至元二十二年（1285年）三月，又为答剌麻八剌生下第三子爱育黎拔力八达。也就是在这一年，真金太子病卒，伤心的忽必烈便将立太子的事情放下了。

　　至元二十八年（1291年），答剌麻八剌奉诏同侍卫都指挥使梭都、尚书王倚一起出镇怀州（今河南沁阳）。行至赵州时，有百姓拦道状告士兵砍伐其桑枣，答剌麻八剌于是下令责罚违纪士兵，并派王倚入奏忽必烈。忽必烈见他如此爱护百姓十分高兴，于是便倾向于将其立为皇太孙。不曾想，答剌麻八剌竟在中途染病，未到怀州就被召回京师调养。第二年春，一病不起的答剌麻八剌病逝，时年二十九岁。

　　至元三十一年（1294年）正月二十二（2月18日），忽必烈崩于上都紫檀殿。忽必烈去世时，铁穆耳的母亲阔阔真主持了一切重要的国事。因为她倾向于立铁穆耳为帝，于是答剌麻八剌的弟弟铁穆耳以皇太孙的身份继位，是为元成宗。同年，皇太后阔阔真为孙子海山、爱育黎拔力八达选聘名儒为师，李孟被推荐当选。

李孟（1255～1321年），字道复，号秋谷，元代中叶政治家，后唐皇室沙陀贵族后裔。自幼力学，博闻强记，通贯经史、善文章，常纵论古今治乱兴衰之故，有志用世。

大德三年（1299年），海山出镇漠北。爱育黎拔力八达留在京中，李孟"日侍讲读"，很得爱育黎拔力八达的亲信和敬重。大德九年（1305年）十二月，元成宗铁穆耳唯一的嫡子德寿太子早逝，因自世祖依汉制册立皇储，就赋予了皇太子真金一系继承皇位的正统地位。铁穆耳没有其他的嫡嗣，便想在兄长的儿子中选一个作为皇位继承人。

真金太子长子甘麻剌一支已出封漠北，"具有盟书，愿守藩服"，"不谋异心，不图位次"，因而有资格继承皇位的只有答剌麻八剌嫡子海山和爱育黎拔力八达。但是，铁穆耳的皇后卜鲁罕操纵朝政多年，曾谋贬爱育黎拔力八达母子迁往怀州居住，为了免遭报复并继续掌权，不愿皇位落入海山兄弟手中。

爱育黎拔力八达去往怀州时，李孟仍随侍爱育黎拔力八达，忠勤如故，为他讲论古今帝王得失成败之理及治天下之法，并引荐人才给他用。于是，李孟更加受到信任，成为心腹谋士。

大德十一年（1307年）正月，成宗铁穆耳逝世，海山这时又在镇守漠北，右丞相哈剌哈孙便暗中将成宗铁穆耳逝世的消息通知给在怀州的答已母子，请他们速回大都。当时，爱育黎拔力八达犹豫未决，这个时候李孟进言，先指出安西王阿难答图谋皇位违背了"支子不嗣"的世祖典训，继而说以利害，谓形势危急，而海山远在万里，一旦安西王阿难答得逞，下诏来召，势将难以自保。

经过李孟的启发，爱育黎拔力八达母子决计回京，二月十六至大都。当时哈剌哈孙守宿东掖门，称病卧床以抵制皇后内旨，爱育黎拔力八达派李孟前往与他计议，适逢皇后接连派人来探病，于是李孟便假装医者，

第七章
久乱思治，一度“回光返照”
· · · · · ·

从容上前为哈剌哈孙诊脉，瞒过了皇后使者耳目。

李孟从哈剌哈孙那里得知安西王阿难答即位日期已定，就主张先发制人，尽快采取行动。但是当时有人认为，皇后（卜鲁罕）掌有玉玺，可以调动四卫之士（怯薛军），安西王侍卫亦多，而殿下（爱育黎拔力八达）侍卫才数十人，恐难成功，不如等海山到来再行动。李孟分析说，皇后之党违弃祖训，欲立庶子，人心必然疑惑不附，殿下进入内庭，晓以大义（指对宿卫之士），凡明白事理者都将舍彼而听命于殿下，成功必有把握；如果失去了时机，让安西王阿难答抢先即了位，即使海山来到，他岂肯拱手让位，必将发生内战。

这个时候爱育黎拔力八达决定用占卜吉凶决定是否举事，于是宫中请来了一位“儒服持囊游于市”的算命先生。这位算命先生按照李孟事先的嘱咐只言大吉，于是决计举事。爱育黎拔力八达率领李孟等人，在哈剌哈孙作为内应的情况下，很快控制了宫廷。政变一举成功，爱育黎拔力八达监国，李孟被任为中书参知政事。

可是接下来，皇位的争夺就在海山与爱育黎拔力八达兄弟之间产生了，李孟考虑到海山居长，又统军漠北，手握重兵，论名分和实力，皇位自当优先属他。但在海山还没有南还之前，爱育黎拔力八达便在朝中诸王、大臣和宿卫军支持下扑灭政敌，先掌握了都城，所以，就有诸王阔阔出、牙忽都等请爱育黎拔力八达早登帝位。爱育黎拔力八达当即推辞，表示无意“觊望神器”，皇位应属其兄海山。

这个时候，海山兄弟之母答己却找来了阴阳家推算两子星命以“问所宜立”，阴阳家根据海山和爱育黎拔力八达二人的生辰八字推算之后告诉答己：“重光大荒落有灾，旃蒙作噩长久。”意思是说海山若做了皇帝，命运不长久，爱育黎拔力八达做皇帝的命数要长久得多。听了阴阳家的回复，答己就开始倾向于让爱育黎拔力八达称帝。

然而，爱育黎拔力八达却觉得此事不妥，他只是自称监国，等待哥哥海山返回上都后再做商议。答己便派使臣去迎接率兵进京的海山，并向他转述了阴阳家的话说："你们兄弟都是一母所生，并无亲疏之别，但是继位之事，还望你多考虑一下阴阳家的预言。"海山听完使臣转述的话，非常生气，将三万精兵分成三路兼程南下，又派亲信康里脱脱传话："我守御边疆辛苦多年，又身为长子，理应继承祖宗基业，谁知母亲却以阴阳家的一句话就想取消我的帝位，未免太不公平。若能得为帝王，即使只做得一日，也足以名垂后世，更何况未来的事谁能断言？母亲做出这样的决定，肯定是受了谁的蒙蔽，我一定要追究。"

答己听了康里脱脱的回话，非常吃惊的辩解道："修短之说的确出自术士之口，我之所以采纳，也是为了海山着想，他的弟弟也并没有贸然即位，还在等待他返回后再做决定。你一定要赶回去向海山说明这里的情况，千万不要让我们骨肉间生了嫌隙。"后来，康里脱脱圆满地完成了任务，令心情舒畅的海山高高兴兴地返回上都与母亲、弟弟相见，并做了皇帝。

武宗海山继位之后，对母亲答己尊重有加，不仅封为皇太后，还按照母亲答己的意思，封自己的弟弟爱育黎拔力八达为皇太弟，并给了他实权，让他出任中书令兼领枢密院，总领全国的民政和军队，这在其他的朝代是不可想象的。

海山即位第二年，就为母亲答己兴建了兴圣宫作为养老之地，对于答己的任何要求，哪怕是小事情也都亲力亲为。遇到节日，海山也总是率领百官朝拜太后。安定又有权势的生活让答己开始变得贪婪而腐化，常年的寡居让她想起了当年在宣徽院掌宫廷饮膳等事的铁木迭儿。当年的铁木迭儿因久任此职，又长得英武神气，有亲近内宫之便，得到过答己太后的宠信。

当年，答己母子三人被卜鲁罕流放，后来铁木迭儿又被卜鲁罕调任云南行省左丞相，至今都没有见过一次面。答己利用自己是皇太后之便，立即派人到云南找铁木迭儿，并以皇太后的名义将他召到上都。

第七章
久乱思治，一度"回光返照"

至大三年（1310 年）十月，铁木迭儿自云南擅离职守逃回大都，于是被尚书省奏劾，奉旨诘问。武宗不知内情，立即派人严查。答己知道这一情况后，立即通知武宗海山，而且以皇太后的名义赦免了铁木迭儿。此后，铁木迭儿以写"答己的历史"为名，经常出入答己住所，两个人的感情如胶似漆。

说来也奇怪，武宗海山上台后，一改往日的精干和霸气，突然开始沉湎酒色。当时还未即位的仁宗爱育黎拔力八达和皇太后答己都有处决内政的权力，于是，铁木迭儿也借着答己的权力进入了政治中心。后来没有规律的生活使武宗海山的身体日渐衰弱，在至大四年（1311）正月，也就是海山当政不到四年的时候，他的身体健康情况突然恶化，几天后便病死于大都宫中玉德殿，终年 31 岁。接着被封为"皇太子"的爱育黎拔力八达得以继位，就是后来的元仁宗。

元仁宗继位之后，本来意气风发，想要进行一系列的改革，可惜这个时候的皇太后答己开始干政，在宫内宠信黑驴母亦烈失八，朝中亲信失烈门、纽邻以及铁木迭儿，相互狼狈为奸，致使朝政浊乱，最后导致了元朝中期混乱的局面，为元朝的灭亡埋下了祸根。

仁宗"以儒治国"，整顿朝政

至大四年（1311 年）正月，元武宗海山病死。三月，其弟爱育黎拔力八达以"皇太子"身份即位于大明殿，受诸王百官的朝贺，改年号为"皇庆"，就是历史上的元仁宗。元仁宗的即位形式不同以往前几代蒙古大汗，并不是在先可汗去世之后再召集库里勒台推举，而是像以往的汉族王朝一样，以皇太子的身份在皇宫继位，接受百官的朝贺。这也是元朝皇帝第一次以纯汉制的形式登上皇帝的宝座，它表明蒙古贵族的汉化程度进一步加深。

元仁宗爱育黎拔力八达号称忽必烈之后元代唯一的一位贤君，他年轻的时候就跟随汉族儒臣李孟学习汉族文化，经常与李孟在一起"讲论古先帝王得失成败，及君君、臣臣、父父、子子之义。李孟特善论事，忠爱恳恻，言之不厌，而治天下之大经大法，深切明白"，从而使他确定了以儒术治天下的指导思想。

海山刚刚去世三天，爱育黎拔力八达就大张旗鼓地进行改革，对武宗朝中枢机关和亲信旧臣采取了果断的措施，诛武宗幸臣三宝奴、脱虎脱、乐实等人，取消尚书省；罢建元中都；停用至大银钞；进用汉族文臣，减裁冗员，整顿朝政，改变成武两宗的衰败之势。

爱育黎拔力八达在用人方面将儒家学者、儒家老臣放在了一个十分突出的地位。在清除武宗旧臣的同时，他下令"召世祖朝谙知政务素有声望老臣平章程鹏飞、董士选，太子少傅李谦，少保张驴，右丞陈天祥、尚文、刘正，左丞相郝天挺，中丞董士珍，太子宾客萧㪍，参政刘敏中、王思廉、韩从益，侍御史赵君信，廉访使程钜夫，杭州路达鲁花赤阿合马，给传诣阙，同议庶务"。

爱育黎拔力八达的这一举动本身就与其他蒙古大汗上台前的举动大不相同：其他的大汗上台前都是召集诸王贵族大会，商议大汗人选，而爱育黎拔力八达在这样一个新旧交替的时刻却请儒臣和个别色目老臣"给传诣阙，同议庶务"，明确地显示出他在治国方针上面征求老臣们的意见，体现了他将要实行儒术治国的方针政策。

爱育黎拔力八达儒化官僚队伍，是他改革元朝制度的重要措施。儒士以前在元朝政府中之所以没有起到重要作用，主要原因是以前各朝都没有把他们的学问视为补选官员的基本标准。大多数高官是以出身为评选标准而产生（通过承袭和荫的特权，荫即降等承袭其父辈的官职），而多数中下级官员则是由吏入官。结果是大多数官员并没有受过儒学教育，也不具备儒家的政治倾向。

为改善通过承荫得官者的教育水平，至大四年（1311 年）下诏规定汉人职官子孙承荫，需考试一经一史，考试合格者直接任职，免去见习期。爱育黎拔力八达还恢复了科举考试制度。

皇庆二年（1313 年）颁诏并在其后的两年中首次实行的新考试制度，考试科目重经学而轻文学；还指定朱熹集注的《四书》为所有参试者的标准用书，并以朱熹和其他宋儒注释的《五经》为汉人参试者增试科目的标准用书。这一变化有助于确定理学的国家正统学说地位，具有超出元代本身的历史意义，并被后来的明、清两代基本沿袭下来。

除此之外，同年六月，爱育黎拔力八达还"建崇文阁于国子监""以宋儒周敦颐、程颢、程颐、张载、邵雍、司马光、朱熹、张拭、吕祖谦及故中书左丞许衡从祀孔子庙廷"。延祐三年（1316 年）六月，又将祭孔尊孔行动提高到国家级祀典的地位，将宋代及元代儒家的代表人物列入从祀孔子的殿廷；继续加封历代衍圣公，乃至加封孟子的祖先，这等于是将儒学抬高到国学地位。以儒家历代圣贤作为人们效法的榜样，这也是提高儒家社会地位的一个重要举措。

爱育黎拔力八达对汉文化十分喜爱，他和他的臣僚（特别是蒙古和色目臣僚）对儒家政治学说和汉人历史经验的渴求，可以从爱育黎拔力八达下令翻译或出版的著作的数量和性质上反映出来。翻译成蒙古文的汉文著作包括：儒家经典《尚书》；宋人真德秀撰写的《大学衍义》；与唐太宗有关的两部著作，吴兢撰写的《贞观政要》和唐太宗本人为他的继承者撰写的《帝范》；司马光撰写的伟大史书《资治通鉴》。

在爱育黎拔力八达赞助下出版的汉文著作包括：儒家经典《孝经》；刘向撰写的《烈女传》；唐代学者陆淳研究《春秋》的论著以及元代官修农书《农桑辑要》。

虽然以上所列在爱育黎拔力八达同意下出版的汉文著作，反映的是他作为天子有倡导大众道德和增加物质福利的责任，但翻译著作的选择，则显示了他的实用主义目标。在下令翻译《贞观政要》时，他指出此书有益于国家，并希望蒙古人和色目人能够诵习该书的译本。爱育黎拔力八达显然希望蒙古人和色目精英，包括他自己，能够学习儒家的政治学说和汉人的历史经验，特别是唐太宗的教诲，能把国家管理得更好。

答己滥用淫威，铁木迭儿以权仗势

至大四年（1311 年）三月十八，仁宗即位于大都，欲改革弊政，以儒术治国，任命太子詹事完泽和李孟并为中书平章政事。然而母后答己却从后宫传旨命铁木迭儿为中书右丞相，仁宗为不逆母意，遂以铁木迭儿为相，主持中书省事务。

皇庆元年（1312 年），铁木迭儿以生病为由，要辞去中书右丞相的职位，于是，仁宗于次年正月以太府卿秃忽鲁为中书右丞相。结果还没到一年，秃忽鲁便以灾变乞求仁宗罢相。仁宗以回族人哈散（布哈拉王后裔赛典赤赡思丁的次子）继相位，哈散不敢当国，自谓"非世勋族姓"，请仁宗再任铁木迭儿。很显然，这其实是太后答己的安排。同年四月，复拜铁木迭儿为开府仪同三司、监修国史、录军国重事；九月，即复以铁木迭儿为中书右丞相。

面对元仁宗爱育黎拔力八达兴利除弊的一系列改革，蒙古贵族中的守旧势力开始心怀不满。在这些人中，以当时任丞相的铁木迭儿为代表，而铁木迭儿的后台就是仁宗的母亲、出身弘吉剌氏的皇太后答己。答己在政治上一贯保守，并以仁宗生母、共经患难的特殊地位，自拥中心，自成体系。答己培养男宠，从黑驴母亦烈失八、失烈门、纽邻到铁木迭儿，他们无法无天，为所欲为，宫中浊乱不堪。

仁宗新政在经济上的一个重要问题就是如何增加国家的赋税。为了讨好爱育黎拔力八达，铁木迭儿提出一条括田增税，结果各地方的贪官污吏为增报田亩，竟拆毁民房，挖掘坟墓，百姓大受其苦。许多人因此流离失所，无家可归，最后引发了江西民变。

当这个事件发生之后，许多大臣都表示要停止继续执行这个政策。仁宗想要停止实施，结果答己知道这个政策是铁木迭儿提出的，便要求仁宗在朝廷上坚持，引发了大臣们的纷纷议论，朝廷震荡。

后来，铁木迭儿又在皇太后答己的保护下，被任命为太师。中书平章政事张珪这时候觉得已经忍无可忍，向仁宗上谏："太师论道经邦，须才德兼全才能当此重任。"他表示，像铁木迭儿这样的人，品行才德都不足以服众，为什么给他当这么大的官呢？爱育黎拔力八达对张珪是非常信任的，也担心铁木迭儿当不了这么大的官，于是就借看望母亲的机会将这种担心和答己说了。答己听后非常气愤，她不但严词训斥了爱育黎拔力八达一番，而且觉得铁木迭儿当太师还不够，还要兼总宣政院事。在答己的坚持下，爱育黎拔力八达没有拿下铁木迭儿的职务，还乖乖地下诏，任命铁木迭儿当太师兼总宣政院事。

答己和铁木迭儿对张珪十分记恨，便背着爱育黎拔力八达，让徽政院使失烈门传她的旨意，把张珪叫来盘问。张珪对失烈门的盘问反唇相讥，失烈门大发雷霆，命令属下对张珪严刑拷打。张珪年过六旬，禁不住酷刑拷打，当场就奄奄一息了。张珪被失烈门强行缴还印信，之后家眷被迫离开大都。后来，爱育黎拔力八达知道这件事后很气愤，他对失烈门说道："你知不知道，张珪是我信任的大臣，如何处理，应当听我的意见！"失烈门却回答说："太后有旨了，就得处理！"

仁宗对太后答己处处祖护铁木迭儿，在朝中肆行威福，心中早已不满，然而他却不断向太后曲意妥协，一个重要的因素就是他有了改变叔侄相继的先约，要把皇位传给自己的儿子硕德八刺的私心。为了实现这一目的，且不使武宗之后将来起而争夺帝位，与太后、铁木迭儿势力相结盟达成暂时利益的一致是十分必要的。

皇太后答己和铁木迭儿以及蒙古贵族的一些人，对仁宗推行汉法的行为大为不满，当初武宗即位时，以仁宗有定策功，于是以母弟为储，相约兄弟相袭，叔侄相继。但仁宗即位后，却在子侄间难以决断，太后答己、权臣铁木迭儿等看出了仁宗的犹豫不决，于是便企图在皇位继承问题上大做文章。心怀鬼胎的铁木迭儿对仁宗提议，立仁宗的长子硕德八刺作为皇位继承人。当时的太后答己并没有立即表态，但是她心里却地体会到了铁木迭儿的用意。因为根据海山兄弟之间的约定，仁宗应该传位给武宗的长子和世㻋。

当时的和世㻋年长有为，不肯任人摆布，而仁宗的长子硕德八刺刚刚 13 岁，在皇族同辈人中，年纪最小，且性格文弱，似乎更容易控制一些。但是这种做法明显的违背仁宗与武宗的君子协定，太后答己有些举棋不定。这个时候铁木迭儿便建议仁宗封和世㻋为王，将其送到边疆。其实，铁木迭儿只想"固位取宠"，根本不在乎什么背信弃义。于是，他便和太后的幸臣失烈门一起往来于太后和皇帝的两宫之间，期间还说了不少和世㻋的坏话。

开始的时候，仁宗有些犹豫不决，但是他经不住铁木迭儿等人的花言巧语和太后势力的撺掇，最后也就同意了。延祐二年（1315 年）十一月，仁宗封武宗长子和世㻋为周王，次年三月便派和世㻋去镇守云南。途中武宗旧臣表示不服，并带着周王和世㻋造反兵败北逃后，受到了察合台后王的支持，长期占领金山（阿尔泰山），与朝廷对抗。延祐三年（1316 年）十二月，仁宗立儿子硕德八刺为皇太子，打破了叔侄相传的誓约，但这个做法导致后来元朝长达二十年的政治混乱及宫廷斗争。由

第七章
久乱思治，一度"回光返照"

于"立太子有功"，皇太后答己又强迫仁宗将铁木迭儿提拔为右丞相。从此，铁木迭儿倚仗皇太后的权势，无所顾忌，无恶不作。

京师有个叫张弼的富户，因为杀人被押入大牢。他派人贿赂铁木迭儿。铁木迭儿见财宝不少，就鬼迷心窍立刻命令上都留守贺巴延将张弼释放。贺巴延有正义感，坚决不放人，并且启奏皇上评判。当时中书平章萧拜住、御史中丞杨朵儿只和另外几位大臣赵世延、张养浩、贺伯颜等联名上疏揭发铁木迭儿的罪状，尖锐指出："铁木迭儿舛黠奸贪，阴贼险狠，蒙上罔下，蠹政害民，布置爪牙，威慑朝野，凡可以诬陷善人，要功利己者，靡所不至。"所列其罪状，有理有据，无可辩驳。仁宗震怒，下诏要将铁木迭儿逮捕问罪。但是铁木迭儿却依靠太后答己的关系，藏匿于太后近侍家中，司法部门无法将其逮捕归案。仁宗无可奈何，仅仅免去铁木迭儿的丞相职务，并没有追究其刑事责任。

历代帝王都标榜"以孝治天下"，仁宗更是身体力行，对太后答己好生侍候，"终身不违颜色"，明知道太后的做法不对，也坚决不说半个"不"字。太后答己思想保守，一直坚守"祖制"，脾气又很坏。因为仁宗推行汉制，就屡次训斥他；对铁木迭儿却是深信不疑，屡次出面为其要权要官。而仁宗则是一让再让，致使铁木迭儿没有得到应有的处理，逍遥法外，还不断地加官晋爵。

正是由于铁木迭儿这个臭名昭著的奸臣，使得仁宗和太后的关系变得十分紧张而微妙。后来，铁木迭儿被罢相不到一年，又走太后的后门，被重起为太子太师，人们闻之，莫不惊骇。以赵世延为首的内外监察御史四十余人对他进行联合弹劾，认为铁木迭儿"逞私蠹政，难居师保之任"，但结果仍"以太后故，终不能明正其罪"。

外在文弱，内在强硬的英宗——硕德八剌

在元仁宗爱育黎拔力八达与母亲答己被贬居怀州期间，他的正妻弘吉剌氏阿纳失失里于大德七年（1303 年）二月二十二为他生下了他的嫡长子硕德八剌。当时的怀州在洛阳附近，洛阳又是宋代理学大师程颢、程颐的故乡。仁宗一直将硕德八剌带在身边，让他接受儒家的说教和汉族儒家的教育，硕德八剌的身边聚集了一群社会地位低下的汉族知识分子，他们的思想与言谈自然对这位蒙古的小王子产生了潜移默化的作用。于是，这个长子硕德八剌便和蒙古草原在马背上长大的贵族子弟大不相同。

年纪小小的硕德八剌具有儒家所推崇的"谦德"，父亲仁宗做了皇帝之后，一直想要立他为皇太子，硕德八剌听说以后，便跑到太后答己的宫中"固辞"说："我年纪太小而且能力不足，况且我兄长还在，应该立我的兄长，让我来辅佐他。"皇太后不允许。

延祐三年（1316 年），硕德八剌被立为皇太子。监察御史段辅、太子詹事郭贯等，上奏仁宗皇帝要为皇太子硕德八剌选择师傅，仁宗欣然接受。

元世祖开国之初，将国内的百姓分为四个等级：蒙古人地位最高，其次是色目人，汉人、南方汉人地位最低。这个政策导致了严重的民族歧视。

延祐五年（1318 年）初夏，黄河中下游一带连续下了二十多天的暴雨。六七月份间，黄河在睢阳（今河南商丘北）决口，泛滥成灾；洪水吞没了十几个州县，无数民房被冲毁，数以百万计的灾民背井离乡，到

处流浪。同时当时的陕西、江西等地又连年大旱，连续几个月都没有下过一滴雨，田地被晒得干裂，庄稼十之八九枯死；接着又发生了大规模的瘟疫，很多人的生命被夺去。此时贵族地主和官吏又变本加厉地盘剥老百姓，于是各地饥民起义不断。最著名的是蔡五九领导的江西农民起义和贺圆明和尚领导的陕西农民起义；虽然这几次起义都被镇压了，但是此后的农民起义一直没有中断过。

面对这种国情，年少的硕德八剌太子心急如焚，常常与身边的儒士、学者探讨治国之途、救民之道。硕德八剌认为，治理天下，须待之以仁。马上可以取天下，但是不可以马上治理天下。太祖皇帝（铁木真）骑马挥鞭，叱咤风云，没有几年就取得了天下，然而治理国家还要靠典制纲常。应该援用唐、宋的成文典章，参考辽、金遗留的旧制设官立制，平政安民，这样才能成就一番事业。如今谁能重用汉族儒士学者，又能推行中原固有的治国之道，谁就能上承天意，下得民心，当好中国的皇帝。

硕德八剌这种以仁治天下，以德治国的儒家传统主张，也是元世祖忽必烈曾经实行过的汉法汉制。年轻的太子能有这样的认识和才智，元仁宗爱育黎拔力八达非常的高兴，因此，他常常召见太子谈论天下事。延祐六年（1319 年）十月，年仅 16 岁的太子硕德八剌，由于深得父皇的信任，被授予玉册（太子官印），建立了自己的行政办公机构。仁宗下诏命所有机构的事务都要去先交给硕德八剌，然后再向皇帝奏报。也就是说，由太子主持处理朝廷日常政务，以便使太子受到实际工作的锻炼。

硕德八剌十分谦虚，对中书省的大臣说："皇上把天下的事务都交给了我，我日夜战战兢兢，唯恐哪里做不好。你们一定不要有所顾忌，一定要恪勤乃职，不要有懈怠的地方，以免达不到为君父解忧之效。"这短短的几句话也可以看出，年轻的硕德八剌太子的确不愧为忠于所事、以天下为己任的仁义之主。

延祐七年（1320年）正月，仁宗爱育黎拔力八达病危，太子硕德八剌忧形于色，夜里面就焚香哭祷于神像前："皇上以仁慈治理天下，百事俱兴，四海清平。如今天降大灾，不如把惩罚降到我身上，使皇上成为民众的主人。"正月二十一日，元仁宗去世。硕德八剌哀伤尽孝超出了礼制的规定，他穿白色丧服睡在地上，每天只喝一碗粥。

仁宗皇帝刚刚去世第四天，答己太后就下令将当年支持仁宗推行汉法的右丞相答沙革职查办，并以太后懿旨令太子太师铁木迭儿第三次出任右丞相。答沙是仁宗的得力助手，协助仁宗处理政务，推行汉法，做出过许多贡献。但由于他居于右丞相之职，又受到仁宗的信任，树大招风，引起了铁木迭儿等人的忌恨。另外，铁木迭儿觊觎右丞相之位已久，因此对答沙自然是除之而后快。

硕德八剌深受儒家思想的影响，很想在政治上大有作为。他其实并不柔懦，处事很有主见。元仁宗爱育黎拔力八达刚一去世，他就和太皇太后答己在政事的处置上开始交锋。当时有一个叫乞失监的臣子，因为卖官鬻爵，被刑部按法律规定判处杖刑，答己却出面干预，叫改行笞刑。杖刑是元代"五刑"中的第四等刑，最少要打67板子；最多打到107板子；笞刑是第五等刑，最多只打57鞭子，最少打上7鞭子，表示一下惩戒之意就算了。

英宗硕德八剌得知祖母要卖人情，立即加以制止。他对祖母说道："法律的规定体现了天下的公意。迁就个人感情，随意调轻调重，那就不能在天下人面前维护法律的威信了。"他断然命令，维持原判，对乞失监执行杖刑。

铁木迭儿出任右丞相后，立即乘新君未立之际进行报复：他先是诬陷中书省参议韩若愚有罪，请求处以极刑。硕德八剌知道韩若愚冤枉，拒绝了这一请求，但慑于答己大后和铁木迭儿的淫威，不得不将韩若愚革职。

第七章
久乱思治，一度"回光返照"
* * * * * *

同年二月，铁木迭儿又先后把不依附于自己的中书平章赤斤铁木儿、御史大夫脱欢、中书平章李孟、兀伯都剌、阿礼海牙等罢官、夺爵、降职。四川行省平章赵世延曾弹劾过铁木迭儿。这时，铁木迭儿便唆使人诬告他有罪，同时又暗示他只要交出同党就可以得到高官厚禄。赵世延严词拒绝。铁木迭儿便给他加上违背诏书、大不敬等罪名，拟处死刑。还要追究省、台诸位大臣的连带责任。

硕德八剌知道赵世延冤枉，他对近侍说："铁木迭儿一定要置赵世延于死地，朕常常听说他为人忠良，所以才对铁木迭儿的每次上奏都不采纳。"硕德八剌说赵世延犯罪是在大赦之前，应该有所宽大。铁木迭儿要求追究当年和赵世延一起弹劾过自己的人；硕德八剌仍以这些事发生在大赦之前，不应该追究来搪塞。铁木迭儿一再要求处死赵世延，硕德八剌就是不同意。于是，负责审讯的官员为了讨好铁木迭儿，千方百计地折磨赵世延，企图使他因不堪凌辱而自杀。不料赵世延即不招供，也不自杀。铁木迭儿只好将他长期关押狱中，最后硕德八剌救下了赵世延。

铁木迭儿在诛除政敌的同时，大批提拔亲信，把江浙行省左丞相哈律（黑驴）、陕西行省平章赵世荣提升为中书平章。他的党羽、宣徽院使失烈门以答已太皇太后的名义要求硕德八剌大规模更换朝臣。硕德八剌马上驳回说："现在哪里是封新官的时候！先帝的旧臣，也不宜轻易变动。等到我正式即位，自然会同宗室亲王、元老大臣仔细商议。到时候，贤能者都可得到任用，奸邪者都要被罢免。"中书左丞张思明也劝铁木迭儿不要闹得人心惶惶，引起诸王、驸马们的不满。这样，铁木迭儿才稍加收敛。答已连着碰了几个不硬不软的钉子，气愤极了，恨恨地说："我真不该养这个孙子！"

同年三月十一日，年仅17岁的硕德八剌在太皇太后答已及右丞相铁木迭儿等人的扶持下，在大都大明殿登基称帝，汗号格坚汗，是为元英宗，改元"至治"。尊奉答已太后为太皇太后，追尊父亲爱育黎拔力八达谥号圣文钦孝皇帝，汗号"普颜笃可汗"，庙号仁宗。

身为右丞相的铁木迭儿并没有停止报复私怨的活动。在五月与英宗一起到上都的时候，看到了上都留守贺伯颜，于是就又勾起了他的怨恨：在前几年的时候，正是这个贺伯颜与萧拜住等人联合揭发了他的罪行，致使仁宗爱育黎拔力八达罢了他的官。他痛恨贺伯颜一直和自己作对，于是便制造了一个"便服迎诏"的罪名，诬陷贺伯颜对新即位的天子"大不敬"，然后将贺伯颜置于死地，并籍没了他的家产。

也正是这年五月，失烈门伙同岭北行省平章政事哈散、中书平章政事黑驴等阴谋发动政变之事被告发。经过拜住的周密调查，硕德八剌发现，此次政变的幕后指挥者正是自己的亲祖母——答己太皇太后。硕德八剌立即召见拜住密谋对策，拜住说："他们这伙人擅权乱政已久，至今仍不知悔改，竟然阴结党羽，谋危社稷。当前的上策是先发制人，在太皇太后尚未来得及干涉之前，以迅雷不及掩耳之势，将其同伙一网打尽，以正祖宗法度！"硕德八剌于是命人将失烈门一伙诛杀，并籍没其家产。

失烈门等人受到了应有的惩罚，但是老奸巨猾的铁木迭儿却称病在家，并得到太皇太后的庇护，又躲过了一场灾难。由于拜住等改革派的大臣大力协助，铁木迭儿等人虽然一直蠢蠢欲动，但屡次被英宗硕德八剌挫败。太皇太后答己本来以为英宗文弱，很好控制，能够让他俯首听命，没想到外在文弱的英宗却十分不好对付，她不由得非常后悔，自己当初为什么要立了这么一个不听话的孩子做皇帝。

拜住为相，英宗推行新政

仁宗一死，答己太后便以太皇太后之尊制出中宫，把被罢了相的铁木迭儿重新调入中书省，出任右丞相。铁木迭儿复相后，"睚眦必报"，对从前弹劾过他的人肆行威福，予以打击。硕德八剌本人缺乏像忽必烈和元仁宗那样的既有声望又足以信赖的潜邸侍臣班子，这时候差不多处于孤立无援、"孑然宫中"的境地。于是，即位第二天的硕德八剌就单独召见了仁宗亲近的大臣拜住（木华黎的后裔）、张养浩、郭贯等人。

答己太皇太后与铁木迭儿等保守派对改革派的恣意报复，让刚刚上位的硕德八剌感受到了严重的威胁。为了巩固自己的统治，硕德八剌决定采取必要的措施：将思想保守的左丞相哈散撤职，冲破重重阻力任命拜住为左丞相，以遏制太皇太后和铁木迭儿的权力扩张。

拜住是开国功臣木华黎的后代，名相安童之孙，5岁便成为孤儿，在其母亲的抚养下长大。由于他出生于文化发达的山东地区，同当时的著名学者虞集、吴澄等来往密切，深受儒家文化的影响，在士大夫中有"蒙古儒者"的美名。

英宗硕德八剌做太子时，向身边侍卫询问宿卫的情况，侍卫们都说拜住这个人很贤能。硕德八剌派人去召他前来，要和他交谈。拜住对使者说："在可能产生嫌疑的时候，君子应该小心对待。我担任天子的宿卫长，如果与太子私自往来，我固然会获罪，大概也不是太子的幸事吧？"他最终也没有去见太子。

"文臣死谏，武臣死战"，国君能够纳谏如流，这是儒家理想政治的一个重要体现。而元英宗硕德八剌一上台就打开了纳谏之路。

至治元年正月，硕德八剌想在宫中搭建彩楼，元宵节夜晚张灯设宴，大大庆祝一番。当时硕德八剌还处在为先帝服丧期间，参议张养浩上疏劝谏，拜住认为应该进谏，便带着张养浩的奏疏向英宗硕德八剌上奏，张养浩说："当今国库空虚，黄河泛滥，灾民遍野，臣以为宫中之用应该节省。"英宗听完很高兴，但是他表面却故作生气地说："朕登基以来，上承天命，下恤百姓，万民同乐，天下太平。值此佳节，难道不应该庆祝一番吗？"张养浩面不改色，据理力争："载舟需以民为水，兼听则明的道理想必圣上已知。臣冒死力谏，请我主明察。"英宗高兴地接受了劝谏，并停止了喜庆活动，还赏赐锦帛给张养浩，来表彰他敢于直言。

之后，硕德八剌对群臣说："我朝有张爱卿这样的大臣，朕还有什么忧虑的呢？自今以后，朕凡是出现过错，不仅台臣应当谏诤，众人都可以提意见。"御史台臣请求英宗降诏规定台纲纪律，英宗说："卿等只管守职尽言，正确的朕一定采纳实行，不正确的也不会向大家问罪。"

不久，英宗又下诏天下，内外臣民都可以言得失、上封事，有不少人直接进献到皇帝面前。拜住建议说："如今上封事者，不少人直进御前，多为不便。希望令臣等先开视检查，然后再入奏。"英宗说："给朝廷提意见者可以直达御前，如果是细民的诉讼之事，则可禁止直达朝廷，应由有关部门解决！"

三月，拜住跟随皇帝出巡上都，皇帝认为当地行宫亨丽殿规模狭小，想再加以扩建。拜住上奏说："陛下刚登上大位，不去了解民间疾苦，却急于大兴土木导致影响农业生产，恐怕会让老百姓失望。"英宗听取了拜住的意见。

拜住主张继续进行改革，实行汉法。他对硕德八剌说："无论如何，汉法不可废。中原地大物博，出产丰富，自古以来乃兵家必争之地，岂能还以祖宗之法治之？"

第七章
久乱思治，一度"回光返照"
* * * * * *

拜住又说："城镇可以据守，集市可以得利，土地可以耕种，赋税可以缴纳。但我蒙古贵族对于中原已经占领的汉地，一直以蒙古落后的方式加以治理：有的圈占农田为牧场，有的征发农民做苦役，有的则驱良为奴，搞得民不聊生，怨声载道。立国之道在于提倡礼义而不在权谋，安天下的根本在于人心向背而不在于黩武。"

有一次，英宗硕德八剌对拜住说："朕思天下之大，非朕一人思虑所及，卿乃朕股肱之臣，千万不要忘记规谏，以帮助朕纠正各种失误。"拜住说："古代尧舜为君，每遇到一件事都要征求众人的意见，别人说得正确，则舍己从人，故而万世称他们为圣人；桀、纣做国君时，则拒绝别人提意见，自以为贤能，只喜欢别人服从自己，好亲近小人，故而国家灭亡而不能自保，世人直到今天还称其为无道之主。臣等仰仗陛下洪恩，哪敢不竭忠尽力以报效朝廷呢！然而凡事言之则易，行之则难。只要陛下身体力行，臣等若不及时谏诤，则是臣下之罪。"

英宗要求宰相和各级官员不仅要忠于职守，而且要努力荐贤进谏，并专门颁发了诏书，不论现任官员还是民间隐逸，大家都要推荐。对于那些不荐贤进谏、搞不正之风的大臣，则严厉批评。

英宗即位之初，有人通过近臣进献七宝玉带，以示祝贺。英宗很生气，说："朕刚刚登基不久，百废待兴，需要的是文武贤才和米粟布帛。你们作为近臣，不去荐贤举善，却替人进献玉带，岂不是用利引诱朕走邪路吗？"年轻的英宗硕德八剌一身正气，从谏如流，从而为他振立纪纲、推行新政创造了有利条件。

而拜住作为硕德八剌的师友与重臣，在硕德八剌兴利除弊的改革中做出了贡献。硕德八剌曾对拜住说："我把重任委托给你，是因为你的先祖木华黎跟随太祖开拓疆土，你的祖父安童辅佐世祖能够很好地治理天下。你不要忘记先祖们的美好声誉，也要尽心尽力地辅佐我啊！"硕德八剌和拜住君臣协力，励精图治，收到了理想的效果。

至治二年（1322 年）八九月间，太皇太后答己和奸臣铁木迭儿相继死去。这年的十月，英宗任命拜住为中书右丞相，且不设左丞相，以免掣肘。为了达到富国强兵的目的，英宗在拜住等人的协助下，实施了一系列的改革措施：

首先，任用大批汉族官僚和知识分子，比如张珪、虞集、吴澄、王约等人；其次，精简机构，减少冗官冗职，对某些中央机构以及相关地方机构进行了改革；第三，实行助役法，为各地的流民分发大量的粮食、牛马，给予救济和安抚；第四，减轻徭役赋税。拜住曾经上奏英宗说：“自古帝王的天下以得民心为本，失民心则失天下。钱谷，民之膏血，多取则民困而国危，薄敛则民足而国安。”英宗认为：“民为重，君为轻，国非民将何以为君？”第五，颁行《大元通制》；第六，重视汉文化，注重修史。

以上的这些新政，触动了蒙古贵族保守派的利益，引起了他们的抵制和强烈不满。改革派与保守派双方的矛盾进一步激化，几乎到了一触即发的地步。

离乱旧王孙，终作太平犬——赵孟頫

言及赵孟頫，总会想起他笔下细腻描绘的工笔画和柔媚的书法字体。还有他和夫人管道升诗情画意般的生活。赵孟頫（1254 年 10 月 20 日～1322 年 7 月 30 日），字子昂，汉族，号松雪道人，又号水晶宫道人、鸥波，中年曾署孟俯。浙江吴兴（今浙江湖州）人，南宋末至元初著名书法家、画家、诗人，宋太祖赵匡胤十一世孙、秦王赵德芳嫡系子孙。其五世祖秀安僖王赵子偁，即宋孝宗父；其四世祖为崇宪靖王赵伯圭，因

第七章
久乱思治，一度"回光返照"
* * * * * *

孝宗赐宅第于湖州，所以赵孟頫成为湖州人；他的曾祖赵师垂，祖父赵希戡，父亲赵与訔，皆仕于南宋。

赵孟頫十一岁时，他的父亲去世，由生母督学。他自幼聪敏，读书过目不忘，下笔成文，写字运笔如风。十四岁时，赵孟頫因其家世代为官亦入补官爵，并通过吏部选拔官员的考试，调任真州司户参军。如果南宋不亡，一步一个台阶，赵孟頫很可能度过安静而又乏味的一生。但是，十三世纪后期的南宋王朝处于风雨飘摇的境地，1279 年的崖山之役，元将张弘范把赵家皇族送进了大海。宋朝，终于画上了一个哀伤的句号。

南宋灭亡后，赵孟頫一度蛰居在家。生母丘氏说："圣朝必收江南才能之士而用。你不多读书，如何超乎常人?"他因而愈加努力，拜老儒敖继公研习经义，学业日进，声名卓著。吏部尚书夹谷之奇（女真族人）举为翰林国史院编修官，但他辞不赴任。

至元二十三年（1286 年），元朝行台侍御史程钜夫奉诏搜访隐居于江南的宋代遗臣，找到了二十多人，当时赵孟頫名列其首，并单独被引见入宫，觐见元世祖忽必烈。忽必烈见赵孟頫才气豪迈，神采焕发，如同神仙中人，非常高兴，让他位坐右丞相叶李之上。当时朝廷刚刚设立尚书省，命赵孟頫起草诏书，颁布天下。忽必烈看了诏书后称赞道："说出了朕心中所要说的话。"

朝廷召集百官于刑部，商讨制定刑法。众人认为凡贪赃满至元宝钞二百贯者，都应论死罪。赵孟頫则认为处罚太重，因为钞法创立后的几十年内，已大幅度贬值，用贬值的宝钞来决定人的生死，不足采取。有人见他年少，又是来自南方，不了解元朝国情，指责他反对以宝钞来定罪，是想阻碍宝钞的流行。赵孟頫理直气壮地反驳，指出："刑法是关系到人命的生死，必须分别轻重。我奉诏参与商议，不敢不言。你不讲道理，企图以势压人，这是不行的!"那人被说得哑口无言。忽必烈打算重用赵孟頫，但遭到了一些人的阻止。

至元二十四年（1287 年）六月，忽必烈授赵孟頫为兵部郎中。兵部总管全国驿站，当时来往使臣的饮食费用比过去增加了几十倍，当地官府无力供给，只有强取于民，百姓不胜骚扰，请中书省以增加钞币来解决。但当时圣元新钞"滞涩不能行"，朝廷派尚书刘宣与赵孟頫一同至江南查办行省丞相贯彻执行钞法"慢令之罪"。依他当时的"钦差"身份，可以任意对地方官员加以笞刑，但他一直谨慎依理行事，不笞一人，"丞相桑哥大以为谴"，认定他办事不卖力。

当时有个叫王虎臣的官员，揭发了平江路总管赵全的违法事实，朝廷命王虎臣去查处。右丞相叶李坚持奏请不可派王虎臣，忽必烈不听。赵孟頫进言说："赵全违法确实应该问罪，但王虎臣以前在平江也常常强买民田，纵令下属臣僚奸诈营利。赵全曾多次与他争斗，王虎臣怀恨在心。如今派王虎臣去，他必然陷害赵全；纵然查出赵全不法事实，人们也不能不有所怀疑。"忽必烈这才明白过来，改派别人去处理。

又有一次，桑哥先至省中视事，赵孟頫因故迟到，被引入后堂受笞刑。士人挨板子，奇耻大辱，他马上向都堂右丞相叶李告状："古者刑不上大夫，所以养其廉耻，教之节义。且辱士大夫，是辱朝廷也。"为此，桑哥怕事情闹大，不得不亲自向赵孟頫道歉。

至元二十七年（1290 年）赵孟頫升任集贤直学士。同年，发生地震，大都尤其剧烈，死伤数十万人，忽必烈为之忧心如焚。赵孟頫劝忽必烈降旨大赦天下，减免赋税，以应天灾。桑哥见诏书妨碍他敛财，怒诘赵孟頫："此诏必非帝意！"赵孟頫回答："天灾人死，钱粮也无从征收。如果今日不免，日后有人把赋税不足之罪归于尚书省，丞相您必受牵累啊。"桑哥闻言，转怒为喜，逐渐把赵孟頫当成自己人。

后来听闻赵孟頫每天上朝廷都要骑马经过宫墙东面一条临御河的小道，一次因道窄马失前蹄堕入河中；桑哥特意上报忽必烈，把宫墙往后移两丈多，以方便赵孟頫来上朝。不久，他又言赵孟頫家贫，撺掇忽必烈赐钞五十锭给赵孟頫。这笔赏赐数目，相当于赵孟頫月俸的四十倍。

忽必烈很喜欢与赵孟頫聊天。一次，他问赵孟頫，叶李、留梦炎两个大臣孰优孰劣。赵孟頫说："留梦炎是臣父亲的挚友，为人庄重厚道，很自信，多谋能断，有大臣之才；叶李所读的书我都读过，他所知所能的事，臣都能知能办。"忽必烈说："你是认为留梦炎比叶李要贤吗？但是，留梦炎在宋朝为状元，位至丞相，而在贾似道欺上误国之时，却对贾似道阿谀顺从。叶李当时虽为平民，却敢于上疏朝廷，斥责贾似道，显然贤于留梦炎。你因为留梦炎是你父亲的挚友，不敢非议，可赋诗以规劝他。"

这差事不好办，但皇帝金口玉言，赵孟頫又不能不写。于是，提笔踌躇，写下四句诗："状元曾受宋家恩，国困臣强不尽言。往事已非哪堪说，且将忠直报皇元。"忽必烈看后大加赞赏。好一个"往事已非哪堪说"，这未尝不是他自己的尴尬心灵写照。忽必烈叹赏，而留梦炎得诗后，"衔之终身"。

赵孟頫在退朝后对忽必烈侍卫近臣彻里说："陛下在谈论贾似道误国时，责备留梦炎当时不敢指责。如今，桑哥的罪恶甚于贾似道，而我等不加指责，将来如何能推卸责任？但我毕竟不是陛下亲信之臣，说话陛下必不听从。侍臣中读书知理、慷慨有气节而又为陛下所亲信的人中，没有能超过你的。捐出自己生命而为百姓除害，是仁者之事，希望你能这样！"彻里果然向忽必烈揭发桑哥的罪恶。忽必烈大怒，命卫士将他掌嘴，彻里口鼻血涌，倒在地上。再问，彻里还是斥责桑哥罪行，大臣也相继指责桑哥。忽必烈便将桑哥按罪诛杀，并废除尚书省，凡有罪的大臣也统统罢官。

忽必烈有意让赵孟頫参与中书省政事，赵孟頫不肯。他眼见朝中政治凶险，预料到久在君王身边，必受人嫉妒，故极力请求到外地任职。因此，至元二十九年（1292 年），他"出同知济南路总管府事"。由于当地没有一把手，他这个"同知"，独署府事，官事清简，四品官外放，又无顶头上司，一时落得清闲。

当地有个叫元掀儿的人，在盐场服役，因不胜艰苦而逃走。他的父亲诬告是同服劳役的人将元掀儿杀害。赵孟頫怀疑其中有冤情，不立即判决。一个月后，元掀儿自己回归盐场。郡中人都称赞赵孟頫料事如神。

忽必烈死后，巡按当地的蒙古金廉访司事韦哈剌哈孙，性情暴虐，因赵孟頫不顺他的意，就上疏诬称他有罪。虚惊之下，赵孟頫数日难以安眠。幸亏新继位的元成宗没有理会此事，下诏召他入京修撰《世祖实录》，又逃过一劫。其后，调赵孟頫为汾州知州，还未成行，又令他书写金字《藏经》。

至大三年（1310年），朝廷召赵孟頫回京师，授翰林侍读学士、知制诰、同修国史，命与其他学士共同撰写祀南郊祝文。在拟定殿名的问题上，与其他人意见不合，赵孟頫深感仕途凶险，京城人事复杂，便借口有病，告假还乡。仁宗爱育黎拔力八达在东宫做"皇太子"时，就闻知赵孟頫之名，等到他即位后，便召其为集贤侍讲学士、中奉大夫。

延祐三年（1316年）七月，拜翰林学士承旨、荣禄大夫，知制诰、兼修国史，用一品例，推恩三代。爱育黎拔力八达待赵孟頫甚厚，只呼其字而不呼其名，在与侍臣谈论文学之士时，将赵孟頫比作唐代李白、宋代苏轼，称赞他品行纯正，博学多闻，书画绝伦，又精通佛学及老庄之学，这些都是人所不及的。

不乐意的人想离间爱育黎拔力八达与赵孟頫的亲密关系，爱育黎拔力八达不加理会。既而又有人上疏，认为赵孟頫不能参与编修国史。爱育黎拔力八达说："赵子昂（赵孟頫）是世祖皇帝选拔的重臣，朕特加优待，让他在馆阁从事著述，传之后世，你们还啰唆些什么？"并赐赵孟頫钞五百锭，叮嘱侍臣："中书总说国用不足，这笔赏金他们必不肯付与，可从普庆寺库存中支给。"赵孟頫曾数月不至宫中，爱育黎拔力八达向左右侍从询问，都说赵孟頫年老畏寒，爱育黎拔力八达于是令御府赐他貂鼠皮裘。

元仁宗喜欢赵孟頫，不仅仅因为他是世祖旧臣，也并非是借他之名来藻饰文治，最重要的一个原因，是因为这位皇帝本人是个书画爱好者，对赵孟頫十分崇拜。

延祐六年（1319 年）四月，因夫人病发，赵孟頫得旨还家，于二十五日离开大都；五月初十，夫人逝于临清舟中，赵孟頫父子护柩还吴兴。同年冬，爱育黎拔力八达又遣使催他回朝，最终因病未能成行。至治二年（1322 年）春，硕德八剌遣使到吴兴问候赵孟頫，并赐礼物；六月十六日（7 月 30 日）赵孟頫病逝，享年六十九岁。逝世之日，仍观书作字，谈笑如常，至黄昏，逝于吴兴。九月初十，与夫人合葬于德清；元廷追封他为魏国公，谥文敏。

毁于阴谋的元朝新政——南坡之变

新政策实施的目的就是为了破除长期积累下来的体制机制弊端，需要触动一些根深蒂固的既得利益；所以，英宗新政的各项措施，直接触犯了蒙古人、色目贵族的世袭特权，遭到了他们的激烈反对。当时的一代权臣铁木迭儿虽然死了，但是他的党羽还在，他的罪行也没有得到应有的清算。在铁木迭儿死后的第二年，监察御史上疏说："铁木迭儿奸贪负国，生逃显戮，死有余辜！"因此，英宗和拜住下决心继续对铁木迭儿及其党羽进行追查。

铁木迭儿的两个儿子八里吉思被处死，锁南被革职，英宗还下令拆毁其父祖以来所立之碑，追夺官爵，将其家产没收充公，并告谕中外。

铁木迭儿的死党之一铁失隐藏得特别深，因为其身份是皇亲国戚，所以并没有引起英宗和拜住的注意，也没有来得及采取任何的防御措施。

铁失出身蒙古贵族，其父为昌王阿失，母亲是乃盖里海涯公主，妹妹则是英宗的皇后。此人贪财好色，品格卑劣，是奸臣铁木迭儿的义子。铁失是铁木迭儿生前的得力干将，在至治二年（1322年）八月，作恶多端的铁木迭儿病死后，铁失就成为铁木迭儿余党的首领。铁木迭儿在死前将铁失任命为御史大夫，并安排在了中央禁军中任忠翊侍卫亲军都指挥使及左右阿速卫军。既是大臣又兼领禁军诸卫事务，这在元朝是没有先例的。

而身为受皇帝宠幸并信任，与皇帝站在统一战线上的拜住却总领左右钦察卫和宗仁卫，而知枢密院事也先帖木儿也被受任直接统领卫兵。可惜英宗和拜住都不能清醒认识潜在的危机，没有因势利导，除恶务尽。特别是事有所涉的铁失，仍得以担任监察和宫禁的重任，为一年后的政变创造了条件"。

自元世祖忽必烈起，侍卫亲军在数量上远远超过怯薛，其军事职能和汉地传统的禁卫军类似。此种情况下，英宗仍然让铁失统领忠翊侍卫亲军及战斗力极强的阿速卫，完全是轻率之举，无异于不顾及自己的性命。拜住虽领左、右钦察卫及宗仁卫，但在"南坡之变"中没发挥侍卫军应有的作用，因为拜住事前没有觉察而采取措施积极部署。

自从确立大都、上都两都制度以后，元朝皇帝每年都要"北巡"上都，到那里去避暑，形成了一套内容丰富的巡幸制度。元朝的每一位皇帝继位都必须在上都举行蒙古式的继位仪式，以得到广大蒙古皇族的承认和拥戴，确立其大汗、皇帝的稳固统治地位，因此在蒙古人心目中，上都的地位是非常特殊的。

至治三年（1323年）六月，英宗依元朝惯例到大都避暑，"夜寐不宁，命作佛事"。拜住劝阻英宗说："请喇嘛作佛事，超度的乃是死人。目前国家经费不足，还是不做为好。"但是铁失等人却指使喇嘛怂恿英宗："国家有难，非作佛事，实行大赦不能消除灾难。"拜住大怒："你们不过贪图会帛而已，难道还想袒护有罪之人吗？"拜住的话使得铁失和他的亲信党羽们大惊失色。他们觉得拜住还在追查他们的罪过，绝对不会轻易放过他们。

于是，铁失等人狗急跳墙，决定对英宗和拜住下毒手，阴谋在南坡发动政变。同时，铁失与同伙斡罗思赶到北方，想要说服晋王也孙铁木儿，告以发动政变之谋，并许诺事成之后，推立晋王为帝。晋王也孙铁木儿就是当年真金太子的长子晋王甘麻剌之子，当时也孙铁木儿在驻守蒙古草原。

这年八月初五，英宗离开上都向大都进发，由于天气炎热，加上铁失等人故意拖延时间，傍晚之时大队人马便决定在距离上都30里的南坡过夜。铁失利用直接控制阿速卫兵之便，与按梯不花、孛罗、月鲁帖木儿等16人，手持凶器，带人先杀拜住，然后他亲手杀死英宗于卧床之上。这次事件史称"南坡之变"。晋王也孙铁木儿在这场血腥的政变中是参与者、知情者，他利用此次政变顺利获得帝位。

南坡之变，使得刚刚启动的"至治新政"戛然而止，由此对元朝乃至中国历史都产生巨大而深远的影响。从此以后，大元帝国再没有出现有所作为的君主，更没有出现像英宗、拜住这样珠联璧合、相得益彰的君臣。

"南坡之变"中直接参加谋弑集团的有不少蒙古贵族。其中按梯不花、孛罗、月鲁帖木儿、曲律不花、兀鲁思不花都是蒙古诸王，可见当时蒙古贵族对英宗的仇视。蒙古贵族们既因为废旧俗而心生不满，又因得不到岁赐而痛恨不已，这就使锐意改革的英宗在贵族集团中陷入孤立的境地。世袭特权利益严重受损的蒙古旧贵族对英宗新政的不满和抵制，是"南坡之变"发生的政治原因。

被政变者推上皇帝宝座的泰定帝

也孙铁木儿即位后，追崇父亲甘麻剌为显宗光圣仁孝皇帝，母亲普颜怯里迷失为宣懿淑圣皇后，并加封晋王妃八不罕（一作八八罕）为正宫皇后。由于他被视为"自立"的非法君主，没有得到汉文庙号、谥号与蒙古汗号，一般以其第一个年号而通称为"泰定帝"。

他的即位诏书很是有趣，在诏书里面絮絮叨叨，从他父亲是忽必烈嫡孙甘麻剌讲起，最终绕到他自己乃"薛禅皇帝"（忽必烈）嫡系，就是为了证明他坐上帝位是天经地义之事；他的即位诏书是元朝乃至中国历史上唯一一个白话文登基诏书。按元朝的规定，登基诏书先由文臣以汉语文言文拟写，再翻译为蒙古文，颁行天下，但也孙铁木儿的登基诏书却纯用白话文，而且是由蒙古文直接"硬译"的文体，可见在漠北仓促即位，身边缺乏擅长文章的汉族词臣，写不出华丽的文言诏书，只能用蒙古语起草，再被直译为汉文，草草了事。

也孙铁木儿继承帝位后，先任命给自己送玺绶带的也先铁木儿为中书右丞相，让阿难答的儿子月鲁帖木儿袭封其被杀的父亲安西王王爵，任命"功臣"铁失为知枢密院事，同时又任命自己王府中的心腹倒剌沙为中书平章政事，把倒剌沙的哥哥马某沙也弄一个同铁失一样的官职，亲信旭迈杰为宣政院使，牢牢掌握了中书省、枢密院与宣政院的实权，巧妙地把权利把握在自己人之手。泰定帝所有的"人事安排"，都是在他往大都方向行进的过程中进行的。

也孙铁木儿即位之时，先在大赦中特别宣布赦免谋反、谋大逆、奴婢杀主等罪，以稳住谋杀英宗的铁失等一干逆党，而后又对铁失等人加

第七章
久乱思治，一度"回光返照"
* * * * * *

官晋爵。之后，蒙古诸王买奴对他说："不诛元凶，后世何由知陛下心？"也孙铁木儿听后，深以为然。于是便在一个月之后，也就是至治三年（1323年）十月，也孙铁木儿开始了追查政变党羽的行动。

诸宗王和几个汗国还没有出现反对也孙铁木儿的声音，为了摘除自己与铁失等弑帝党人有串通的嫌疑，也孙铁木儿"遣使至大都，以即位告天地、宗庙、社稷，诛逆贼也先帖木儿、完者、锁南、秃满等于行在所"。使者趁着酒宴期间，忽然将向泰定帝通风报信并已经获得封赏的也先铁木儿、完者、锁南等人捆绑起来，然后宣以谋逆大罪，当众诛杀。

随后，也孙铁木儿任命自己的亲信旭迈杰为中书丞相，并派旭迈杰与新任的御史大夫纽泽一起，急驰入大都，以迅雷不及掩耳之势把正沉浸于拥新帝之功美梦中的铁失和失秃儿等人抓起来，根本不经拘审，立时杀头，并戮其子孙，籍没家产。铁失的妹妹元英宗皇后速哥八剌虽未涉案被杀，但心情忧悲至极——不仅老公被弑，娘家人转眼又被杀了个光。可怜的皇后，几年后便抑郁而死。

十二月，御史台经历（官名）朵儿只班等因与铁失案牵连，被免官。监察御史赵成庆上疏说："铁木迭儿在先朝，包藏祸心，离间亲藩，诛戮大臣，使先帝孤立，卒罹大祸。"之后请求也孙铁木儿追究铁失余党之罪，不应该宽宥。于是与此案有牵连的诸王月鲁帖木儿、按梯不花、曲吕不花、孛罗、曲律不花、兀鲁思不花等人分别被流放到云南、海南、奴儿干（今黑龙江）等地。

对于也孙铁木儿迅速清洗铁失一党的动机，一种说法是出于朝中汉人重臣张珪（张弘范之子）向晋王"密书陈诛逆定乱之宜"；另一种解释则是杀人灭口。不管怎样，也孙铁木儿的权力得到巩固，改元"泰定"，进入了一个新的时期。

解决完"乱党"之后，右丞相旭迈杰向也孙铁木儿建议说："南坡之变，诸王买奴逃匿潜邸，愿效死力，且请诛戮元凶，上契宸衷，尝蒙奖谕。今臣等议，宗戚之中，能自拔逆党尽忠朝廷者，唯有买奴。请加封赏，以示激劝。"也孙铁木儿于是以泰宁县五千户封买奴为泰宁王。之后，也孙铁木儿又对旭迈杰以及倒剌沙、锁秃等人升官封赏。

元朝对于诸王无限制的封赏政策，一直是元朝经济不振的一个重要因素。也孙铁木儿在位不足五年，见于本纪记载的封赏就有七十多次，无论是赈济贫乏还是出镇、出任的赏赐，都加重了国家的经济负担。

泰定帝也孙铁木儿名义上清除逆党，以"安抚百姓"、安定天下的名义夺取了皇位，实际上他对于参与并通知政变的倒剌沙不仅没有惩罚，反而升迁他为左丞相。对于倒剌沙以及马某沙兄弟的信任，也正说明了泰定帝也孙铁木儿是"南坡政变"的参与者，这是他永远都撇不清的证据。

弊政频发，稳定的政局只是假象

泰定帝也孙铁木儿掌权期间，下诏处理了一批铁木迭儿奸党，为被杀的杨朵儿只、萧拜住两个人平反，并且重用张弘范的之子张珪，派人翻译《资治通鉴》《贞观政要》《大学衍义》等儒家典籍、史书。事实上，泰定帝时代并无任何向"汉化"实质性的迈进，而且对于用人、财经、赐予等政策，可以清楚地看出诸王得利，色目得势；重用旧臣，结党营私；以献宝为名，盗窃国库；卖官鬻爵，官兵冗滥。

泰定帝时期的财政状况，仍旧没有任何起色，入不敷出，已经成为元政府的"常态"。由于也孙铁木儿本人常年在漠北生活，他身边的重臣倒剌沙是回族人，这自然会一直左右皇帝本人的政治倾向。所以，进入大都之后，不仅倒剌沙等人手中有重权，同样在右丞相旭迈杰病死之后，进入中书省的重臣，好几个都是回族人。其中有马思忽（同知枢密院事）、马某沙（知枢密院事）、乌伯都剌（中书平章）、赛典赤伯颜之弟伯颜察儿（中书平章政事），甚至包括参加铁失行弑元英宗的枢密副使阿散（御史中丞）。

泰定二年（1325 年）七月，御史台臣上疏谈了一个重要的现象，即"贾胡鬻宝，西僧修佛事所费不赀，与国无益，并宜除罢"。这其中的"贾胡鬻宝"指的就是色目官员利用职权为西域商人大开方便之门、化公为私的一种手段。汉族名臣张珪曾针对这一现象进行批评，可惜这个现象在泰定帝时期还在进一步的发展。

另外，泰定帝也孙铁木儿在位时期，还多次强调："凡所以图治者，悉遵祖宗成宪。"他所谓的遵成宪、遵祖训，就是要求朝廷百官遵守元世祖忽必烈制定的治国方针，遵循元成宗铁穆耳的守成政治。

泰定帝本人还是一位虔诚的佛教徒，他与其皇后八不罕两人都特别尊崇密宗佛教，相继受戒，广做佛事，滥施无度。五年之内，虽然政治方面没有特别大的变动，但元朝境内水旱蝗灾特别多，这使得财政方面更加捉襟见肘。泰定四年（1327 年）三月，"命西僧作止风佛事"，当时也许是元大都发生了沙尘暴，朝廷大概以为是上天的警示，于是请吐蕃僧人向苍天祈祷。

在尊崇佛教的同时，泰定帝对道教也很崇信，比如在他即位的当年十二月，就曾"命道士吴全节醮事（道士所做斋醮祈祷之事）"。在泰定元年（1324 年）十一月，又命道士休醮事，祈求神灵上天保佑，为国家求福免祸。而且，泰定帝还多次"遣使祀海神天妃"妈祖。对于监察御史宋本等人上疏"太尉、司徒、司空三公之职，滥假僧人，及会福、殊祥二寺并辱名爵，请罢之。"泰定帝却不予理睬。

泰定帝也孙铁木儿在位不足五年，几乎是月月有灾，受灾地区共620 余处，对于每个受灾地区，几乎都给以救济，至少是低价粜粮。但是除了赈济货币、粮食或者低价的粜粮之外，史书上并没有记载还采取过其他任何措施；其结果不仅不能战胜灾害，反而搞得国库空虚，民不聊生，甚至导致了不少地区爆发农民起义。虽然泰定帝一般都是强调先招抚后镇压，但已经在不断强调武力镇压的重要性了。所以，直到泰定帝去世，各地人民的反抗不仅没有被平息，反而一天比一天更为激烈。

面临着国库的空虚，民怨的沸腾局面，泰定帝也采取了一些基本措施：其一是企图通过卖官鬻爵来补充国库；其二是着手解决权臣分掌兵权的问题。泰定二年（1325 年）九月，"募富民人粟拜官，两千石从七品，千石正八品，五百石从八品，三百石正九品，不愿仕者旌其门"。但是卖官并不能解决朝廷的财政危机，只能导致官兵的进一步冗滥，导致政治更为腐败。

而第二个措施实际上既是对南坡之变、英宗被杀历史经验的总结，又涉及元朝一个重要的军政制度问题。"大臣兼领军务"，的确是"前古所无"，也确实是南坡之变的一个重要的原因。泰定帝虽然采纳了左塔不台的这个建议，但是也没有从根本上解决这一问题；比如后来，权臣燕铁木儿发动的宫廷政变，所利用的也正是他们家族掌握的宿卫军权。

其实，当时的蒙古人或者色目的大臣已经将自己手中的宿卫军或者其他的军队变成了私人武装，变成了个人争权夺利的工具；通过政变上台的元朝皇帝包括此后的元文宗、元顺帝等，实际上都是掌握军人和权臣的手中的傀儡。这也恰恰是元朝后期政变不断、朝政不稳的主要原因。

不忍细读的 元朝史

第八章

丧钟终于敲响，帝国大厦逐步凋零

　　两都之战是元朝皇族内部的又一次争夺皇位之战，虽然只是蒙古以及色目上层贵族集团之间的一场内争，但是由于他们掌握着全国的政治、经济和军事的控制权，所以还是把大半个中国拖进了内讧的旋涡。之后元明宗和元文宗两兄弟相继登基，通过政变上台的他们成为权臣手中的傀儡，而幼帝的继位更是让权臣的权力达到了顶峰，这也激化了社会诸多方面的矛盾，再加上天灾频繁，最终元朝这座帝国大厦在一次次王位争夺之中逐步凋零，在农民起义的烈火中分崩离析。

两都之战，天翻地覆

　　泰定五年（1328 年）二月，泰定帝改元"致和"。致和元年（1328
年）七月初十，泰定帝也孙铁木儿驾崩于上都，享年三十六岁，葬于起
辇谷。泰定帝去世，帝位本来应该由他的皇太子，九岁的阿速吉八继承，
但身为左丞相的倒剌沙利用太子年幼，不即拥立，擅权自恣，独行独断，
天怒人怨，众叛亲离。过了一个月仍不立新君，对此，朝野议论纷纷，
朝内也是一片混乱。

　　当时武宗海山的旧臣十分同情周王和世㻋的不幸遭遇，认为泰定帝
也孙铁木儿的帝位得国不正，偏离了正统。此次帝位的传承应该还给武
宗之子和世㻋。因为根据当年"武仁授受"的君子协定，仁宗爱育黎拔
力八达去世后，继承皇位的应该是武宗海山之子和世㻋。但是由于太皇
太后答己和权臣铁木迭儿的干预以及仁宗禁不住权势和利益的诱惑，违
背了这个协定，还下令将和世㻋封为周王，并令他去镇守云南，改由自
己的儿子硕德八剌作为太子，也就是后来的元英宗。

　　留守大都的金枢密院事燕铁木儿本是武宗的旧臣、钦察部功臣土土
哈之孙。成宗与武宗时期的名将床兀儿就是燕铁木儿的父亲，他因抵御
海都有功，被封为句容郡王。所以，燕铁木儿也随之受到了武宗海山的
重用。燕铁木儿身受武宗宠拔之恩，自然希望皇位能够重新回到武宗后
代的手中，于是与留守大都的安西王阿剌忒纳失里、其父妃公主察吉儿

等联合，利用自己"环卫大都"的权力以及家族世代掌握能征善战的钦察卫，并调动其他各卫宿卫军，募死士、买战马，在八月初乘机发动政变。

八月初，倒剌沙以正统自居，发兵分道进攻大都。燕铁木儿迅即在迁民镇（今河北秦皇岛市山海关）、古北口、居庸关等地增加驻军。二十五日，古北口守将脱脱木儿于宜兴（今河北承德西北）击败上都宗王失剌部，斩詹事钦察、平章乃马台。九月初，燕铁木儿遣弟撒敦于榆林（今北京昌平西北）袭败上都梁王王禅、右丞相塔失铁木儿。之后阻击来自辽东的上都宗王也先帖木儿、平章秃满迭儿于蓟州（今天津蓟县）东流沙河。

倒剌沙指挥军队，兵分四路对大都实施包围。形势紧急之下，燕铁木儿对同党说："皇上病故，太子尚幼，国家须择立长君，英宗已不当立，大行皇帝，更是旁支，今日宜正名定分，迎立武宗嗣子，机不可失，时不再来。当时由于武宗海山的嫡长子周王和世㻋远在漠北，嫡次子怀王图帖睦尔在江陵居住。他们的策略是：先迎怀王入都，安定人心，然后再迎周王，重复仁宗朝的故事。

燕铁木儿通过一番密谋和武力运作，一边控制内廷，稳住百官；一边派心腹，乘着快驿，迎怀王图贴睦尔于江陵；一边还在大都放出空气，说周王、怀王都派信使来报，说都已动身前往大都。这个时候的燕铁木儿紧张得几天几夜不敢入睡，坐以待旦。图贴睦尔来到大都，燕铁木儿等就请他继承大统，怀王图贴睦尔说："登大位者应该是兄长，现在两都之战尚未平息，暂来监国，等兄长到，再请即位。"

到了九月份，燕铁木儿约了诸王大臣，再三上书，请怀王早登大位，以安天下。怀王依然是再三推辞，燕铁木儿说："人心向背，间不容发，现在兵戈未息，神器不可久虚，天下不可以无主；不速登大位，不足以稳定人心。"五天之后（致和元年 9 月 13 日），怀王图贴睦尔，在大都

第八章
丧钟终于敲响，帝国大厦逐步凋零

大明殿称帝，改元"天历"，这就是元文宗。

燕铁木儿因拥立之功，被封为太平王、中书右丞相，加开府仪同三司、上柱国、录军国重事、兼修国史，占据了当时大臣中最高的名分与权位；而柯九思也被授予典瑞院都事，秩正七品，主要掌管瑞宝和礼用玉器，他从一名白衣儒士成为了元朝的一名官员，并且可以侍奉在皇上身边。

与此同时，上都那边，丞相倒刺沙感到形势紧迫，急忙拥立9岁的皇太子阿速吉八即位为帝，改元"天顺"，是为天顺帝。元文宗图贴睦尔和天顺帝阿速吉八分别在大都和上都即位，就好像是天上同时出现了两个太阳，随后双方爆发了一场短暂的内战，是为"两都之战"。

倒刺沙拥立阿速吉八继位后，立即派遣梁王王禅、右丞相答矢铁木儿、御史大夫纽泽、太尉不花等率军分路南进，破居庸关，进昌平，直逼大都。面对上都的进攻，大都的大将、金枢密院事燕铁木儿急忙与其弟撒敦、儿子唐其势等率军迎战，王禅等屡败兵溃，十一月，燕铁木儿的叔父、东部蒙古元帅不花帖木儿伙同齐王月鲁帖木儿统兵围困上都，倒刺沙屡战皆败，见形势危急，被迫开城门捧着帝玺出城投降，图帖睦尔兵入上都，进宫搜捕，后妃等人都在，唯独不见天顺帝阿速吉八。

关于阿速吉八的下落，汉文史料无载。《黄金史》和《恒河之流》等蒙文史料均记载阿速吉八死于此战乱，而据元代藏文史料《红史》记载，阿速吉八为齐王月鲁帖木儿所杀。因为泰定帝、天顺帝父子被视为非法君主，没有上汉文庙号和谥号及蒙古汗号，甘麻剌亦被剥夺了"显宗"庙号，并撤出他供奉在太庙的神主。泰定帝的后妃也被通通送给燕铁木儿为妻妾。

"两都之战"削弱了蒙古贵族的统治力量，上都方面参战者主要是随驾怯薛、宿卫军队，其核心部分是由蒙古人、色目人组成的，战争指挥者也多是蒙古贵族、色目贵族。如辽王脱脱、梁王王禅、国王朵罗台、阳翟王太平、湘宁王八剌失里、诸王也先帖木儿及忽剌台、驸马孛罗帖木儿以及"用事"之臣蒙古答失、雅失帖木儿、钮泽等。这些人或在战场上被杀，或被擒处死，其子孙也被流放到边远地区，晋王甘麻剌一系势力退出政治舞台。

流亡西域的短命皇帝元明宗

历史上绝大多数的皇帝都是生在宫廷，从小锦衣玉食，身边仆从众多，处处被人呵护，步步受人提醒，除了经历战乱，打拼天下的开国之君，那些朝代中间所谓承平时代的皇帝，想要接触一下民间的机会都很少。当然，也有例外，有极少数经历过流亡生涯的皇帝，他们也比较出名，前有汉宣帝，后有唐宣宗，不仅名号类似，而且正因感受过民间疾苦，反倒都成为比较优秀的皇帝。但元明宗和世㻋似乎是例外中的例外，他的一生可以用悲惨和无奈来形容。

当年元武宗海山以讨平叛王的赫赫功勋坐上龙椅后，与弟弟元仁宗爱育黎拔力八达关系亲密，讲好兄终弟及，同时又约定说，将来元仁宗"万岁"后，要把帝位再传回给自己的儿子。武宗宠臣三宝奴在海山活着时曾召集大臣议立武宗长子和世㻋为皇太子，有意改变兄终弟及的盟誓，大臣康里脱脱表示反对说："皇太弟有定扶宗社大功，居东宫日久，兄弟叔侄相承帝位已经有约，怎么又能忽然变卦呢！"三宝奴问："今日做哥哥的把储君位让给弟弟坐，日后能保证叔叔会把帝位传给侄子吗？（指元仁宗传给和世㻋）"康里脱脱回答得很干脆："我个人认为盟誓不可渝更，但如果有人失信，苍天在上，定有报应！"

不料，元仁宗继位后，在母后答己和大臣铁木迭儿的怂恿下，果然

第八章
丧钟终于敲响，帝国大厦逐步凋零

背叛誓约，把皇太子位授予自己的儿子硕德八剌（元英宗），他封和世瓎为周王，徙往云南，明显就是流放边荒之地。和世瓎被流放自然招来非议。延祐三年（1316 年），和世瓎前往云南途中到了延安，手下随臣教化等皆为武宗老臣，一路上愤愤不平，与当时为陕西行省丞相的阿思罕秘密联络，宣布要拥戴和世瓎回大都争位。

阿思罕原本在朝中官居太师，有相当声望，被权臣铁木迭儿排挤到地方，为了报复，他兴兵拥护周王和世瓎；谁想机密泄露，陕西行省的平章政事塔察儿杀掉阿思罕和教化等人；眼见情况危急，和世瓎只得借机出塞，一路逃往西北。经过这么一闹，元仁宗感到心中有愧，也没有深究。但之后英宗硕德八剌上台后，权臣铁木迭儿对这件事还不罢休，和世瓎无奈逃亡西域了，但他的弟弟图帖睦尔还在中原，于是被继续流放至琼州海南岛。直到泰定帝即位后，才把图帖睦尔召回中原，改封怀王安置在江陵，境遇算有了好转。

逃亡西域的和世瓎算是远离了皇位争夺，察合台汗国的君臣倒是接纳了这位落难皇子。和世瓎经历了这场大劫，似乎看透了许多，他不敢以血统高贵自居，与察合台宗王立约，冬居札颜，夏居斡罗斡察山，春秋则与从人在金山一起自耕自食，与当地诸部落和平相处。为此，他还和哈剌鲁部结亲（哈剌鲁不是蒙古人部落，而是突厥铁勒等人相结合的后裔，从唐代直至辽宋时期称葛逻禄，一直生活在西域高山草原地带，其名称在古突厥语中据说有"雪山"之意，后归附喀喇汗国和西辽王朝，蔓延到整个中亚，为后来乌兹别克人祖先之一）。

和世瓎本来在西域生活，对回归蒙古本土无望；然而世事无常，泰定帝突然身死，他又得到东归的消息，这时，他已经流亡了十二年。身为元朝武宗皇帝的皇长子，和世瓎再一次被推到了已经腐朽的皇帝宝座上。可惜他并没有他的父皇海山那样的实力，无论是从都城官员的支持还是军事力量方面，都不可同日而语。

海山当年作为漠北草原诸军的最高统帅，一直是元朝统治阶层中的一分子，并与宫廷保持着密切的联系。因此，在帝位继承危机爆发时，以哈剌哈孙为首的京城官员都认为海山是合适的帝位继承人；虽然爱育黎拔力八达先控制了宫廷，但也只敢摄政，而不敢自己即位。相反，和世㻋是被放逐在遥远西域长达十二年的政治流亡者。当"南坡之变"发生时，图帖睦尔和燕铁木儿已经在中原汉地建立了他们的统治，而和世㻋实际上是一个完完全全的局外人，返回中原也难以真正行使权力，反而触发了新的斗争。

此外，当年海山为了巩固统治，在即位时带来了3万人的军队；而和世㻋带到中原的只有1800名卫士，在实力上不可能超过他的弟弟图帖睦尔。而且当年的武宗海山和仁宗爱育黎拔力八达是一奶同胞的亲兄弟，都是答己所生，和世㻋和图帖睦尔的情况与当年武宗和仁宗的手足情况不同：俩人并非一奶同胞，和世㻋之母是亦乞烈氏，图帖睦尔之母是唐兀氏。和世㻋想要凭借其有限的政治资源，去染指大都集团几经浴血奋战才到手的皇位，前途本来就不容乐观。

但他对此毫不经心，任情举措，终于导致杀身之祸。在弟弟元文宗图帖睦尔多次派使臣邀请的形势下，他只有答应，并派老臣孛罗前去大都商议礼节。随后在察合台汗王燕只台吉的陪同下，在漠北旧都哈拉和林宣布继位，继续使用年号"天历"，是为元明宗，成了元朝新君。虽然自元世祖忽必烈以后，元朝京师不是大都就是上都，哈拉和林作为蒙古帝国时的都城，基本失去了京师的地位，不过在整个蒙古来说，仍然是一种精神的象征。

和世㻋即位后，就派使臣对在大都的元文宗图帖睦尔说："兄弟你听政之暇，应该亲近儒家士大夫，深习古今治乱得失，不要荒废时间。"和世㻋说者无心，图帖睦尔听者有意，对于和世㻋这种类似于教训的口吻，图帖睦尔内心非常不舒服。当然，心中不舒服，面上的事情一定要做。于是，图帖睦尔于 1329 年 4 月 3 日，派遣燕铁木儿等率大队人马，向元明宗和世㻋奉上皇帝的几套玉玺，正式让出皇位；和世㻋为了表彰燕铁木儿的功勋，一切职位都如文宗图帖睦尔所封，并对众人表示，"你们回去告诉大家，凡是京师朕弟所任百官，朕仍用之，不必自疑。"

燕铁木儿试探元明宗和世㻋："陛下君临万方，国家大事所系者，中书省、枢密院、御史台而已，宜择人居之。"和世㻋似乎有些得意忘形，刚刚说出口的继续袭用元文宗所任百官的话，马上下诏改变，委派父亲武宗旧臣与随从自己多年的旧臣孛罗等人分别进入中书省、枢密院和御史台。

其实，燕铁木儿起初是真心拥戴武宗之后为帝的，若元明宗和世㻋真的信赖和器重他，他倒也无须再多生事端，和世㻋这个武宗嫡子更加可以巩固燕铁木儿家族的地位。但燕铁木儿看出和世㻋大肆安插自己的人，完全破坏他和图帖睦尔在中原建立的秩序；和世㻋身边的亲信对他更是极为排斥，曾在宴会上出言不逊。燕铁木儿面上自然不能计较，其实已经心中有数，自己无法与和世㻋建立合作基础，也不会得到真正的倚重，他的内心开始有了一些变化。

此后，和世㻋又发布一系列诏旨，任命大批官员，从中央到行省，几乎都换上他自己认可的新人选。他还"选用潜邸旧臣及扈从士，受制命者八十有五人，六品以下二十有六人"，特别明显地任用亲信。当然，为了稳住弟弟图帖睦尔，和世㻋也是费劲了一番心思的。他下令大都省臣重铸"皇太子宝"，其实是"皇太弟宝"，从前元武宗所铸"皇太子宝"忽然找不到了。同年 5 月 15 日，和世㻋决定效仿武仁授受的先例，兄终弟及，叔侄相传，正式立弟弟图帖睦尔为"皇太子"，于次日，图帖睦尔受皇太子宝。

之后，和世㻋诏谕中书省臣："凡国家钱谷、铨选诸大政事，先启皇太子（皇太弟），然后以闻。"图帖睦尔这时也不敢"怠慢"，在燕铁木儿撺掇下从大都出发，北行"迎接"大哥和世瑓。

8月25日，和世瑓抵达元武宗时建为中都的王忽察都（即晃忽叉，在今天河北省张北县北），8月26日，皇太子图帖睦尔入见，两兄弟会面，和世瑓宴请皇太子及诸王、大臣于行殿，这次重聚似乎弥漫着欢乐气氛。但四天之后，元明宗和世瑓就突然死亡，年仅三十岁，一个月后，元文宗图帖睦尔在上都即位。

关于元明宗和世瑓的突然死亡，史料上记载的是"暴卒"。但是人们更多的相信是元文宗图帖睦尔与权臣燕铁木儿合谋的结果，只有极少数人认为和世瑓是自然死亡。毕竟1340年明宗和世瑓之子妥懽帖睦尔即位之后，就指责图帖睦尔害死了他父亲作为报复，还下令将图帖睦尔的牌位从太庙中撤去。可怜受尽了苦难的和世瑓，只做了几个月有名无实的皇帝，还没有登上元大都大明殿的皇帝宝座，就这样不明不白地死了。

无论和世瑓的死多么离奇，我们再次回顾他这一生，可以说是历经磨难，命途多舛，最后还有一个不幸的结局，他在龙椅上的转瞬即逝显示出了当时元朝统治的腐朽。

一生当过两次皇帝的元文宗

年方三十的元明宗暴卒之后，燕铁木儿立即以皇后之命，奉皇帝宝玺授予文宗图贴睦尔。并拥图贴睦尔至上都，图贴睦尔正式复位。图贴睦尔重新在上都即位后，颁发诏书指责泰定帝"违盟构逆，据有神器"，宣布泰定帝也孙铁木儿的继位属于篡位夺取，名分不正，故而不再给其加庙号。而为自己的哥哥和世瑓上谥号翼献景孝皇帝，庙号明宗，蒙古文称忽都笃皇帝。

元文宗图贴睦尔在位期间，国家的大权在权臣燕铁木儿的把持下，朝政腐败，民不聊生。但是，元文宗对于元朝的文学推动作用很大。由于是少数民族蒙古族建立的政权，对于汉人以及汉族的文化都比较排斥，所以这间接地导致了元朝在中国文化史中的贡献较小，但是在文化发展方面，元文宗做出了不小的贡献。

元文宗图贴睦尔的汉文化修养超过了在他之前的所有元朝皇帝。他喜爱汉家文化，对于汉家文化中的琴棋书画，大约只有琴不通，其余三样他都是信手拈来的。在这些汉家文化中，他最喜欢的就是围棋。因为这个喜好，在他执政时期，元朝宫中有很多会下棋的人。当时的袁伯长还曾做《宫娥弈棋图》诗来描述当时的盛况。

据记载，某一次元文宗图贴睦尔和大臣虞集下棋时，问虞集："是不是你的先祖虞愿认为皇帝不应下棋？"虞集巧妙地回答道："围棋的弈理与治国的道理是相通的，围棋下得好，那么国家也能治理得好！"虞集这句话让图贴睦尔龙心大悦。

另外，图贴睦尔在位期间还修建了奎章阁，让人编撰了《经世大典》这本元朝文化书籍，通过这种方式笼络了大批汉人的心。史料记载，图贴睦尔的书法，"落笔过人，得唐太宗晋祠碑风，遂益超诣"。他在作画方面也是"意匠、经营、格法，虽积学专工，所莫能及"。

在政治方面，由于图贴睦尔在做皇帝之前，曾经转辗流落于江南、海南和荆湖，对当时民情也应有相当的了解。不过，天历年间连续两次重大的变故，导致了蒙古人色目人心离散。比如，"两都之战"后，很多蒙古贵族的财产被籍没，而被隔绝在围城中的上都官员；后来虽然停止追究，但很多仍被削去官职不复任用。明宗和世㻋突然死亡之后，蒙古官员中就有人"称病不出仕"，还有诸王、高级官员甚至西域名僧参与的"谋不轨"案接连发生，有的竟以"明宗太子"为号召。

天历元年，元文宗图贴睦尔刚刚即位做皇帝，四川平章政事囊加台就举兵，实际上是"欲翊戴明宗"。还有云南行省丞相也儿吉尼，在文宗即位后，两次召也儿吉尼入朝，他都不来。虽然也儿吉尼是武宗旧臣乞台普济之子，曾随从武宗海山镇守漠北，不大可能站在上都一边反对武宗后人；但是他抗命不至，其实也是出于效忠和世㻋的立场。

　　天历二年（1329 年）三月，也儿吉尼大概犹疑动摇，想要投奔文宗图贴睦尔，故被云南诸王及其他省官黜斥，取道八番赴大都。六月，明宗和世㻋南归途中曾"赐驸马脱必儿钞千锭，往云南"。直到明宗暴死、文宗再即位之后，云南诸王秃坚等才最后改变观望态度，于至顺元年正月公开起兵。文宗图贴睦尔面对云南诸王秃坚的兵变，担心原已诏赦的囊加台复举事，立即以其"指斥乘舆，坐大不道弃市"，很快平息了这些人的反抗，初步稳定了对全国的统治。

　　社会经济在这时遇到了较为严重的困难。天历时，关陕地区"饥馑疾疫，民之流离死伤者十已七八"。江西和岭南等地，则连年低温。很多地区颗粒无收，冻死者不计其数。江浙的海运粮也连续几年因灾民粮食不足而无法救助，还需要江西、湖广等省分漕米"以纾江浙民力"，可见灾情同样不轻。由于政治和经济环境的限制，文宗临朝四年间，只好专心着意，以追求振兴文治的表面效果为满足。

　　在文宗时期，对于佛教的推崇几乎达到了登峰造极的程度。文宗朝突出的问题是朝廷佛事频繁，而且规模大、时间久：文宗做皇帝不到四年的时间，见于本纪记载者，前后共以朝廷名义做 9 次佛事，其次数之多，时间之长，是元朝历史上所仅见的。

　　另外，至顺元年（1330 年）闰七月，元文宗下诏加封孔子父齐公叔梁纥为启圣王，母鲁国太夫人颜氏为启圣王夫人，颜子（渊）衮国复圣公，曾子（参）成国宗圣公，子思沂国述圣公，孟子邹国亚圣公，于是有了孔圣、复圣、宗圣、述圣、亚圣五大圣人；又封河南伯程颢豫国公，伊阳伯程颐洛国公；十二月，以董仲舒从祀孔子庙，位列七十子之下；至顺三年，封孔子妻郓国夫人亓官氏为大成至圣文宣王夫人。

元文宗图贴睦尔的一系列行为其实都是为了给当时的文人和后人树立学习的榜样，告诉大家只要肯向孔子及其后学弟子学习，就有可能被树立为圣贤，甚至可能封妻荫子。图贴睦尔作为一个出身草原民族的皇帝，能够如此重视孝道与家庭环境，也说明他的汉化程度已经很深了。

八不沙之死与文宗的临终救赎

元明宗和世㻋死后，他的皇后八不沙带着他的长子妥懽帖睦尔和次子懿璘质班从漠北回到了京城，文宗图贴睦尔把他们请到了宫中住下，并封八不沙皇后所生的次子懿璘质班为鄜王。虽然八不沙皇后住进了皇宫，但是她的心中还是十分地怨恨文宗图贴睦尔，而图贴睦尔对于八不沙皇后以及和世㻋的两个儿子，心中也不免有些疑虑，害怕他们将来知道"王忽察都事件"真相后，对自己进行报复。

而图贴睦尔的皇后弘吉剌・卜答失里与八不沙皇后的关系也十分的紧张，对于八不沙这个落魄的、还没做多久的皇后，弘吉剌・卜答失里心中充满了敌意。因为如果按照元明宗和世㻋所说的兄终弟及，叔侄相传的约定，她的两个儿子阿剌忒纳答剌和古纳答剌就都没有机会当皇帝了，而她自然此后也没有机会成为太后。

至顺元年（1330 年）三月，文宗图贴睦尔封自己的长子阿剌忒纳答剌为燕王，让他住在燕铁木儿的府中，由燕铁木儿教管，意在以燕王为皇位继承人。但是前朝的惯例始终如一根刺一样，时时都在刺痛着图贴睦尔的神经。只要有明宗和世㻋的妃子迈来迪所生的长子妥懽帖睦尔与八不沙皇后所生的次子懿璘质班存在，皇位的继承资格就轮不到文宗自己的儿子身上。而弘吉剌·卜答失里也同样感受到了文宗皇帝的难言之隐，于是开始了谋划除掉这个阻碍皇位继承的八不沙皇后。

同年四月，弘吉剌·卜答失里与宦官拜住谋杀明宗皇后八不沙，将她推入烧羊火坑中活活烧死。之后，一些大臣开始上疏文宗，说明宗和世瑓在世的时候，曾多次说过妥懽帖睦尔并非他的儿子。于是，文宗图贴睦尔下令将妥懽帖睦尔和迈来迪母子驱赶出皇宫，迫使他们迁居到高丽（今朝鲜半岛），幽居在大青岛中，并下令不准许他们和外人往来；一年之后，又将他们移居到静江（今广西桂林市）。妥懽帖睦尔母子忍辱负重，过起了流放者的生活。

至顺元年（1330年）十二月，图贴睦尔将自己的长子燕王阿剌忒纳答剌立为皇太子，昭示天下，期望能够父死子继；但是天公不作美，至顺二年（1331年）正月，这位皇太子就病死了。文宗图贴睦尔十分悲痛，将次子古纳答剌改名为燕帖古思，交给燕铁木儿调养。燕铁木儿曾劝说文宗夫妇，希望能够立燕帖古思为皇太子，但信仰藏传佛教、相信因果报应的文宗夫妇对于害死明宗夫妇一事一直心有不安，再加上他们所生的长子阿剌忒纳答剌在至顺元年（1330年）十二月被立为皇太子，一个月后就死去，更加剧了他们的恐惧。

至顺三年（1332年）五月，图贴睦尔去上都避暑时生病，到了八月病情加重，急忙派人去找皇后弘吉剌·卜答失里、皇子燕帖古思以及燕铁木儿等九位大臣前来，对他们说："从前王忽察都之事，是我平生的一大错误。我曾中夜考虑此事，真是悔之莫及！燕帖古思虽然是我的儿子，我也十分爱他，但是朕的皇位是从兄长那里继承来的，如果你们愿意按照我说的办，我死后就由兄长的长子妥懽帖睦尔来继承皇位。这样朕见明宗于九泉之下，也可以有个交代了！"说完这些，文宗就驾崩了。

燕铁木儿对立明宗长子即位这件事十分恐惧，担心新君有朝一日会治他得罪，于是屡次劝说皇后弘吉剌·卜答失里立文宗的儿子燕帖古思为帝。虽然文宗夫妇还有一子燕帖古思，但萨满告诉弘吉剌·卜答失里说："儿幼，当大福恐不任。"因此，弘吉剌·卜答失里不愿立自己的儿子，而文宗也在临终前对弘吉剌·卜答失里、燕帖古思和权臣燕铁木儿传达遗命，希望传位于明宗长子妥懽帖睦尔。

燕铁木儿非常担心卜答失里会遵从文宗的遗言，自作主张，对卜答失里说："您暂且在宫中掌管军国大事，妥懽帖睦尔居住在南徼荒瘴之地，如今生死未卜，咱们与宗戚诸王再商量商量吧。"由于燕铁木儿是太平王，且身兼中书右丞相，位高权重，一手遮天，宗室大臣中没有人敢出面反对。就这样又拖了两个月，天下不可一日无君，宗室大臣中开始有人表示不满，传出一些风言风语。

无奈之下，燕铁木儿再次放弃远在广西的明宗长子妥懽帖睦尔，请立近在大都的明宗次子鄜王懿璘质班。于是至顺三年十月初四（1332 年 10 月 23 日），卜答失里皇后奉文宗遗诏拥立年仅 7 岁的懿璘质班在大都大明殿登上皇位，是为元宁宗。因为新帝年幼，卜答失里太后临朝称制，成了元王朝的实际统治者。

至顺三年十一月二十六日（1332 年 12 月 14 日），元宁宗在大都病逝，年仅 7 岁，在位仅 53 天，葬于起辇谷，谥曰：冲圣嗣孝皇帝，庙号宁宗。宁宗驾崩以后，燕铁木儿试图立卜答失里之子燕帖古思为帝，但被卜答失里否决，她说："天位至重，吾儿恐年小，岂不遭折死耶？妥懽帖睦尔在广西静江，可取他来为帝，且先帝临崩云云，言犹在耳。"燕铁木儿没有办法再次阻拦，只好叹息着出去。

太后卜答失里于是命令中书右丞阔里吉思到广西静江去请妥懽帖睦尔回京即位。过了一段时间，阔里吉思派人回来报信，说嗣皇就要到京师了。卜答失里太后命令太常礼仪使整顿了簿籍（账簿名册），出城相迎。一行人到了良乡，燕铁木儿率人持卤簿来迎接妥懽帖睦尔，之后与妥懽帖睦尔并马徐行，说明了拥立他为皇帝的意思。妥懽帖睦尔当时还是个十三岁的孩子，见到燕铁木儿未免有些害怕，一时吓得不敢回答。

等妥懽帖睦尔进宫拜见了太后，就在宫中住了下来。燕铁木儿害怕妥懽帖睦尔对自己不利，心里不爽，极力地阻挠，再加上司天监的太史也说妥懽帖睦尔不可立，立则天下乱，所以元朝皇位空缺了半年之久。当时的占卜者说："如果明宗的长子妥懽帖睦尔在鸡年等待六个月然后再登上皇位，那么皇运将和薛禅汗（元世祖）一样久长。"对此说法，众位大臣们说："这样将皇位空置，国家的责任由谁来担负？"这时燕铁木儿说："你们对天神的预示再好好测算，如果真是如此，能使皇帝圣寿久长那就再好不过，皇位空悬时期国家重任由我来承担。"

所以，妥懽帖睦尔进宫两个多月，一直没有举行即位大典；在皇位空缺期间由卜答失里临朝称制，一切事务由燕铁木儿决定，再上奏卜答失里而奉行。燕铁木儿死后，太后卜答失里召集大臣们商议，这才决定立即由妥懽帖睦尔继位，并约定在妥懽帖睦尔死以后，再把帝位传给燕帖古思，就像武宗和仁宗那样；诸王宗亲都表示赞同，于是奉上玉玺。至顺四年（1333年）六月，妥懽帖睦尔登基，是为元惠宗（顺帝），历经沧桑，好事多磨，终于登上了元朝末代皇帝的宝座。

元顺帝扑朔迷离的身世

元顺帝妥懽帖睦尔是元朝最后一位皇帝。他是元武宗海山之孙、元明宗和世㻋的长子，生于多事之秋，元仁宗延祐七年（1320年）。这一

第八章
丧钟终于敲响，帝国大厦逐步凋零
· · · · · ·

年，元仁宗去世，他的儿子元英宗硕德八剌也在这一年取代了妥懽帖睦尔的父亲和世㻋成为元朝的皇帝。当时的和世㻋以周王的名号佣兵金山，依靠察合台后王的势力与朝廷对峙；而妥懽帖睦尔正是这一年的四月降生，由于这一年是农历庚申年，所以历史上又称元顺帝为庚申帝。

《元史·顺帝本纪》中记载，妥懽帖睦尔是明宗长子，延祐三年（1316 年），元明宗和世㻋被发配到北方的朔漠地区，在甘州纳回族女罕禄鲁氏迈来迪为妃，又在延祐七年（1320 年）生了妥懽帖睦尔。这本来没有什么值得怀疑的地方，但是在《元史·虞集传》中却记载，在文宗选立太子之时，"乃以妥懽帖睦尔太子乳母夫言，明宗在日，素谓太子非其子，黜之江南，驿召翰林学士承旨阿邻帖木儿、奎章阁大学士忽都鲁笃弥实书其事于脱卜赤颜，又召（虞）集使书诏，播告中外"。

另外《元史》中的其他本纪中也透露出这个信息，加上当时以诏书的形式播告中外，所以在元末明初的一些野史中，妥懽帖睦尔的身世被炒得沸沸扬扬。当时还有民间流行的说法，说南宋的宋恭帝赵㬎于德祐二年（1276 年）投降元朝后，被封为瀛国公。至元二十五年（1288 年）元世祖忽必烈梦里看到金龙绕殿柱，而次日早朝时恰好瀛国公赵㬎又站在了该柱之下；这引起了忽必烈的猜忌，于是瀛国公赵㬎被迫遁入空门，法号合尊大师，一直奉诏居住在甘州山寺，当时只有 18 岁。

延祐年间，瀛国公已经年近五十，这个时候元明宗和世㻋被发配途中，路过甘州，看到瀛国公赵㬎年老孤独，就将一个回族女子赏赐给他。延祐七年（1320 年）四月十六日夜里，这个女子生下一子。不久明宗和世㻋又经过此地，认为这个孩子有异常之气，就将他们母子一起带回，这就是元顺帝妥懽帖睦尔。

由于这种说法流传很广，以至于元顺帝妥懽帖睦尔即位后的很长一段时间内，都对此事耿耿于怀，并在后至元六年（1340 年）六月，下诏撤掉了元文宗的庙主，将太皇太后（卜答失里）贬至东安州安置，还将皇太子燕帖古思流放到高丽。诏书中将文宗散布谣言的原因归结为："私图传子，乃构邪言，嫁祸于八不沙皇后，谓朕非明宗之子。"并将参与为元文宗起草诏书的虞集、马祖常抓住，施以酷刑，幸好由于贤相脱脱的拯救，二人才算捡回了小命。

元顺帝13岁于至顺四年（1333年）继位，到至正二十七年（1368年）逃离大都，共在位36年，是元朝历史上在位时间最长的一位皇帝，甚至比元朝的开国国君元世祖忽必烈还多一年，当然，他的荒淫无能和忽必烈的雄才大略是不可同日而语的。

太平王家族不太平，昔日作恶遭清算

文宗图贴睦尔再次即位后，以燕铁木儿对王室有大功劳之由，对其本人及其先人进行了特殊的封赏：封其曾祖父班都察为溧阳王，曾祖母为溧阳王夫人；祖父土土哈为升王，其祖母为升王夫人；封其父床兀儿为扬王，其母也先贴妮、公主察吉儿并为扬王夫人。同时诏命礼部尚书马祖常制文立碑于北郊，下诏命燕铁木儿独为丞相以尊异之，可以说燕铁木儿的权力"一人之下，万人之上"。

满怀感激的元文宗还加"答剌罕"称号（即得到了代代相袭的免死金牌、自由出入宫禁并可用皇帝礼节的特权）给燕铁木儿，在此之前，只有赤老温有这个称号。从此，燕贴木儿逐步成为元朝后期最不可一世的权臣。

在政变成功一年以后，文宗按照元王朝宫廷惯例，将在权力斗争中落败的泰定帝后妃发配安东州，由于她们身份特殊关系重大，文宗让燕铁木儿亲自押送。想不到燕铁木儿色胆大过天，公然将泰定帝的后妃统

第八章
丧钟终于敲响，帝国大厦逐步凋零

统纳为妻妾。

文宗去世后，燕铁木儿一直掌管着军国大权，不仅唆使卜答失里改立皇嗣，还因为妥懽帖睦尔被接回京师而内心愤愤不平，一直用自己的权力阻挠着妥懽帖睦尔即位。在皇位虚悬时期，表面上是太后称制，实则是燕铁木儿主持。燕铁木儿大权在握，心中十分得意，于是终日沉溺于酒色之中。在妥懽帖睦尔进宫两个月之后，燕铁木儿因纵欲过度，体羸溺血而死。

燕铁木儿死后，妥懽帖睦尔即位，太后卜答失里立马为他考虑册立皇后之事，将燕铁木儿的女儿答纳失里册立为皇后，妥懽帖睦尔虽然心里不愿意，但是也只能遵命而行。接着就是封赏诸王功臣：封燕铁木儿的弟弟撒敦为荣王，食邑序州；燕铁木儿之子唐其势承袭了太平王的爵位，晋升为金紫光禄大夫，将赐给燕铁木儿的 500 顷良田转赐给唐其势；封武宗勋旧伯颜为寿王，食邑高邮府，并让他与荣王、左丞相撒敦一起统领百官，总统庶政；封知枢密院事答里（燕铁木儿弟）为金紫光禄大夫。

同年十月，妥懽帖睦尔下诏改元，改至顺四年为元统元年。伯颜当权后，为卜答失里设徽政院，置官属 366 员，负责侍奉卜答失里；又欲为卜答失里上尊号，但卜答失里以文宗尚未祔庙而拒绝。元统二年（1334 年）十月，妥懽帖睦尔追谥叔叔图贴睦尔为札牙笃汗，圣明元孝皇帝，庙号文宗；尊谥弟弟懿璘质班为冲圣嗣孝皇帝，庙号宁宗；将文宗皇后卜答失里的御容画像放置在大承天护圣寺内；尊卜答失里为赞天开圣仁寿徽懿昭宣皇太后。

妥懽帖睦尔登基后，是一个"深居宫中，每事无所专焉"的傀儡皇帝，虽然燕铁木儿死了，但是继燕铁木儿之后的权臣伯颜以右丞相的身份专擅朝政，同时燕铁木儿家族的势力仍然很大，燕铁木儿的弟弟撒敦为左丞相、儿子唐其势为御史大夫，女儿答纳失里还拥有皇后之尊。

妥懽帖睦尔自从即位之后，天灾人祸就接连不断地发生：先是京城一带发了大水，不久黄河又泛滥成灾。元统二年（1334 年）春，彰德路（今河南安阳）下起了白毛雨，当地人都称之为"菩萨线"或者"老君线"。随后民间就传出歌谣："天雨线，民起怨；中原地，事必变。"当时朝野上下都认为这是不祥之兆。而妥懽帖睦尔只知道施恩大赦，其他的事情则束手无策，而朝中大臣也是疲于应付。

当时的朝廷内部争夺权力与地位，互相倾轧，斗争十分激烈。伯颜就任中书右丞相后，自恃在"两都之战"时拥立文宗有功，居功自傲，但是妥懽帖睦尔对他却十分地赏识。因此，伯颜更加不把燕铁木儿家族放在眼里，以此便引起了燕铁木儿一家的不满。

中书左丞相撒敦以身体多病为由要求辞职，妥懽帖睦尔念及是皇后答纳失里的叔叔，又是燕铁木儿的弟弟，于是同意让唐其势代替撒敦就任中书左丞相，凡是中书省的事务，仍然由撒敦主持。唐其势上任不久后，也与伯颜产生了矛盾，于是也上疏要求辞职，妥懽帖睦尔只好召回撒敦，让他重新担任中书左丞相。而后对燕帖木儿又一次的追赠官职，想办法安抚燕铁木儿家族，调和他们与伯颜之间的矛盾。

元统三年（1335 年），中书左丞相撒敦病故，唐其势升为左丞相，见伯颜独得势，耻位居其下，愤然说："天下本我家天下也，伯颜何人而位居吾上。"撒敦的弟弟答里曾被封为句容郡王，与宗王晃火帖木儿的关系十分密切。唐其势就给答里写了一封信，说伯颜专权，皇帝昏庸，应该带兵进朝清君侧，废掉当今皇帝，立太子燕帖古思为帝。唐其势与其叔答里蓄谋政变，调集军队，打算起兵反叛。于是，答里给唐其势回信，约定里应外合。

哪知燕铁木儿一家企图谋反一事被郯王彻彻秃知道了，并将此事密报给了妥懽帖睦尔。为了试探这个情报的真假，妥懽帖睦尔下诏召答里入朝，可是等了很长时间，答里始终也没有应召回朝，妥懽帖睦尔知道

第八章
丧钟终于敲响，帝国大厦逐步凋零

叛乱一事为真，于是密令伯颜，做好应变准备。

元统三年（1335年）六月三十，唐其势在城外埋伏好军队，自己亲自率一批武士冲进宫中，本以为可以出其不意一举成功，可没料到刚一进入宫内，就被事先埋伏好的武士活捉。肃清了宫中的叛军后，伯颜又亲自带兵到城外，活捉了唐其势的弟弟塔剌海（燕铁木儿之子，元文宗的义子）。妥懽帖睦尔亲自审讯这两兄弟，最后，唐其势被斩首，塔剌海被杀，同时答纳失里皇后也因为受到牵连，被逐出皇宫，幽禁于开平（今内蒙古正蓝旗东）的一家民舍里，不久被毒死。

答里听到唐其势等人被杀的消息后，举兵造反。妥懽帖睦尔派使者哈儿哈伦阿鲁灰和阿弼前去招降，结果这两人全部被杀。妥懽帖睦尔于是命令搠思监火儿灰、哈剌那海等人带兵征讨，同时又命阿里浑察夹攻答里。答里兵败被擒，被带到了上都处死。晃火帖木儿听说同伙已经失败了，十分害怕，调集军队以求自保，结果也兵败被杀。当时怯薛官阿察亦曾与唐其势勾结，密谋杀掉伯颜；此事被伯颜查出，阿察亦也被处死了。

叛乱平息后，妥懽帖睦尔将燕铁木儿和唐其势任用的大小官员全部罢黜，并将唐其势的家产全部没收充公。至此，燕铁木儿家族在元朝政治舞台上消失；而伯颜也因平叛有功，特赐予"答剌罕"之号，传至子孙，世代继承，并大赦天下。

同年八月，伯颜议进封卜答失里为太皇太后，由于卜答失里是惠宗的婶婶而非祖母，所以此举在当时颇遭非议，朝臣许有壬、泰不华等都曾劝谏，但未被接受。同年十一月，妥懽帖睦尔以"祖述世祖"为名改年号为"至元"。至元元年（1335年）十二月十七日，为卜答失里上尊号为"赞天开圣徽懿宣昭贞文慈佑储善衍庆福元太皇太后"，追尊生母迈来迪为"贞裕徽圣皇后"。

升官未必是好事——权臣伯颜的倒台

唐其势事件以后，妥懽帖睦尔不再设左丞相，让伯颜一人担任中书右丞相，独专朝政。在此之前，伯颜已经被封为秦王，赐金印，晋封太师、奎章阁大学士，总领蒙古、钦察、斡罗思诸卫军都指挥使；而且，妥懽帖睦尔时常诏令伯颜与定住等人在内廷仪事。后至元四年（1338年）七月，妥懽帖睦尔又因伯颜有功，诏令在涿州（今河北涿州）、汴梁（今河南开封）为伯颜建立生祠。次年又加号大丞相。自此，伯颜的官衔相加，达到了246字之多，在整个元代历代丞相之中，伯颜权势之显赫，为前代所未有。

后至元二年（1336年），时任中书平章政事的彻里帖木儿提议废除科举，并建议把学校庄田改为供应卫士衣食的处所。没想到这个错误的提议竟然得到了伯颜的支持。当时的御史吕思诚等人联名上疏，反对废除科举制，结果却被贬官。参知政事许有壬指责伯颜说："太师主持朝政，应该把培养人才的事放在首位，怎么能同意废除科举制呢？如果废除了科举，那天下有才华的人一定会失望的。"伯颜却认为，汉人的科举制度与蒙古人固有的选官之法相矛盾，通过科举选拔出来的官吏都是些赃官无补于国家，所以力主废除科举制度。

耿直的许有壬也没有就此停止争论，他认为，从前没有实行科举的时候，大臣中贪官污吏也不少，所以贪官并不都是科举制造成的。同时，科举选官与传统的选官相比并不占主导地位，二者并没有什么妨碍，况且科举制度已经实行了几十年，这是祖宗遗留下来的制度，如果不是弊多利少，不应该轻率的被废除。尽管许有壬据理力争，但是妥懽帖睦尔还是在伯颜的怂恿之下，颁布了停办科举的诏书。

妥懽帖睦尔对伯颜十分的宠信，经常赐给他金帛珍宝以及田地房产，甚至还把历朝皇帝的服饰赏赐给他作为特别的礼物。不仅伯颜得到了重用和封赏，另外还下令封伯颜的弟弟马札儿台为王。马札儿台本是武宗手下的臣子，后来侍奉了仁宗。虽然与伯颜是亲兄弟，但与伯颜却完全不同，他为人谦和，低调。听说皇帝颁布了对自己的封赏，他极力地推辞说："臣的哥哥已经被封为秦王，臣不应该再接受王爵，太平王的事情，陛下应该接受教训，引以为戒。"结果妥懽帖睦尔还是任命马札儿台做了太保，分枢密院镇守北方。

马札儿台在任职期内，减免百姓的徭役，很得民心。可是伯颜却怙恶不悛，马札儿台多次规劝伯颜，伯颜不但不接受，反而更加任意横行，变乱国法，引起了朝野人士的强烈不满。在这个时候，元朝的统治已经摇摇欲坠了。在腐朽的压迫统治之下，广东朱光卿与石昆山、钟大明聚众揭竿起义，自称为大金国，改年号为赤符。惠州人聂秀卿、谭景山等人也起义响应。河南人胡闰儿，利用宗教组织群众起义，胡山花以及陈州棒张、开州人棍轴李等均起兵响应。

中原一带的反叛使朝廷大为震惊，急忙派江西行省左丞相和河南行省左丞相庆章率兵镇压，缴获了起义用的弥勒佛小旗、炫敕及紫金印、量天尺等物品。稍后四川合州人韩法卿也聚众起义，自称南朝赵王，后来被镇压。经过了这些此起彼伏的农民起义，伯颜提出，报上来的起义者名单中，以张、王、刘、李、赵五姓的汉人为多，应该将这五姓的人全部杀死。妥懽帖睦尔没有听从伯颜的意见，他认为，这五姓中的汉人也有好有坏，不能一概而论，没有同意。而伯颜仇视汉人的行为，在汉族官员中引起了极大的反感。

没过多久，又有漳州（今福建漳州市）人李志甫，袁州（今江西宜春县）人周子旺、彭莹玉等人相继起义，周子旺自称周王，自立年号，起义人数最多的时候达到五千余人，官兵经过几个月的镇压，才将起义平息下去。而伯颜再一次因平定叛乱有功，被妥懽帖睦尔加封为经元德上辅功臣的称号，并赐给他七宝玉树龙虎金符。

伯颜本出身于蔑儿乞惕部，其先祖曾是蒙哥的奴隶，依照蒙古族的传统，应该世世代代尊称蒙哥的后裔为使长；郯王彻彻秃就是蒙哥的后裔，因此伯颜应该尊郯王彻彻秃为使长。但是已经飞黄腾达、不可一世的伯颜却深以为耻，于是捏造罪名，诬陷彻彻秃与宣让王帖木儿不花（忽必烈第九子脱欢之子）、威顺王宽彻普化（帖木儿不花的哥哥）心怀异志，企图谋反，并伪造圣旨，将郯王彻彻秃捆绑到和熙门外杀死。之后又假传圣旨，让宣让王帖木儿不花和威顺王宽彻普化马上离开京城，不准逗留，对于伯颜清除政敌的行为，妥懽帖睦尔也是毫无办法。

皇帝的退让让伯颜更加的骄纵、恣意妄为，他任命自己的死党燕者不花为诸卫军总领，无论什么事情都要向自己汇报。当时的全国各地送往京城的贡赋，也都直接送到伯颜的家里。库府钱帛等进出花销，均需经过伯颜的批准，就连皇帝妥懽帖睦尔也不能控制调用，搞得国库日益空虚。当时的省、台官员也大都出自伯颜部下，每次上朝退朝，这些人都围在伯颜的周围。凡事只要是伯颜点头，则通畅无阻，伯颜的家里总是门庭若市，而朝廷上却不见一个人影。伯颜每次外出都前簇后拥，随从也是多得数不胜数，而妥懽帖睦尔这个皇帝的侍卫反而日渐零落。

伯颜还多次出入太皇太后的后宫，与太皇太后的关系十分亲密，因与太皇太后密谋策划立燕帖古思为帝，废掉妥懽帖睦尔，所以得到了太皇太后的宠幸，太皇太后也十分的倚重伯颜。伯颜也因为将妥懽帖睦尔玩弄于股掌之上，使得天下人只知有伯颜，却不知有皇帝，这也引起了妥懽帖睦尔的极大不满和不安。

伯颜弟弟马札儿台有个长子名叫脱脱，自幼便养于伯父伯颜家，被伯颜收为养子，后来因参与平定唐其势叛乱有功，被升任为御史大夫。

第八章
丧钟终于敲响，帝国大厦逐步凋零
• • • • • • •

伯颜想要让脱脱掌管侍卫，方便随时监控妥懽帖睦尔，但是又考虑到如果全部任用自己的亲信，会招来风言风语，于是就让管领枢密院事务的汪家奴及翰林院承旨沙剌班与脱脱一起进入禁宫。后来，脱脱看到伯父伯颜专权跋扈，十分忧虑，在其老师吴直方的启发下，逐步成为了妥懽帖睦尔的心腹大臣。

郯王彻彻秃被杀以后，宣让王帖木儿不花和威顺王宽彻普化也被驱逐，妥懽帖睦尔整天提心吊胆，长吁短叹。在吴直方的策划下，脱脱与阿鲁（阿木哥之子）、脱脱木儿、世杰班（沙剌班之子）等人商定，趁伯颜上朝疏于防备之时，将其抓住问罪。可惜，第一次因伯颜有所察觉而计划破产。此后，伯颜更加忌恨妥懽帖睦尔，每次上朝，他都带着许多的卫士在宫门外等候，以防止皇帝加害自己。

妥懽帖睦尔无法对伯颜下手，怕打草惊蛇，为了防备万一，他增加了皇宫的警卫，这使得伯颜更加的恐惧，便与太皇太后密谋，想要假借邀请皇帝外出打猎之时，进逼皇帝退位，立太子燕帖古思为帝。于是，伯颜上疏妥懽帖睦尔，请求皇帝依据惯例到京郊的柳林行猎，脱脱这个时候站了出来，立马劝谏皇帝，妥懽帖睦尔于是决定由皇太子代行其事，并命令大丞相伯颜随行保护。伯颜不敢违抗圣旨，只得另谋他策，计划在路上挟持太子，号召各路兵马进宫废掉皇帝，然后立太子燕帖古思为皇帝。伯颜接受了圣旨之后，便簇拥着太子赶往柳林去了。

伯颜和太子出了京城，脱脱就立即与阿鲁等人谋划，一面收缴了京城四门的钥匙，命令一些亲信列于城下，并连夜将妥懽帖睦尔转移到了顺德殿，召集省院大臣于午门外听令；另一面让都指挥月可察儿率领30余名骑兵到柳林，悄悄地把太子接回了京城。同时下令翰林院起草诏书，详细罗列伯颜的罪状，把他贬为河南行省左丞相，又让平章政事只儿瓦歹带着诏书去柳林宣读。

伯颜意外被贬，想要回京城却进不去，只好奉命去河南赴任。可是他没想到，路上又接到了诏旨，说他罪孽深重，处罚偏轻，应该加重处罚，改迁到南恩州阳春县（今广东阳江）。南恩州远在岭南，乃荒蛮之地，伯颜知道此去必是死路一条，再想想自己曾经风光一时，而今仕途受挫，从此便一蹶不振，心情十分地沮丧。

伯颜行至江西隆兴驿（今江西南昌市），就得了一场大病，躺在驿馆的土炕上一病不起。当时驿站的驿官见到伯颜失势，再想到他以往的不可一世、骄横跋扈，不禁冷嘲热讽、随意奚落，伯颜被气得一命呜呼。权倾一时的伯颜重蹈覆辙，不从燕铁木儿家族的事件中寻找教训，在接连升官晋爵的时候，还不知收敛，以至于落得如今这个悲惨的下场。

逼死太后，违背祖制

元统三年（1335年），妥懽帖睦尔的第一任皇后钦察氏答纳失里被伯颜毒死两年之后，妥懽帖睦尔想重新册立一位皇后。在此之前，徽政院使秃满迭儿曾送一个高丽女子奇氏进宫，作为服役的奴婢。奇氏名叫完者忽都，不仅长得漂亮，又十分聪慧，善于察言观色。妥懽帖睦尔十分喜欢她，想要立她为皇后，可是这个时候偏偏大丞相伯颜硬行谏阻，妥懽帖睦尔没有办法，只好于后至元三年（1337年）改立弘吉剌氏的伯颜忽都为皇后。

奇氏能被册立为皇后，主要是由于按照忽必烈订立的祖制，高丽进贡女子禁止被封为嫔妃，以防止血统污染。伯颜忽都是武宗皇后弘吉剌·真哥的亲侄女，不仅身份高贵，而且性情节俭，宽宏大量，也不愿意与奇氏争风吃醋，所以，奇氏仍然得到妥懽帖睦尔的专宠。后至元五年（1339年），奇氏为妥懽帖睦尔生了一个儿子名叫爱猷识理达腊，更加取

第八章
丧钟终于敲响，帝国大厦逐步凋零

• • • • • • •

得了妥懽帖睦尔的欢心，被册封为第二皇后，居住在兴圣宫，受宠至极，三年后又为妥懽帖睦尔生下了脱古思帖木儿。

伯颜忽都皇后面对奇氏的得宠，处之泰然。有一次，她随妥懽帖睦尔巡幸上京，在途中，顺帝深夜传旨召幸，伯颜忽都皇后辞道："幕夜非尊往来之时。"内官往复三次，都被拒绝。她不是不喜欢妥懽帖睦尔，而是为了途中的安全着想，从此皇帝更加称赞她。还有一次，妥懽帖睦尔问道："中政院所支钱粮，皆传汝旨，汝还记之否？"伯颜忽都皇后答道："妾当用开支，关防出入，必已选人司之，妾岂能尽记耶！"回答得十分得体。她居昆德宫，终日端坐，从不挑唆后宫嫔妃不和。伯颜忽都皇后性情温和，可惜册立为皇后之后，生下了一个儿子，不到两岁就夭折了。

后至元六年（1340 年）二月，权臣伯颜倒台，妥懽帖睦尔得以亲政。伯颜专权时，内廷的人为了讨伯颜的欢心，每天都在妥懽帖睦尔面前说伯颜如何的忠诚、能干，当然，皇帝对此也深信不疑；伯颜倒台以后，这些内廷的人又开始曲意逢迎，在妥懽帖睦尔的面前说皇太子燕帖古思的各种坏话，甚至说不应该立他为太子，而应该改立皇帝的长子爱猷识理达腊。

妥懽帖睦尔一向优柔寡断，对身边的近臣偏听偏信，这个时候有人将文宗当年毒害明宗和世㻋的事情翻了出来，并添油加醋，说了许多无中生有的话，于是妥懽帖睦尔便信以为真。但是他不得不顾虑到自己当初也是由于太皇太后的保护下才登上皇位的，一时之间难以抉择，便想着找脱脱来商议这件事。

近臣们了解了皇帝的这个想法后，立马说皇帝应该做事独断，不必与其他的大臣商量；并且说太皇太后离间骨肉，简直就是罪大恶极，而且"太皇太后"这个称呼也是古今没有的，天下哪有婶母可以做祖母的道理，皇帝如果不明正其罪的话，反而会给后世留下笑柄。妥懽帖睦尔听了这些话，也觉得不能再拖下去了，于是立即命令近臣起草了一份诏书，颁布下去。

诏书从武宗去世、仁宗违约说起，将文宗毒害明宗之事揭了一个底朝天，同时命太常撤去文宗图贴睦尔在宗庙中的神主；削去卜答失里太皇太后的名号，迁到东安州（今河北安次西）安置；将年幼的皇太子燕帖古思放逐高丽；当时的罪臣月鲁不花、也里牙已经去世，而以明里董阿等明正典刑。

妥懽帖睦尔的左右听从了皇帝的命令，逼着卜答失里母子立即出宫，卜答失里这时已经束手无策，只能是和自己的儿子燕帖古思抱头痛哭。等到了东安州之后就得了重病，不久就在凄凉中离开了人世，而燕帖古思也病死于流放的途中。太后和燕帖古思死后，奇氏如愿以偿，不仅当上了第二皇后，还住进了西宫。

最后的救命稻草——脱脱改革

权臣伯颜死后，妥懽帖睦尔就像是摆脱了一只老虎，心里十分的轻松，所有宫中的一切近臣，都或多或少地得到封赏。转眼间又来到了新年，妥懽帖睦尔想要除旧布新，于是下诏改至元七年为至正元年，这一年是 1341 年。

妥懽帖睦尔在封赏完一些近臣之后，没有忘记脱脱的拥戴之功，召脱脱之父马札儿台回朝，任命为太师右丞相，脱脱管领枢密院事务，其余的如阿鲁、世杰班等人也得到了妥懽帖睦尔的重赏。另外，皇帝又加封马札儿台为忠王，赐号为"答剌罕"。马札儿台极力地推辞，后来又称病辞职，御史台向皇帝奏请宣示天下以劝廉让，皇帝于是下旨准许。之后诏令马札儿台以太师身份回到府第，任命脱脱为右丞相，管理军国大事。于是脱脱拨乱反正，废除弊政，推行新政，使得千疮百孔、摇摇欲坠的元朝一度出现了中兴的转机。

当初伯颜废除科举制不得人心，尤其受到了汉族知识分子的反对。脱脱执政后，立即于当年的十二月恢复了科举。尤其是至正二年（1342年）三月，妥懽帖睦尔亲试进士78人，赐拜住、陈祖仁及第，其余出身有差；并对考试的程式稍作改变，比如，规定国子监生员三年一次，依照科举例入会试，中者取18名。同时又大兴国子监，使蒙古、回族、汉人三监生员总计达到3000人。

另外，对曾受伯颜迫害的诸王平反昭雪，洗雪了郯王彻彻秃的冤枉，召回了宣让王帖木儿不花和威顺王宽彻普化，返还其原有的领地和府第。对于其他受到了冤屈的诸王也予以纠正，这使得蒙古诸王继续拥护朝廷，加强了统治阶级的团结。

脱脱还宣布开放马禁，减轻盐税，蠲免负额，减轻百姓负担。同时，请有学问的大臣进宫讲课。当时著名的儒臣有欧阳玄、董缙、李好文、许有壬等四个人，每五日一进讲，教皇帝读四书五经，练习写大字，操琴谈古调，大有一种恢复文治之风。另外，妥懽帖睦尔还下令编撰辽、金、宋三国史，以脱脱为都总裁官，另外又选了一些汉族的儒臣为总裁官，编撰国史。

在至正五年（1345年）十月，阿鲁图等人将编撰完成的《辽史》《金史》《宋史》呈上给妥懽帖睦尔过目，妥懽帖睦尔说："史书既然已经编撰完成，此事关系重大，前代君主的善恶，无不有所记录。行善的君主，朕当效法；作恶的君主，朕当引以为戒，这是朕所应该做的事。但史书中也不止规劝人君，其中也兼录人臣，你们也不妨直言，不要隐讳！"

除以上措施以外，还以六事选官。地方官的升降，选用采取六条标准。原来元朝选举守令，以户口增、田野辟、词讼简、盗贼息、赋役均五事备为上选，可以升为一等；四事备者减一资；三事有成者为中选，

依常例迁转；四事不备者添一资；五事俱不举者，黜降一等。至正三年
（1343 年），诏天下立常平仓，以常平仓得法为六事，六事备者升一等，
四事备者减一资，三事备者平迁，六事俱不备者降一等。

以上一系列的改革措施，使得腐朽的元朝为之一新，受到了重用的汉
族大臣精神振奋，勤政廉政，之前很少过问政事的妥懽帖睦尔也有了一些
励精图治的迹象，蒙古贵族内部矛盾也减少了许多；当时的社会还算安
定，民族矛盾与阶级矛盾都有所缓和。朝野上下对脱脱都十分的钦佩，大
家都称脱脱为贤相，脱脱使得逐渐凋零的元王朝出现了"中兴"的气象。

不忍细读的元朝史

第九章

帝国幻灭，狼狈退回漠北的悲歌

　　脱脱的死亡，等于折了元朝的一根顶梁柱，腐朽的元朝再也支撑不住了。元朝在沉湎于酒色的元顺帝统治之下，农民起义不断，统治阶级内部倾轧，军阀混战，终于到了不可收拾的地步。当群雄逐鹿，起义的烽火遍地燃烧之时，元朝终于走进了坟墓。

脱脱罢相与复任，开河变钞祸根源

至正四年（1344 年），妥懽帖睦尔罢免了左丞相帖木儿不花，改用别儿怯不花继任。别儿怯不花与脱脱早有矛盾，两人多次发生争执。两人的矛盾源于后至元五年（1339 年）秋，发生的河南范孟矫杀省臣一案。

当时的河南省台小吏范孟，由于多年得不到升迁，于是胆大妄为，想出一个歪主意，于这年十一月，伪称诏使，到了汴梁，杀了河南行省平章月鲁帖木儿、左丞勃烈、廉访使完者不花、总管撒里麻，并假称圣旨封自己为河南都元帅，以廉访使段辅为左丞。伯颜知道这件事后，大耍淫威，对台臣说，以后汉人一律不准担任廉访使，并就此事向妥懽帖睦尔上了一道奏章。

当时，别儿怯不花担任御史大夫，他怕大臣们议论他依附伯颜，就装病待在家里；因此，伯颜给皇帝的奏章被压了下来，一直没有上报。伯颜知道这件事后，十分恼火，再三催促上报自己的奏章。监察御史被逼急了，赶忙去找脱脱。脱脱说："别儿怯不花的职位比我高，而且大印掌握在他手里，我怎么敢专权呢？"脱脱实际上是想阻止御史台，让其不要把伯颜的奏章送上去。但是，别儿怯不花知道这些情况后，害怕伯颜报复自己，于是赶忙表示自己不日就去呈递奏折。后来，这件事虽然得到了解决，但是别儿怯不花和脱脱留下了矛盾。

脱脱担任中书省右丞相职务后，还向妥懽帖睦尔建议，将别儿怯不花调离京城。于是至正二年（1342 年），别儿怯不花被调出京城，任江浙行省左丞相。当时去往浙江上任的路上，杭州城内突然发生了一起大火，火势蔓延，将城内的建筑几乎都烧毁了。别儿怯不花听到这件不幸的事后，仰天大哭说："杭州是江浙行省的治所，我受命出镇，还没有到达，就发生了这样的大火，这都是我干了缺德事而连累了杭州百姓啊！"

别儿怯不花随后立即下令调查这次火灾的损失情况，并与江浙行省官员商定，对烧毁房屋的每户补偿钞 1 锭，死者也有；同时，每人每月发给救济米 2 斗，幼儿减半等。这些措施上报朝廷后，不仅得到了朝廷的允许，而且朝廷还拨付钞 10000 锭给予救济。一时间别儿怯不花赢得了当地百姓拥护。他在江浙行省工作两年，男女老少都感激他的恩德。不久，别儿怯不花被调回朝廷，拜翰林学士承旨，仍掌宿卫。很快，他就接替了帖木儿不花，担任了中书省左丞相职务，成为脱脱的助手。

可是由于之前的矛盾，别儿怯不花在工作上不断给脱脱制造麻烦，很不配合脱脱的工作。于是脱脱以生病为由，上表请辞，妥懽帖睦尔不同意。脱脱之后又一连上了 17 道表章，最后妥懽帖睦尔无奈地同意了他的辞职请求，并问他何人可以继任，脱脱向皇帝推荐了阿鲁图，于是阿鲁图被任命为中书右丞相。妥懽帖睦尔封脱脱为郑王，食邑安丰（今安徽寿县），又赏赐脱脱不少金银，脱脱都一概不受。

阿鲁图与别儿怯不花共掌国政后，开始两个人还算和谐，国家也平安无事，后来因为脱脱的原因，两人开始反目成仇。别儿怯不花多次暗地里怂恿其党羽大臣弹劾阿鲁图，最后阿鲁图也愤而辞职，皇帝没有办法就任用别儿怯不花为右丞相，任用铁木儿塔识为左丞相。

别儿怯不花执政后，多次在皇帝面前大进谗言，对脱脱进行诬陷诽谤，捏造脱脱一家的罪名：说脱脱之父马札儿台假意回府养病，实际上却是结党营私，图谋不轨；妥懽帖睦尔信以为真，于是把马札儿台放逐到西宁（今青海西宁）。脱脱为了照顾年迈多病的父亲，给妥懽帖睦尔上疏请求和父亲一起去西宁，皇帝批准了。由于脱脱的悉心照料，马札儿台安全地到达西宁，这个消息传到别儿怯不花那里，他的心里十分的不爽。之后又唆使省台的官员给朝廷上疏，说马札儿台与当地的叛乱分子勾结；不辨真假的妥懽帖睦尔竟然直接下旨将马札儿台迁到西域，可怜的马札儿台与脱脱父子不敢违抗圣旨，只能冒险又往西行。

自从别儿怯不花执政后，接连发生了山崩地震、河水决口等灾祸；同时河南、山东一带又出现了盗贼。当时有几个正直的官员开始上疏弹劾别儿怯不花，说他渎职，以至于管理失调，祸乱屡见。别儿怯不花听说后，心惊后怕，上疏辞职，妥懽帖睦尔同意他以太师的身份退职回家。御史大夫亦怜真班趁着这个机会上疏保奏脱脱父子，说马札儿台的谦让之德，脱脱的为国辛劳，有功无过，为何被贬斥远方，还要逼进险地。妥懽帖睦尔下诏将马札儿台父子召回甘肃。

可惜，马札儿台半路回来的时候，由于感染了风寒，不久病情加重，没过几天就去世了。就在马札儿台去世之前，左丞相铁木儿塔识死在任上，而别儿怯不花也遭到台官的弹劾被贬斥到渤海后死了。于是，朝廷任命朵儿只为右丞相，太平为左丞相。

太平性情宽宏大度，他听说马札儿台死在了甘肃，不能归葬，心里觉得十分的不平，于是上疏极力为马札儿台说话，请求皇帝准许脱脱带着父亲的灵柩回京安葬，以全其孝道。可是上疏之后，皇帝一直没有反应，于是太平就径直进宫，当着皇帝的面奏请说："脱脱为王室尽忠，曾大义灭亲，现在他的父亲死了，还不准他奉父归葬，将来的忠臣义士难道不会为此而灰心吗？还望陛下开恩，准许他归葬，也好劝善惩恶！"

妥懽帖睦尔听了之后，仍然有些踌躇不决，太平又说："陛下难道不记得云州之事了吗？"云州之事话一出口，皇帝就陷入了一段回忆。当年，爱猷识理达腊逐步长大后，妥懽帖睦尔常常令皇子跟在自己的身边。这个时候脱脱还执掌大权，皇帝对他也十分信任，所以就将皇子托付给脱脱，让脱脱做老师，并对皇子随时教育。

脱脱对于此事极其认真，格外注意，有时皇子到脱脱家，也是一住好几天。偶尔有疾病，脱脱常常亲自为皇子煎药，每次煎药之后，都要

自己先尝过之后，才喂给皇子喝。一次，妥懽帖睦尔到上都去，皇子爱猷识理达腊也随驾而行。走到云州的时候，突然遇上了暴风骤雨，山洪暴发，皇帝一行人的车马被冲走了不少。妥懽帖睦尔这时也顾不上儿子，只顾自己逃命，登上山顶躲避大水。

脱脱见皇帝自己先跑了，急忙涉水来到皇帝坐的车子边，抱出皇子背在背上，光着脚背上了山顶。妥懽帖睦尔逃到了山顶之后，才想起自己的儿子。他心里牵挂着儿子，站在山上眺望，这时见到脱脱背着皇子来了，当即上前抱过皇子，慰抚脱脱说："卿为朕的皇子这样辛劳，朕一定不会忘记的！"

可是谁也没想到这件事刚刚过了两年，妥懽帖睦尔就相信谗言，把脱脱父子贬谪远方。如今太平提起了云州之事，妥懽帖睦尔才想起脱脱的好处来，后悔自己食言，于是下令准许脱脱奉着父亲的灵柩回京安葬。脱脱回京之后，妥懽帖睦尔又任命他为太子太傅，总理东宫事宜。

这个时候的朝中出现了左丞相太平与哈麻之争。哈麻是宁宗乳母之子，年轻的时候就与弟弟雪雪充当妥懽帖睦尔的宿卫。他能言善辩，为人奸诈，深受妥懽帖睦尔的宠幸。而左丞相太平为人正直，与御史大夫发现了哈麻的罪行，两人一起弹劾，于是哈麻兄弟被妥懽帖睦尔下令各打五十大板，随即免去了官职，令其居于草地。但是同时皇帝也罢免了太平的左丞相之职，降为翰林学士承旨，并将御史大夫韩嘉纳打发出朝廷；重新任命脱脱为右丞相，主持军国大事。

脱脱重掌朝廷大权后，仍然像以前一样兢兢业业，但是在执政的过程中，也出现了几个致命的失误，这些失误甚至影响了元朝的衰亡和他个人的命运。一是他相信哈麻的花言巧语，将其兄弟赦免，并重新启用为中书右丞相和御史大夫之职；二是他拒绝采纳国子祭酒吕思诚的建议，大造至正交钞，致使无本之钞大量发行，货币贬值，物价飞涨，出现了"钞买钞"的现象；三是拒不采纳成遵的建议，坚持派贾鲁率领十几万军民治理黄河，结果加剧了当时的社会矛盾。

盐贩子方国珍打响反元第一枪

元朝末年，统治阶级对百姓的压迫和管制十分恶劣。元末明初的文学家陶宗仪辑有浙东民谣曰"天高皇帝远，民少相公多；一日三遍打，不反待如何"；当时的台州也有"洋屿青，出海精"的谣谚，"洋屿"，就是洋屿山，而"海精"指的就是盐贩子方国珍。

方国珍生于元仁宗延祐六年（1319 年），又名方谷珍，台州黄岩（今浙江黄岩）人。他出生的时候，便有"洋屿青，出海精"的谣谚，洋屿山就是近海之处的童山，草木郁郁葱葱，当时有渔民捕捞到海怪，没人认识这是什么东西，便传出这个谣谚。方国珍出生后，他的父亲方伯奇采兴谐音，为他取名为珍。方国珍身材高大，面色黝黑，体白如瓠，力赛奔马。世代以行船海上贩盐为业，与兄方国馨、方国璋，弟方国瑛、方国珉，以佃农和贩私盐为生计。

至正年间，元政不纲，人心惶惶，民谣"天高皇帝远，民少相公多；一日三遍打，不反待如何"便开始出现。当时方国珍的父亲方伯奇欠租，被田主陈氏侮辱；同时又与蔡元一（俗称蔡乱头）争牢盆（煮盐铁锅），元朝官员庇护蔡乱头，不辨是非曲直，于是方家便与之结仇。

至正初年，黄岩有个叫李大翁的人啸众反元，出入海岛，抢掠元朝运粮的船只，还杀了几个元兵；接着当地的蔡乱头率众响应，在海上打劫财物，官府派兵追捕他。偏偏元朝派来行省参政朵儿只班率军征讨，一时不能拿下蔡乱头这伙人。郡县无以复命，便胡乱拷打囚禁老百姓，当做自己讨伐的功劳。

当时方国珍的仇家陈氏乘机诬告方国珍与蔡乱头私通，方国珍一怒之下杀害了陈氏；陈氏的家属诉讼于当地的官府，于是官府便开始下令追捕方国珍。方国珍知道后，倾尽家中的财资贿赂官吏，可是贪官拿了钱，照样下令追捕方国珍。这个时候蔡乱头的同伙王复因率众抢掠沿海的居民，尽掠方国珍的家产入海；后来恰巧又赶上福建漕运舟粮北上，他们这群人又去抢劫这批粮食，捕俘了海道千户德流于实。

方国珍大怒，集合同族乡人数百，征调军队，拿起武器，擒获王复因，援救千户德流于实。蔡乱头知道后十分恐惧，立即贿赂台州路总管焦鼎等人。焦鼎对蔡乱头的罪过不加追究。

至正八年（1348 年）十一月，长浦巡检到方家追索欠款，方国珍正在吃饭，就以桌为盾，以杠为矛，格杀巡检，然后对兄弟们说："朝廷失政，统兵者玩寇，区区小丑不能平，天下乱自此始。今酷吏祸及良民，吾若束手就毙，一家枉作泉下鬼，不若入海为得计耳。"一家人都乐意听从。于是方国珍与二兄方国璋，弟方国瑛、方国珉杀了来逮人的元兵，同时遣散家财，号召贫民入海反元；不到一个月，就有数千老百姓争相投奔，开始劫夺元朝的海运皇粮。

至正九年（1349 年），元朝派浙江行省参政朵儿只班率三万水军缉捕方国珍，官兵的数量是起义军的十倍之多，形势十分严峻。方国珍当机立断命令起义军沿海路向南撤退；数日后到达福建五虎门外，他见海湾地势险要，于己有利，部署设伏迎战。朵儿只班挥师追到五虎门，只见前面起义军船队大火熊熊，船上不见一兵一卒。正在他疑惑之时，突然号角四起，杀声震天，方国珍指挥小船从四面包抄过来，火箭如蝗，官船起火，元兵纷纷落水。朵儿只班的指挥船被起义军"水鬼队"凿穿了船底，主帅被生擒活捉，起义军大获成功。

方国珍逼迫朵儿只班向朝廷请示招安，元廷听从了方国珍的请示，任命方国珍为庆元定海尉，他的兄弟们皆被授之以官；但是方国珍并没有复任，而是返回家乡，他手下聚集的兵众也没有解散，士气依然很高。妥懽帖睦尔以礼部尚书泰不华为台州人，对沿海的情况比较了解，命其前往视察，泰不华上疏陈述抓捕之策。

至正十年（1350 年）方国珍不受元廷的节制，为了养活手下的这些兵卒，四处劫掠。被抢的郡县根本拿方国珍没办法，就上告中枢，元廷便命元帅扈海带着几万大军再次去围剿，可惜还是被方国珍给打败了，还把扈海也给抓了。同年十二月，方国珍入海攻掠沿海州郡，"破温州，焚烧漕舟，登岸入镇海门，官兵逃窜。"

次年，方国珍在松门（现属温岭市）附近的大闾洋打败了元军，并生擒孛罗贴木儿和郝万户，元兵死者过半；又在至正十二年（1352 年）三月，与台州路达鲁花赤泰不华交战，并全歼泰不华元军主力，还将泰不华杀死。此后，方国珍反复降元又叛元，还在至正十七年（1357 年），担任元朝的江浙行省参知政事、海道运粮万户，用五万兵战胜张士诚的七万军队；七战七捷，逼得张士诚降元，方国珍才罢兵。

方国珍是元末一个普普通通的盐民，他是最早起兵反元的农民起义军领袖，可以说，1348 年是方国珍在黄岩打响了元末农民大起义的"第一枪"——他比刘福通的颍州红巾军起义早三年，比张士诚在江苏泰州起义早五年；而当时朱元璋还在皇觉寺做和尚，四年后才走出庙门，加入郭子兴领导的北方红巾军。方国珍活跃在东南沿海达二十年之久，在波澜壮阔、天翻地覆的大舞台上，他和许多黄岩人完成了从"奴隶到将军"的悲壮历程，干出了一番轰轰烈烈的事业。

明朝洪武元年（1368）正月，汤和送方国珍等至明京师建康。明太祖朱元璋责备他一番，但没有治罪，授为广西行省左丞，食禄京师，用其子侄宿卫左右；将余部和台州府县官吏两百余人迁徙安徽滁州屯田；独赦邱楠，授韶州知府。洪武七年（1374），方国珍卒，享年五十六。

明王出世，"石人一出"天下反

　　元朝后期，吏治腐败，横征暴敛，苛捐杂税名目繁多，全国税额比元朝初年增加 20 倍，大批蒙古贵族抢占土地，而中原连年灾荒，更使得百姓破产流亡，无计为生。于是各地农民纷纷起义，而元朝的将领和朝中大臣们屡打败仗。当时作为朝廷的首席大臣，脱脱只好亲自率兵出征，或者兼任大司农指导农田水利，以充实京城的食俸。

　　妥懽帖睦尔一切事情有脱脱这样的忠臣打理，便什么也不操心，正好可以及时行乐。他整天在宫里沉湎于酒色之中，把整个皇宫弄得乌烟瘴气。

　　当时，黄河泛滥，给沿河中下游地区的人民带来了巨大的灾难。脱脱采纳都漕运使贾鲁的建议，准备根治黄河水患。脱脱通告群臣说："皇帝方忧下民，为大臣者职当分忧。然事有难为，犹疾有难治，自古河患即难治之疾也，今我必欲去其疾。"不过，脱脱的这项意见遭到了很多人的反对，其中就包括当时的工部尚书成遵，成遵说："济宁、曹、郓连年饥荒，民不聊生，若在此聚集二十万人修黄河，恐怕后患比黄河水患还要严重。"脱脱大怒说："汝谓民将反耶！"虽不断有人建议成遵听从脱脱丞相的意见，但成遵始终坚持己见。朝中执政者对成遵说："修河之役，丞相意已定，且有人任其责矣，公其毋多言，幸为两可之议。"成遵回答曰："腕可断，议不可易也。"于是元廷将成遵贬为大都河间等处的都转运盐使。

　　随后，至正十一年（1351 年），脱脱奏以贾鲁为工部尚书，总治河防，发黄河南北兵民十七万，其中 15 万人修治黄河，2 万元兵沿河镇压。修筑

第九章
帝国幻灭，狼狈退回漠北的悲歌

决口的黄河河堤，使黄河恢复旧道。但是，当时的官员以修河为名，假公济私，监督修河的官吏贪污作弊，克扣民工"食钱"，致使民工挨饿受冻，群情激愤。此次治理黄河，费时八个月才完工。贾鲁治河虽获得成功，但结果正如成遵所言，元廷大规模役使军民，引发了农民起义。

新任工部尚书的贾鲁，因勒索刘家珍兽白鹿未逞，便改河道，毁坏刘家的住宅。颍州人刘福通看到百姓生灵涂炭，贪官强取豪夺，自家的住宅又被摧毁，国仇家恨的刺激，让他决心造反灭元。

在刘福通之前，身在赵州栾城（今河北栾城）的韩山童也在以白莲教组织群众，他一边务农，一边传播白莲教，宣传"弥勒降生""明王出世"，主张推翻元朝统治，并结识了颍州的刘福通。看到民工挨饿受冻，群情激愤，韩山童、刘福通认为时机已到，便编造"石人一只眼，挑动黄河天下反"的民谣，四处传播；同时在河道中埋设一石人，背刻"石人一只眼，挑动黄河天下反"。等到这个石人被挖出来的时候，人心浮动。

同年五月，韩山童、刘福通等人在颍州颍上县的白鹿庄聚集了3000多人，杀黑牛白马，誓告天地，打出"虎贲三千，直抵幽燕之地；龙飞九五，重开大宋之天"的旗帜，宣誓起义。韩山童自称是宋徽宗的八世孙，而刘福通自称南宋将刘光世后代。正当起义将举之时，不料这件事被泄密，遭到了元朝地方政权的镇压，韩山童被捕牺牲，他的妻子杨氏带着儿子韩林儿逃至武安，刘福通率众冲出重围，于五月初三攻占颍州，大起义正式爆发。

刘福通攻占颍州后，犹如平地春雷，震撼了中原大地。当时的元朝贫富不均，动荡不已，很多百姓都跟着刘福通一同起义，还不到一个月，跟随他的人就快一万了。元朝廷知道这件事以后，十分震惊，急忙命监成治河民工的同知枢密院事赫厮、秃赤领阿速军六千并各支汉军进讨刘福通军。赫厮、赤秃与河南行省徐左丞三人没什么能力，以酒色为务，其属下军士多以剽掠为务，赫厮望见红巾军人多势众，扬鞭大呼"阿卜！阿卜！"（蒙古语"走"之意）回头就跑，元军不战自溃。同时由于大部分元军来自高加索北麓的阿速人，水土不服，不习水战，病死者过半。后来徐左丞被朝廷诛杀，赫厮战死于上蔡。

同年六月，刘福通乘胜占据朱皋（今河南固始北），在朱皋开仓赈济贫民，"从者数十万"。接着起义军又相继占领罗山、真阳、确山、汝宁、息州、光州等地。由于义军头裹红巾，所以人称红巾军。红巾军起义爆发以后，一时"贫者从乱如归"，不出数月，黄河长江两淮之间，到处揭起起义的旗帜。

同年九月，刘福通攻克汝宁府（今属河南）、息州、光州（今河南潢州），聚众至十万。元廷深感这是"心腹大患"。于是以右丞相脱脱之弟、御史大夫也先帖木儿为知枢密院事，与卫王宽彻哥率诸卫军十余万人前往镇压。十月，又加派知枢密院事老章增援也先帖木儿。十二月，元军攻陷上蔡，义军最早的领导人之一韩咬儿被俘，押送京师处死。江浙平章教化、济宁路总管董抟霄也攻陷安丰（今安徽寿县）。

至正十二（1352年）正月，刘福通摆脱元将韩兀奴罕的围剿，挺进河之北，进攻东明。二月，克滑、浚二州，进克开州（今河南濮阳），出现了"红衣遍野，呼声动地"的壮观场面。之后。刘福通率红巾军先后大败元军主将赫斯虎赤，斩元大将巩卜班，击败也先帖木儿30万精锐之师，屡战屡胜，威震元廷。

脱脱在屡次出兵镇压刘福通起义军失利的情况下，采取攻其两翼——徐州起义军和南阳襄湘起义军的战略，以达到孤立刘福通部的企图。与同年闰三月起，先后派四川行省平章咬住、四川行省参政答失八都鲁，诸王亦怜真班、爱因班，参知政事也先帖木儿陕西行省平章月鲁帖木儿，豫王阿剌忒纳失里，知枢密院事老章等分路围剿南北琐红军。五月，答失八都鲁攻陷襄阳，布王三被俘，北琐红军被镇压。

至正十四年（1354年）正月，答失八都鲁攻陷峡州，南琐红军亦被镇压。刘福通部红巾军自击溃也先帖木儿后，虽未遭遇元军主力，但其两翼有元军围剿其他红巾军，占领区内又崛起了两支地主武装，沈丘

（今安徽临泉西北）畏兀儿人察罕帖木儿与罗山县典官李思齐各结集
"义兵"，合兵袭破罗山，元廷分别授为汝宁府达鲁花赤和汝宁知府，渐
拥兵至万人，屯驻沈丘，屡败刘福通部红巾军，因而牵制了刘福通部的
进一步发展。

同年，妥懽帖睦尔听信奸臣哈麻的弹劾，下诏削脱脱兵权，诏书到
达军营，"大军百万，一时四散"，元军竟不战自溃。从此，元军丧失优
势，再也无力纠集如此众多的力量来镇压起义军，只能主要依靠地主武
装来维持元朝的统治。

刘福通利用战场形势的急遽变化，于至正十五年（1355）二月，迎
韩山童之子韩林儿于砀山夹河，在亳州（今属安徽）正式建立宋政权，
改元龙凤，立韩林儿为帝，号"小明王"；杜遵道、盛文郁为丞相，罗
文素、刘福通任平章，刘福通弟刘六任知枢密院事，尊韩山童妻杨氏为
太后。没过多久，因杜遵道擅权，刘福通命甲士挝杀之。此后，刘福通
自任丞相，加封太保，成为宋政权的实际领导人、北方红巾军的总指挥，
在往后长期的斗争中，展示了他的军事和政治才能。

同年六月，刘福通命将领赵明达取嵩、汝、洛阳，北渡孟津至怀庆
路（今河南沁阳），河之北大为震动。元朝廷不得不从豫南调察罕帖木
儿来应战，赵明达战败。十二月，答失八都鲁进攻太康，进围亳州。刘
福通将小明王韩林儿移置安丰，次年三月，刘福通亲自领兵与答失八都
鲁军激战于太康、亳州，击退元军，亳州解围。

至正十六年（1356 年）二月，朱元璋攻占集庆（今江苏南京），七
月，宋政权立江南等处行中书省、江南等处行枢密院，任命朱元璋为行
省平章；同年十月，赵君用取淮安，于是设淮安等处行中书省，任命赵
君用为行省平章。以后，为了节制各路红巾军，在那些已占领而又较为
巩固的地区，继续设置行省机构。

为了分散元军对宋政权都城亳州的压力，扩大战果，从至正十六年
（1356 年）九月开始，刘福通便派遣军队分路出击，到至正十七年（1357

年）夏，形成三路北伐的壮观局面，而刘福通亲自率大军攻克汴梁。西路军攻破潼关，中路军转战山西，当时毛贵虽进攻大都失利，但山东形势非常好，北方红巾军进入鼎盛时期。

但大好局面没有维持多久，很快发生了逆转。至正十八年（1358年），元军破曹州，使宋政权与山东红巾军联系切断。至正十九年（1359年）初，孛罗帖木儿驻守大同，以切断宋政权与中路红巾军的联系。西路军亦被察罕帖木儿等人所败，溃散入蜀，而且察罕帖木儿一直以重兵驻守渑池、洛阳，时刻准备对汴梁发起进攻。宋政权陷入孤立无援的境地。

山东红巾军这时也发生了逆转。毛贵北伐大都失败后返回山东，与田丰配合，势力也很强盛。可是让人意想不到的是，失守淮安的赵君用逃奔毛贵后，竟阴险地把毛贵杀死。之后毛贵部将续继祖（元末红巾军起义将领）从辽阳回益都，怒杀赵君用。山东红巾军自此一蹶不振，这时王士诚也脱离中路军返回山东，与田丰互相攻伐。

至正十九年（1359年）五月，察罕帖木儿移军虎牢，多路出兵，包围汴梁。八月，元军破汴梁，刘福通奉韩林儿突围奔安丰，元军俘获韩林儿妻及红巾军各级官员五千、家属数万。至此，宋政权已名存实亡。

至正二十一年（1361年）夏，察罕帖木儿向山东红巾军发起总攻，田丰、王士诚被迫投降。十月，察罕帖木儿进围益都，毛贵部将陈猱头等坚持抵抗。次年六月，田丰、王士诚杀察罕帖木儿，参加益都保卫战。察罕帖木儿的儿子扩廓帖木儿（王保保）袭其父职，继续围攻益都。十一月，益都被攻陷，田丰、王士诚被杀。接着，莒州也被攻陷，山东红巾军全部被镇压。在安丰的宋政权，名义上只存下朱元璋的江南行省。

至正二十三年（1363年）二月，平江（今江苏苏州）张士诚乘安丰空虚之机，遣其部将吕珍进攻安丰。刘福通等进行了顽强的抵抗，韩林儿急忙向朱元璋求救，朱元璋亲率大军击败吕珍和支援吕珍的原天完政权的庐州（今安徽合肥）左君弼，救出小明王和刘福通，把小明王和刘福通安置在滁州。

至正二十六年（1366 年）十二月，朱元璋命廖永忠迎小明王、刘福通至应天（今南京），途经瓜州，廖永忠将他们沉入水中溺死。

徐寿辉昙花一现的天完政权

至正十一年（1351 年）八月，距刘福通颍州起义之后仅仅三个月，对元朝统治早就不满的罗田布贩徐寿辉，见时机已到，便与麻城（今属红安）铁匠邹普胜、袁州（今江西宜春）僧人彭莹玉（彭和尚）及欧普祥（黄冈人）、王普善（蕲水人）、丁普郎（蕲春人）等人利用白莲教聚众，也以红巾军为号，在大别山南麓多云山（今天堂寨）中发动起义。

徐寿辉是罗田多云乡上五堡（今湖北省罗田县九资河镇）人，原是贩卖土布的小商贩，他身格魁伟，相貌非凡，为人正直，见义勇为，在群众中享有很高的威信。至正十一年（1351 年）五月，北方白莲教会的韩山童、刘福通等人在大别山北面发动几万黄河民工起义，直打到大别山脚下的光山县。早就对元朝统治不满的徐寿辉便与邹普胜和彭莹玉在鄂东一带宣传"天下大乱，弥勒佛就要降生"的思想，并于同年八月，同样头裹红巾，聚众起义，由于同时他们都信奉弥勒佛，烧香集众，所以又称"香军"。

徐寿辉率领红巾军，一举攻取了罗田县城。同年九月，打败了元朝的威顺王宽撤不花，攻占了圻州（今圻春）和黄州，并在水陆要冲之地圻水（今浠水）建都，徐寿辉在清泉师太殿上称皇帝即位，国号"天完"（"大"上加"一"为"天"，"元"上加"宀"是"完"，"天完"表示压倒"大元"），定年号为"治平"。

同时"天完政权"设置统军元帅府、中书省、枢密院以及中央六部（吏、户、礼、兵、刑、工）等军政机构，任命邹普胜为太师，倪文俊为领军元帅，陈友谅为元帅簿书椽。铸有铜印，发行钱币。徐寿辉创建政权后，提出了"摧富益贫"的口号，得到了广大贫苦农民的拥护，红巾军很快发展到几十万人。

之后便以现今黄冈市为中心根据地，派出两路大军向江西、湖南挺进。红巾军纪律严明，不淫不杀，每攻克一地，只把归附的人登名于户籍，余无所扰，因而深得人心，队伍迅速扩展到百万人，纵横驰骋于长江南北，控制了湖北、湖南、江南、浙江以及福建等广大地区。当时有首民谣说："满城都是火，官府到处躲；城里无一人，红军府上坐"。

至正十三年（1353年），元廷调集几省的军队，对红巾军根据地进行围剿，天完政权的重要领导人彭莹玉战死，国都圻水县城也被攻破，"莲台省"将士四百余人壮烈牺牲。徐寿辉率领部队先后退到黄梅县挪步园一带和沔阳县的滨湖地区坚持战斗，同时对军队也进行整顿。后来，由于长江中游的元军先后被调去镇压刘福通、张士诚等农民起义军，因而至正十四年（1354年）十二月，徐寿辉的红巾军得到壮大恢复。次年（1355年）正月，徐寿辉部将倪文俊攻克沔阳。

至正十六年（1356年）春天，红巾军大举反攻，重新压取江西、湖南，控制了四川盆地和陕西的一部分地区。并于汉阳县城重新建都，改年号为太平。但徐寿辉本人受丞相倪文俊操纵，虚有帝名。随后，徐寿辉又派人到罗田故里多云山中建田元殿，筑紫云台，还在山之最高处立一"无敌碑"，以夸示其功绩。

至正十七年（1357年）九月，正当红巾军迅速壮大，士气日盛的时候，徐寿辉的部将倪文俊却心怀叵测，企图暗杀徐寿辉，篡夺帝位。他的阴谋败露后，又从汉阳逃往黄州，结果被陈友谅所捕杀；而陈友谅也因功升任平章政事，吞并了倪文俊的旧部，天完实权转归陈友谅掌握。当时天完政权控制的范围，主要有长江中游地区、洞庭湖周围和鄱阳湖地区北部以及进入四川的明玉珍部等地区。

同年十月，陈友谅率沔阳战船东下出征安庆，经三个月激战，于至正十八年（1358年）夏攻克龙兴（今江西南昌）等地，徐寿辉想要迁都龙兴，陈友谅不答应，于是就这样作罢。次年十二月，徐寿辉从汉阳出发，仍然想迁都龙兴，到江州（今江西九江）时，陈友谅伏兵城外，将徐寿辉的左右部属尽杀。此时陈友谅已掌管着军政大权，便以江州（今江西九江）为天完都城，仍奉徐寿辉为皇帝，改年号为天定。但是陈友谅自称汉王，设置王府官属，并暗中将徐寿辉的心腹部将逐一杀害。

至正二十年（1360年）六月十六，汉王陈友谅暗置伏兵，以察看作战地形为由，将徐寿辉诱骗至太平（今安徽当涂）附近的采石镇拜神，等徐寿辉来到时，便将他杀害。之后陈友谅以采石五通庙为行殿，即位称帝，国号大汉，改年号为大义，天完政权亡。不久陈友谅也被朱元璋打败。

元朝最大冤案——贤相脱脱被奸臣害死

元朝末年，各地农民起义风起云涌，接连不断，其中规模最大的要数韩山童和刘福通领导的红巾军起义。至正十一年（1351年）五月，起义军首领之一的韩山童牺牲，刘福通成为红巾军的领袖，继续领导起义军与元军作战。脱脱立即奏请以自己的弟弟、御史大夫也先帖木儿为知枢密院事，领兵十余万去镇压起义。结果，也先帖木儿被红巾军打败，逃到汴梁，收拾残军败将，屯兵朱仙镇。朝廷以也先帖木儿不会打仗为由，下令让别的将领代替他。也先帖木儿连夜回到京城，虽然打了败仗，但仍然担任御史大夫。

这时，一些耿直的大臣看不过去，便提出异议。陕西行台监察御史蒙古鲁海牙、范文等12人联名上疏，弹劾也先帖木儿丧师辱国，要求治他的罪。脱脱知道后大怒，他出于私心，不仅没有处罚自己的弟弟，反而将西台御史大夫朵儿只班贬为湖广行省平章政事，联名上疏的 12 名官员都被罢免。这样一来，朝中大臣都不敢再说什么了。

至正十二年（1352 年）八月，脱脱自请出师镇压徐州的起义军首领李二，获得胜利。妥懽帖睦尔听到胜利的消息，非常高兴，派人到军中加封脱脱为太师，并改徐州为武安州，还专门为脱脱立碑以示表彰。

至正十三年（1353 年）五月，盐贩张士诚和他的弟弟张士义、张士德、张士信及李伯升等 18 人，发动盐丁在泰州起义，史称"十八条扁担起义"。起义军很快攻克了泰州、兴化、高邮。第二年正月，张士诚在高邮称"诚王"，建国号为"大周"，以"天佑"为年号。元朝的天下已经大乱，面对这样的紧急时刻，妥懽帖睦尔并没有放在心上，还在张士诚打动起义的次月，听从哈麻和第二皇后奇氏的建议，立自己的儿子爱猷识理达腊为皇太子、中书令、枢密使，并于九月在圣安殿西侧为皇太子建鹿顶殿，完全将国家的安危抛之脑后。

奸臣哈麻留在朝廷之中，不劝谏皇帝操劳政务，专门给皇帝传授寻欢作乐的房中术。妥懽帖睦尔广采美女，整天以淫为乐，根本不理朝政。

这个时候的皇太子爱猷识理达腊已经长大了，看到父皇每天与几个亲信混在一起淫乐，许多僧人随便出入宫中，无所顾忌，他愤恨极了，总是想把秃鲁帖木儿和那些僧人都驱逐出皇宫，但却无计可施。

这时脱脱的心腹汝中柏以及脱脱的弟弟也先帖木儿将皇帝的这些情况报告给了在外操劳军务的脱脱。脱脱十分气愤，立马回京上朝见妥懽帖睦尔，并直言不讳地说："古时的暴君，莫过于夏桀、商纣。夏桀宠爱妹喜，商纣宠爱妲己，都是由于受了不良之臣的引诱，导致亡国。现在哈麻引诱皇上做出这种事来，应该将其革职流放，将西蕃僧驱除出宫，以杜绝淫乱。"

妥懽帖睦尔听完之后毫无反应，脱脱继续劝谏道："现在变异迭兴，贼寇猖獗，还不是陛下行乐的时候。陛下应该马上任用贤臣，贬黜奸佞，崇尚德行，远离女色，才能拨乱反正，转危为安，否则祸患也就不远了！"

第九章
帝国幻灭，狼狈退回漠北的悲歌
* * * * * * *

妥懽帖睦尔不耐烦地说："哈麻不是你推荐的吗？"脱脱也感到十分惭愧，说："臣确实为国家社稷着想，不料臣一时糊涂，错荐了哈麻，臣知罪。现在哈麻祸乱朝廷，脱脱不能再包庇纵容他。如果皇上仍信任哈麻，那后人岂不将皇上比作夏桀、商纣了吗？"妥懽帖睦尔权衡了一下，感觉如果不作出对哈麻的处分，对脱脱就没法交代了，于是下诏，将哈麻改任为宣政院使，其余的人却未作处理。哈麻被调任宣政院使后，打听到是由于脱脱弹劾，自己才被调任的，愤怒异常，决心伺机报复脱脱。

至正十四年（1354 年）二月，脱脱调集各路军马，围剿各地的农民起义军。当月，脱脱任命湖广行省平章政事苟儿为淮南行省平章政事，率兵攻打高邮的张士诚，但元军大败。六月，张士诚率领起义军转而侵扰扬州，脱脱命达什帖木儿率兵征讨，结果元军又败。脱脱见形势危急，又命江浙行省参知政事佛家闾与达什帖木儿的残军汇合在一起，共同征讨张士诚；但是，早已没有战斗力的元军根本不是张士诚的对手，张士诚接连攻克了盱眙县（今江苏盱眙）、泗州（今江苏泗县一带），元军节节溃退。七月，脱脱又命刑部尚书阿鲁于海宁州（今江苏连云港市南海州区）等处招集兵马，去攻打泗州，但并没有什么效果。

同年九月，脱脱决定亲自督军去攻打高邮。临行前，对朝廷很不放心，特地任命自己的心腹汝中柏为治书侍御史，以辅助自己的弟弟也先帖木儿，做好朝廷的各项事情，免除自己的后顾之忧。汝中柏担心哈麻留在京城必为后患，想要除掉他，并将自己的想法告诉给了脱脱。脱脱犹豫了一下，说："我现在已顾不上这件事了，我走了之后，你与也先帖木儿商量，该怎么办就怎么办。"

脱脱走后，汝中柏与脱脱的弟弟也先帖木儿商量此事。也先帖木儿纠结地说："当年我家遭难的时候，是哈麻鼎力相助，才有今天的，哈麻对我家有恩，我们怎么忍心杀掉人家呢？"于是坚决不同意汝中柏的主张。但是这件事恰巧被哈麻的耳目听到了，于是上报给了哈麻。哈麻知道了这件事，担心自己被除掉，于是便找妥懽帖睦尔的第三任皇后奇氏进献谗言。

奇氏早就想让自己的儿子爱猷识理达腊做太子，并多次与脱脱商量此事，但脱脱总是说："中宫有子将置之何所？"脱脱的意思是说，眼下妥懽帖睦尔的第二任皇后伯颜忽都还活着，万一她再生一个儿子，那该怎么办呢？因此，奇氏对脱脱非常怨恨。

现在，哈麻旧事重提，以脱脱当初极力阻挠立爱猷识理达腊为皇太子为由，大肆进行挑拨。这一下重新激起了奇氏对脱脱的仇恨，她决心要惩治一下脱脱兄弟，以便出一口恶气，于是就指使监察御史弹劾脱脱及其弟也先帖木儿镇压起义军兵败之事。妥懽帖睦尔这个时候只顾着与宫里的女人们淫乐，根本没时间思考事情的真假；同时他也顾忌脱脱权力过重，对自己的皇权构成了威胁，于是便下诏收缴也先帖木儿的御史台印，让其到都门外听旨，任命宣徽使汪家奴为御史大夫，接替也先帖木儿的职务。

这个时候的脱脱正率领着元朝大军在高邮城外与张士诚部展开激战，连战连捷，打了许多胜仗。然而，一心为国家社稷而舍生忘死的脱脱，怎么也不会想到，自己率领将士在前线作战，朝廷里的奸臣却向他举起了屠刀。

同年十二月，妥懽帖睦尔任命哈麻为中书平章政事，进阶光禄大夫。哈麻又指使监察御史袁赛因不花等亲信，上奏弹劾脱脱说："脱脱出师三月，略无寸功，倾国家之财以为己用，半朝廷之官以为自随。又其弟也先帖木儿，庸才鄙器，玷污清台，纲纪之政不修，贪淫之心益著。"

妥懽帖睦尔本来不想处置脱脱，但是挨不住朝堂上袁赛因不花的连续上奏和后宫奇氏的不断吹风，于是便下诏以脱脱"劳师费财，已逾三月，坐视寇盗，恬不为意"为由，撤销他的所有官爵，安置到淮安，他的弟弟也先帖木儿安置宁夏路。同时任命河南行省平章政事泰不花为本省左丞相，中书平章政事月阔察儿加太尉，集贤大学士雪雪（哈麻的弟弟）为知枢密院事，三人代替脱脱统领军队。

第九章
帝国幻灭，狼狈退回漠北的悲歌
* * * * * *

当这份诏书送到脱脱正在行军打仗的军中，参议龚伯璲觉得此诏书不妙，对脱脱说："将在军，君命有所不受。且丞相出师时，当受密旨，今奉密旨一意进讨可也。诏书且勿开，开则大事去矣。"虽然龚伯璲的话有道理，劝脱脱不要理会诏书，但脱脱却说："天子诏我而我不从，是我与天子抗也，君臣之义何在！"于是，毅然打开了诏书。

当脱脱看到诏书的内容，便一切都明白了，他跪在地上谢旨："臣至愚，荷天子宠灵，委以军国重事，夙夜战兢，惧弗能胜。一旦释此重负，上恩所及者深矣。"当脱脱服从诏书的决定，准备去淮安时，他安抚那些激愤不已的将士，并将自己的盔甲和战马赠送给身边的将领，让他们各率所部，听从月阔察儿、雪雪等人的命令。

当时有个十分义气的副将名叫哈剌答，听了脱脱的话，哭着说："丞相此行，我辈必死他人之手，今日宁死丞相前。"说完，趁人不备，拔刀自刎而死。脱脱命人将哈剌答安葬，然后起身前往淮安。脱脱离开以后，包围高邮的元军便大乱，张士诚趁机出击，元军大败，张士诚反败为胜，军威大振。

脱脱抵达淮安不久，诏书又到了，妥懽帖睦尔下诏将脱脱迁往亦集乃路重新安置。亦集乃路就是今天所说的黑城，遗址位于今内蒙古自治区额济纳旗达来呼布镇东南约35公里、纳林河东岸的荒漠中。脱脱被流放，哈麻还是不放心，一定要置脱脱于死地，于是在至正十五年（1355年）三月，又指使监察御史袁赛因不花等人上奏妥懽帖睦尔，说对脱脱兄弟的处分太轻了，请求严加惩处。妥懽帖睦尔沉湎于酒色，根本不问是非曲直，于是又下了一道诏书，将脱脱流放到云南大理宣慰司镇西路（治所在今云南腾冲县西），将脱脱的弟弟也先帖木儿流放到四川碉门，脱脱的长子哈剌章流放于肃州（今甘肃酒泉市），次子三宝奴流放于兰州，所有家产全部没收。

这个时候，已经做了左丞相的哈麻便假冒皇帝的诏令，赐给脱脱毒酒；脱脱信以为真，接过毒酒一饮而尽，一代贤相脱脱一命呜呼，死时年仅41岁。此后的元朝统治更加腐朽不堪。妥懽帖睦尔任命哈麻为中书左丞相，其弟雪雪为御史大夫，其妹婿秃鲁帖木儿也继续受宠，朝政大权尽归哈麻兄弟。

哈麻兄弟看到妥懽帖睦尔不过问政事，整日沉湎于酒色，就与其父亲图噜密谋以皇子取代皇帝。图噜又让其女儿联络秃鲁帖木儿一起举事。秃鲁帖木儿听到这个消息后，心想皇帝对自己很好，如果太子即位，一定宠信哈麻兄弟，而自己就会失去宠信，于是急忙将此事报告给了皇帝妥懽帖睦尔。

昏庸的妥懽帖睦尔这个时候才惊醒，立即任命秃鲁帖木儿授意御史大夫搠思监弹劾哈麻，搠思监联络中书左丞县定住、平章政事桑哥失里联名上疏弹劾哈麻，历数哈麻的种种罪状，妥懽帖睦尔立即颁布诏书，将哈麻兄弟削职，哈麻被发配到惠州（今广东惠州），雪雪被发配到肇州（今黑龙江肇州东）。当两个人被押出京城的时候，都被监押官活活打死。

历史上唯一有高丽血统的皇帝

元朝与高丽一直保持着比较特殊的关系，自元世祖忽必烈后，高丽的历代国王几乎都是元朝皇帝的女婿，而高丽的美女也成为一种特殊的贡品。虽然高丽一直进贡美女给元朝，但忽必烈当年曾经对高丽进贡女子严防死守，禁止高丽女子被封为嫔妃，以防止黄金家族血统被污染，但元朝末代皇帝妥懽帖睦尔的第二皇后奇氏却是个例外，并且她的孩子爱猷识理达腊还当上了皇帝，是为元昭宗；而后爱猷识理达腊的皇后权氏也是高丽人。

爱猷识理达腊生于后至元五年（1339年）十一月二十四，他的母亲

第九章
帝国幻灭，狼狈退回漠北的悲歌

* * * * * * *

奇氏也母凭子贵于次年（1340 年）四月，被妥懽帖睦尔封为第二皇后。六月，妥懽帖睦尔又除掉了原定的皇储、元文宗之子燕帖古思与其母文宗皇后卜答失里，同时又因妥懽帖睦尔的正宫皇后伯颜忽都所生的嫡子真金不到二岁而夭折，所以爱猷识理达腊才有机会成为大元帝国的储君。

依元朝皇室惯例，爱猷识理达腊幼年被寄养于大臣脱脱家中，呼脱脱为"奶公"，他的童年玩伴是脱脱的儿子哈剌章。脱脱家庭深受汉文化影响，爱猷识理达腊也启蒙于脱脱的家庭教师、南人学者郑深，学习《孝经》等儒家经典。

爱猷识理达腊六岁的时候回宫生活，妥懽帖睦尔继续对他精心培养。至正八年（1348 年）二月，妥懽帖睦尔让爱猷识理达腊学习畏兀儿体蒙古文；次年七月，又让他学习汉文。至正九年（1349 年）十月，爱猷识理达腊入学端本堂，开始接受系统的儒学教育，由汉人大臣李好文以太子谕德的身份负责教导。李好文辑录儒家经典及历代史籍，编纂了《端本堂经训要义》11 卷、《历代帝王故事》106 篇、《大宝录》及《大宝龟鉴》等教材，用来教育爱猷识理达腊。此外爱猷识理达腊还学习了琴瑟的弹奏。

至正十三年六月，爱猷识理答腊被妥懽帖睦尔立为皇太子，并诏告天下。他成为皇太子以后，便不自觉地卷入了元朝内部的斗争之中。当时的皇帝妥懽帖睦尔倦怠朝政，沉湎于酒色之中，无心政事。于是在至正十四年（1354 年）十一月，下诏命中书省、御史台、枢密院凡奏事先启皇太子，实际上就是把朝政交给爱猷识理达腊。此时爱猷识理达腊与"奶公"脱脱的关系发生了微妙的变化。

原本脱脱对爱猷识理达腊的呵护照顾，无微不至，在爱猷识理达腊出生后就以正宫皇子的待遇对待他；并曾在云州遇山洪时抱着爱猷识理达腊单骑奔向山上，救了他一命；还花私财十二万二千锭在大都健德门外修大寿元忠国寺，为爱猷识理达腊祈福。一直到后来爱猷识理达腊入学端本堂的事也是脱脱在管，但在册封爱猷识理达腊为皇太子的问题上，脱脱却以正宫皇后伯颜忽都可能会有生育为由表示反对，因此爱猷识理达腊虽被立为皇太子，却迟迟没能受册与谒庙。

妥懽帖睦尔的宠臣哈麻兄弟与脱脱结怨，在脱脱出师高邮之际，向爱猷识理达腊的生母第二皇后奇氏进谗言，说明了因为有脱脱的阻碍，所以皇太子才迟迟没有受册与谒庙。于是哈麻与监察御史袁赛因不花等亲信，上奏弹劾脱脱，不久脱脱被罢黜，后又被哈麻害死于流放途中。

没有了脱脱这个绊脚石，爱猷识理达腊便顺利地在至正十五年（1355 年）三月获册宝，并穿上九旒冕服，拜谒太庙，完成了成为皇太子的最后一道程序。此后爱猷识理达腊也发生了变化，有恃无恐，野心愈发膨胀。

元末农民起义的乱局交织，统治者内部却一团混乱。妥懽帖睦尔沉溺于酒色，荒淫无度；皇后奇氏在朝中作乱，安插亲信，并与资政使朴不花、右丞相搠思监等沆瀣一气，骄恣不法，使朝政愈加昏暗；而爱猷识理达腊企图尽逐皇帝身边的近臣，以篡夺皇位。但是，奇皇后和爱猷识理达腊的"内禅"计划始终得不到左丞相太平的支持。皇太子党多次利诱，太平都不为所动，因此爱猷识理达腊想要除之而后快。

至正十九年（1359 年）十二月，爱猷识理达腊授意监察御史买住、桑哥失里诬陷太平的亲信中书右丞成遵、参政赵中等人，将他们下狱处死。太平明哲保身，上疏辞相，但爱猷识理达腊一心想要置他于死地。正好遇上阳翟王阿鲁辉帖木儿在北方发动叛乱，逼近上都，爱猷识理达腊就将太平调到上都，想要借叛军之手除掉太平，不料叛乱很快被平定，太平得胜还朝。但是后来，太平辞官回乡，爱猷识理达腊仍不罢休，最后还是逼死了太平。

爱猷识理达腊一党的胡作非为引起了元廷正直大臣的不满。至正二十三年（1363 年），监察御史傅公让上疏弹劾朴不花、搠思监弄权，结果被爱猷识理达腊贬到吐蕃做官，其他上疏劝谏的御史也通通被外放。治书侍御史陈祖仁两度冒死上疏，劝谏爱猷识理达腊不要专权，却被贬到甘肃。而后爱猷识理达腊继续清洗妥懽帖睦尔的近臣。

第九章
帝国幻灭，狼狈退回漠北的悲歌
* * * * * *

在同年唆使搠思监掀起大狱，以谋反罪逮捕妥懽帖睦尔母舅老的沙、太平之子也先忽都、也先忽都部将脱欢等人，"锻炼其狱，连逮不已"。妥懽帖睦尔知道他们是无辜的，于是颁诏大赦，但搠思监却篡改诏书，独不赦老的沙之狱。最后除了老的沙出奔当时靠镇压农民起义起家的军阀孛罗帖木儿以外，其他牵连的人都被爱猷识理达腊一党害死。随后又陷害十八功臣家子孙。至此，爱猷识理达腊将妥懽帖睦尔在朝中的羽翼全部剪除，离"内禅"只有一步之遥了。

爱猷识理达腊篡位的最后一道障碍就是在朝外的军阀孛罗帖木儿。原来当时元廷依靠察罕帖木儿、孛罗帖木儿等私人武装镇压农民起义，而察罕帖木儿、孛罗帖木儿又在华北平原互相攻杀。爱猷识理达腊对两军冲突原本持中立态度，视他们行贿多少而定，而妥懽帖睦尔则偏爱孛罗帖木儿。

至正二十一年（1361年），由于察罕帖木儿派其养子扩廓帖木儿（王保保）贡粮至大都时，向爱猷识理达腊表忠心，缔结盟约，爱猷识理达腊于是支持察罕帖木儿一方。后来察罕帖木儿在镇压农民起义过程中遇刺身亡，其养子扩廓帖木儿继承其位，于是爱猷识理达腊继续支持扩廓帖木儿，并伺机除掉妥懽帖睦尔的后盾孛罗帖木儿。老的沙投奔孛罗帖木儿以后，爱猷识理达腊多次派人索要老的沙等人，孛罗帖木儿都拒绝交出。

至正二十四年（1364年）三月，爱猷识理达腊以孛罗帖木儿握兵跋扈以及藏匿老的沙等"逆臣"为由，削去其兵权。孛罗帖木儿亦以"清君侧"为名发兵大都，爱猷识理达腊于是命扩廓帖木儿征讨孛罗帖木儿；而妥懽帖睦尔为了缓和矛盾，下诏逐斥朴不花、搠思监，但实际上二人仍留在大都。于是孛罗帖木儿派秃坚帖木儿进攻大都，爱猷识理达腊见战况不利，偷偷从光熙门溜出了古北口；妥懽帖睦尔则派蒙古国师进行调解，恢复孛罗帖木儿、老的沙等人的官爵，并将朴不花、搠思监交到孛罗帖木儿营中，二人均被杀死。

稍后，孛罗帖木儿撤军，爱猷识理达腊也被召回宫中。但爱猷识理达腊仍不解气，继续召扩廓帖木儿讨伐孛罗帖木儿，因此孛罗帖木儿第二次兴兵，"谋易太子"；爱猷识理达腊领兵战败，于至正二十四年（1364年）七月，从顺承门连夜逃往冀宁（今山西太原）的扩廓帖木儿营中。孛罗帖木儿因而带兵入京，被妥懽帖睦尔任命为右丞相，并软禁了奇皇后，试图追击爱猷识理达腊，但被老的沙劝止。

爱猷识理达腊本想效仿唐肃宗即位灵武故事，在冀宁称帝，被扩廓帖木儿劝阻。但他在冀宁的一年间发号施令，设立机构，俨然一个独立的朝廷，并号召李思齐等各省军阀反攻孛罗帖木儿，与大都形成对峙。孛罗帖木儿出兵讨伐爱猷识理达腊与扩廓帖木儿，皆失利，顺帝也逐渐对孛罗帖木儿的专权产生不满，于至正二十五年（1365年）七月，派人暗杀了孛罗帖木儿，将其人头送到冀宁，并且处死了老的沙等人。

同年九月，扩廓帖木儿护送爱猷识理达腊还京，奇皇后趁机要求扩廓帖木儿拥兵威胁妥懽帖睦尔让位于皇太子，扩廓帖木儿知道后，行至大都三十里外时就将他的军队遣散回营，因此，爱猷识理达腊与扩廓帖木儿也反目了。

爱猷识理达腊回京后，多次请求南下督师，剿灭江淮一带的吴、周等政权，但是，妥懽帖睦尔已经对自己的儿子不再信任，因而在两个月后改由扩廓帖木儿代皇太子南征，封其为河南王，统领天下兵马。但扩廓帖木儿却在彰德按兵不动，所以，妥懽帖睦尔怀疑扩廓帖木儿有异志，并迁怒于奇皇后与爱猷识理达腊，爱猷识理达腊为此还挨了打。

然而胳膊肘终究是向里拐的，在各路军阀混战、不听调遣的情况下，爱猷识理达腊接受伯元臣、李国凤等人的建议而向妥懽帖睦尔请缨；妥懽帖睦尔也于至正二十七年（1367年）八月，任命爱猷识理达腊总领天下兵马，设大抚军院，坐镇指挥。爱猷识理达腊领兵后，又调诸军攻打扩廓帖木儿。就在元朝内乱之际，在元末农民起义中崛起的朱元璋自称皇帝，改国号为大明，出兵北伐元朝。

眼看江山丢失在即，妥懽帖睦尔这个时候又归罪于爱猷识理达腊，杀了当初提出太子统兵建议的伯元臣、李国凤等人，于至正二十八年

（1368 年，洪武元年）闰七月，撤销大抚军院，恢复了扩廓帖木儿河南王、太傅、中书左丞相等官爵，令其出兵勤王。不过为时已晚，至正二十八年（1368 年，洪武元年）闰七月二十八，明军逼近大都，顺帝与奇皇后、爱猷识理达腊等人及百官从大都健德门仓皇逃往上都，元朝在中原的统治结束，北元开始。

面临大敌当前，妥懽帖睦尔与爱猷识理达腊重归于好，一致对外。在逃往上都的路上，奇皇后再次要求爱猷识理达腊派兵问罪高丽，为她的家族报仇，但爱猷识理达腊没有听从。十一月二十四，爱猷识理达腊领兵屯于红罗山，伺机收复大都。至正二十九年（1369 年，洪武二年）三月初二，爱猷识理达腊请率精骑直搏大都，妥懽帖睦尔不许。六月十三日，明军逼近上都，妥懽帖睦尔与爱猷识理达腊等人连夜出奔应昌（今内蒙古克什克腾旗），四天后，上都失守。

至正三十年（1370 年，洪武三年）正月初二，妥懽帖睦尔病重，诏皇太子总军国诸事。同年四月二十八，妥懽帖睦尔驾崩于应昌，享年五十一岁，庙号惠宗，蒙古汗号为"乌哈噶图汗"；明朝为其上尊号为"顺帝"，民间又称其为至正帝、庚申帝、庚申君等。妥懽帖睦尔驾崩后，皇太子爱猷识理答腊在应昌继承了皇位，是为元昭宗。他成为了北元的第二位皇帝，也是历史上唯一有高丽血统的皇帝。

"天下奇男子"王保保

至正十一年（1351 年）五月，北方红巾军发动反元起义，迅速占领了颍州（今安徽阜阳）、亳州（今属安徽）、罗山（今属河南）、汝宁（今属河南）等地。不出数月，江淮地区诸郡皆被红巾军占领。元朝廷虽然多次派兵镇压，但是多数都大败而归。

至正十二年（1352年）蒙古族乃蛮氏人察罕帖木儿率先组织地主武装，纠集当地数百人，号称义兵。并与罗山县典吏李思齐组织的地主义兵武装相结合，用计袭破了罗山的红巾军。当时元廷的官军破敌无方，忽然出现了地主武装收复城池，因而朝廷对察罕帖木儿组织地方武装的做法大加赞赏，授察罕帖木儿中顺大夫、汝宁府达鲁花赤之职，并授李思齐为汝宁府知府。自此，元廷很重视利用地主武装，于河南、淮南等地设立义兵万户府、毛胡芦（乡人自相团结之意）义兵万户府等，免除了当地农民的差役，使他们不去响应反贼。

得到了朝廷支持的察罕帖木儿很快就招揽了万余人的部队，与刘福通等红巾军多次交战，胜多负少，打响了自己的名头。至正十五年（1355年），察罕帖木儿取代了脱脱的元廷重臣之位，成为元廷对抗农民军的领袖大将，他驻军虎牢关，掌控中原，多次打败刘福通、韩林儿、朱元璋所率的红巾军。因为战功卓著，他被元廷一路升职。

至正二十二年（1362年），察罕帖木儿在参加一次军事会议中，不慎被征讨山东红巾军过程中招降的敌营田丰、王士诚二将设计杀害。察罕帖木儿被害的噩耗传来，妥懽帖睦尔痛不欲生，而朱元璋则又惊又喜："天下无人矣！"察罕帖木儿死后，他的养子扩廓帖木儿（王保保）接替了他的地位，先起兵破了益都城，杀死田丰、王士诚二人报仇，而后整饬兵马，决意完成他扫平天下的遗志。

扩廓帖木儿，蒙古伯也台部人，生于光州固始县，汉名王保保。他的父亲是元朝的翰林学士、太尉赛因赤答忽，母亲是元末将领察罕帖木儿的姐姐，因幼时多病而寄养于察罕帖木儿家，并过继给察罕帖木儿为养子。

元末以来一直流传着王保保是河南沈丘的汉人、元顺帝妥懽帖睦尔赐名扩廓帖木儿的说法，就连明朝颁布的《谕中原檄》中也以"忘中国祖宗之姓，反就胡虏禽兽之名，以为美称"来讽刺王保保。但据1990年洛阳出土的赛因赤答忽墓志铭显示，扩廓帖木儿是王保保的原名而非赐名，由此王保保的身世得以澄清，他并非汉人，而是蒙古人。

扩廓帖木儿的家族与其母族察罕帖木儿家族一样，都是久居中原、受汉文化影响较深的异族家庭。父亲赛因赤答忽"喜读书，习吏事，有远略，能骑射，才力过人"，是一个文武双全之人。在元末农民起义中，他组织"义兵"，与妻舅察罕帖木儿并肩作战，镇压红巾军；察罕帖木儿死后，王保保随后平定中原，驻兵于汴梁、洛阳一带，元廷也倚赖他为安全屏障。

王保保平定中原以后，没有利用朱元璋和陈友谅等人在江南大战的机会挥兵南指，彻底歼灭起义军，而是不遗余力地参与到元朝内部的党争。当时皇太子爱猷识理达腊在奇皇后、丞相的暗中支持下，预备篡夺妥懽帖睦尔的皇位，爱猷识理达腊拉拢的首要对象，就是王保保；而妥懽帖睦尔得知阴谋后，一边疏远了王保保，一边扶植元末名将孛罗帖木儿与之对抗。

至正二十四年（1364 年），王保保就和孛罗帖木儿展开了正面冲突，虽然在次年王保保借妥懽帖睦尔的刀杀死了对手孛罗帖木儿，但此时的元帝国已经到了苟延残喘之时，新兴的朱元璋势力已经迫不及待地准备为其送葬了。

明洪武元年（公元 1368 年）秋，明兵北伐，妥懽帖睦尔闻讯，弃城北逃上都，驻守山西的王保保救援不及，大都陷落。随即徐达、常遇春进兵山西，王保保避实就虚，猛攻大都，而明军则直捣太原，逼迫王保保回师自救。兵困马乏的王保保被明兵夜袭大营，率十八骑仓皇北逃，收集残部屯兵甘肃，继续骚扰西北。

洪武初年岭北和林战役结束后不久，有一天明太祖朱元璋大宴众将领时突然问大家："天下奇男子谁也？"众人都回答说："常遇春是也。遇春将不过万人，横行无敌，真奇男子也。"朱元璋笑着说："遇春虽人杰，吾得而臣之。吾不能臣王保保，其人，奇男子也。"这一著名典故见《明史·扩廓帖木儿传》。

就在朱元璋夸赞王保保为天下奇男子后，其后民间凡有人做了一点小事就很骄傲的话，可以用"尝西边拿得王保保来耶"这一谚语来讽刺。（意思是，这点事算什么，有本事到西边把王保保抓来。）

明洪武四年（1371年）春，徐达西征，与王保保大战于沈儿峪，王保保大败，北奔哈拉和林。此时元顺帝妥懽帖睦尔已死，太子爱猷识理达腊继位，是为元昭宗。元昭宗命王保保为中书丞相，商讨恢复之计。

明洪武五年、北元宣光二年（1372年），明军15万人分三路进行北伐行动：中路大将军徐达由雁门直趋哈拉和林，摧毁元朝的指挥部；东路左副将军李文忠由居庸关至应昌，然后直扑图拉河，从西北面袭击哈拉和林；西路征西将军冯胜出金兰取甘肃，作为疑兵，令元朝摸不清明军的真实目的。面对明朝一口吃掉北元的企图，王保保沉着应战，他用诱敌之计将明军逐渐引入其纵深。

徐达的先锋蓝玉出雁门后，在野马川遇到元军，追至乱山，取得了小胜。接着到了图拉河（今图拉河），遭遇王保保，王保保佯败后逃走；他亲自率领小部队且战且退，把明军引向哈拉和林，而他手下的大将贺宗哲率领主力在哈拉和林以逸待劳。最后王保保与贺宗哲会合，在漠北成功伏击明军，明军战死万余人（一说数万人）。

明军东路军李文忠一直打到胪朐河（今克鲁伦河），接着在图拉河击溃哈刺章等，进至拉鲁浑河（今鄂尔浑河）畔的称海，被元军包围；李文忠勉强撤退，损失惨重。只有西路明军冯胜取得胜利。这次战役挫败了明军的锐气，保住了北元的命脉。

从宣光六年（1376年，洪武九年）以后，再无扩廓帖木儿活动的记录。王保保是元朝最后一位杰出的战将。明太祖朱元璋曾盛赞王保保是"天下奇男子"，郑观应也把王保保和英布、王霸、张辽等一代名将相提并论。《剑桥中国明代史》也说"在为元王朝效命的地区性领袖中最令人感兴趣的，和在明王朝崛起的历史中肯定是这些领袖中最重要的人物是扩廓帖木儿（王保保）"。王保保获得这些褒奖，当之无愧。